中国金融四十人论坛
CHINA FINANCE 40 FORUM

致力于夯实中国金融学术基础，探究金融领域前沿课题，
引领金融理念突破与创新，推动中国金融改革与实践。

中国金融开放的下半场

《径山报告》课题组　著

中信出版集团·北京

图书在版编目（CIP）数据

中国金融开放的下半场 /《径山报告》课题组著
. -- 北京 : 中信出版社 , 2018.3（2018.12重印）
ISBN 978-7-5086-8490-1

Ⅰ . ①中… Ⅱ . ①径… Ⅲ . ①金融 – 研究 – 中国
Ⅳ . ① F832

中国版本图书馆 CIP 数据核字（2017）第 330423 号

中国金融开放的下半场

著　　者：《径山报告》课题组
出版发行：中信出版集团股份有限公司
（北京市朝阳区惠新东街甲 4 号富盛大厦 2 座　邮编　100029）
承 印 者：北京通州皇家印刷厂

开　　本：787mm × 1092mm　1/16　　印　　张：26.75　　字　　数：366 千字
版　　次：2018 年 3 月第 1 版　　印　　次：2018 年12月第2次印刷
广告经营许可证：京朝工商广字第 8087 号
书　　号：ISBN 978-7-5086-8490-1
定　　价：69.00 元

中国金融四十人论坛书系

CHINA FINANCE 40 FORUM BOOKS

“中国金融四十人论坛书系”专注于宏观经济和金融领域，着力金融政策研究，力图引领金融理念突破与创新，打造高端、权威、兼具学术品质与政策价值的智库书系品牌。

中国金融四十人论坛是中国最具影响力的非官方、非营利性金融专业智库平台，专注于经济金融领域的政策研究与交流。论坛正式成员由40位40岁上下的金融精锐组成，即“40×40俱乐部”。论坛致力以前瞻视野和探索精神，夯实中国金融学术基础，研究金融领域前沿课题，推动中国金融业改革与发展。

自2009年以来，“中国金融四十人论坛书系”已出版60余本专著、文集。凭借深入、严谨、前沿的研究成果，该书系在金融业内积累了良好口碑，并形成了广泛的影响力。

中国金融四十人论坛《径山报告》项目介绍

中国金融四十人论坛（CF40）于2017年年初正式启动《径山报告》项目，每年针对经济金融领域的重大议题，邀请学界、政界与业界专家进行研究、辩论，提出相应的政策和建议。此项目由CF40学术委员会主席、北京大学国家发展研究院副院长黄益平牵头，由项目协调小组确定年度研究主题并邀请学术素养深厚、专业经验丰富的专家承担课题研究工作。项目协调小组成员包括：黄益平、管涛、刘晓春、王海明、徐忠、张斌。

《2017·径山报告》的主题是“积极、稳健地推进中国金融开放”，由浙商银行独家支持。此报告于2017年11月交付出版，并根据报告主题，将书名定为《中国金融开放的下半场》。

径山，位于杭州城西北，以山明、水秀、茶佳闻名于世，《径山报告》项目选择以“径山”命名，寓意“品茶论道悟开放”，让中国金融实践走向世界。

中国金融四十人论坛《2017·径山报告》课题组

课题组成员：

综合报告：黄益平

分报告一：张宇燕、冯维江、刘玮

分报告二：朱民、陈卫东、周景彤、盖新哲、熊启跃

分报告三：朱隽、郭凯、艾明、赵岳、白雪飞

分报告四：张斌

分报告五：管涛、张岸天、谢亚轩、高铮、马昀

分报告六：徐忠、张雪春、曹媛媛、汤莹玮、万泰雷

分报告七：朱隽、郭凯、艾明、白雪飞、赵岳

序　言

中国金融业开放的目标模式和路径

余永定

《中国金融开放的下半场》（又简称《2017·径山报告》）是一部讨论改革开放40年来中国金融开放的历史背景、国际环境、历史经验和今后政策选择的重要研究报告。报告的撰写者都是来自中国权威机构相关领域的权威人士。报告的权威性是毋庸置疑的。

按我的理解，中国的金融开放主要包括两个部分：资本项目自由化和金融服务业开放。中国最终应该实现资本项目自由化和金融服务业开放，这是学界的共识，但对于如何实现资本项目自由化和金融服务业开放，特别是如何实现资本项目自由化，学界存在不少分歧。该书对中国数十年来，特别是近几年来推进资本项目自由化和金融服务业开放的经验教训做了详尽的研究，并提出了一系列非常公允的政策建议。

在阅读该书时，我们首先需要考虑的问题是：中国经济改革和开放的目标模式是什么？在20世纪50年代，我们的口头禅是“苏联的今天就是我们的明天”。当日苏联今何在？从20世纪70年代末期到80年代初，比较时髦的是匈牙利和南斯拉夫模式，但这些模式要么胎死腹中，要么夭折。以威权政治加自由市场的

“东亚模式”也曾热闹过。自然,中国不可能模仿这些“蕞尔小国”。

十一届三中全会确立了“社会主义市场经济”的目标模式。此后，关于中国改革目标模式的提法似乎并没有改变过。十八届三中全会提出，经济体制改革的核心问题是“处理好政府和市场的关系，使市场在资源配置中起决定性作用和更好地发挥政府的作用”。这种提法同“社会主义市场经济”的提法是一致的，但更加具体化了。十八届三中全会提法中最关键的是“使市场在资源配置中起决定性作用”。如何通过改革“使市场在资源配置中起决定性作用”呢？这种改革不外有两条途径，“摸着石头过河”或“某某的今天就是我们的明天”。我以为，中国过去三十多年的改革之路就是两者的结合。先以某某为师，再摸着石头过河。在实践中不断向着目标模式前进，碰到难以克服的障碍，再回过头看看有没有更好的目标模式。中国取得的巨大成就，是通过反复调整目标模式和通往目标模式的路径而取得的。

毋庸讳言，资本项目自由化和金融服务业开放是以发达资本主义国家为目标模式的。发达资本主义国家都实现或基本实现了资本项目自由化和金融服务业的开放。该书可以分为三大部分：其一，全面介绍发达资本主义国家资本跨境流动和金融服务业开放的现状。这实际上是给出目标模式。其二，详细描述中国金融机构、金融市场、金融工具、中国金融机构的海外业务，以及资本跨境流动和金融服务业开放的现状。其三，通过对中、外现状的比较，找出差距，提出由此及彼，最终实现改革目标的路线图、时间表和具体政策措施。报告的这种结构同中国数十年来对经济改革的探索非常契合。当然，这只是我的个人浅见，报告的设计者并不一定同意我的解读。

该书的撰写人具有天然的信息优势，对中国金融发展以及中国与发达国家之间的差距的描述非常翔实。这一部分内容本身就可以独立成篇、构成一本简明“金融手册”。其他分报告也都具有这种可以独立成篇，改写成简明手册的特质。

该书的内容十分丰富，我没有全面评价的资格，下面仅就报告中本人比较熟悉的几个问题谈些粗浅的感想。

首先是资本项目自由化问题。由于各国国情不同，即便最终目标是实现资本项目自由化，实现这一目标的路线图可能非常不同。该书是在资本跨境流动管理这一框架下讨论资本项目自由化问题的。尽管所讨论的实质上是同一个问题，但由于视角的变换，资本项目自由化目标被淡化了。通过对我们自己和其他国家资本跨境流动管理的成败经验的讨论，报告提出了改善跨境资本流动管理的具体建议。我认为这种思路符合中国改革的“摸着石头过河”的特点：先不多谈未来的愿景（也不是没有，但不必十分清晰），小步走、见招拆招、就事论事。这种研究思路回避了一些不必要的意识形态问题。根据这种思路制定的政策大概不会是最优政策，但可能使我们避免犯下不可挽回的错误。世界充满了不确定性，推进资本项目自由化过程中的外部条件处于不断的变化过程中，谁能事先设计好一条最优路径呢？

最近5年来的事实已经证明，亮出一份资本项目开放（或资本项目下人民币可兑换）的时间表是不明智的。当一个国家仍然存在产权保护欠缺、政企关系不正常、税赋过重、汇率缺乏弹性等大量结构性和制度性扭曲的时候，即便拥有大量外汇储备，这个国家金融体系的抗冲击能力也是脆弱的。放弃资本管制就使这个国家的金融体系暴露在大规模资本外流冲击的威胁之下。经济发展过程充满不确定性，无人知道何时大规模资本外流的压力会突然上升。许多学者相信“倒逼”，但用资本外流来“倒逼”改革是一种风险极高的策略。这种“倒逼”的结果很可能是改革进程的失控。你愿意冒这种风险吗？

同资本项目自由化相关的另一个重要议题是人民币国际化。坦率说，我不认为当初我们有必要大张旗鼓地推动人民币国际化。本币国际化对任何国家来说都是一把双刃剑。世界上很少有国家把本币国际化作为一项政策加以推进。德国始终回避马克国际化。日本一度想推进日元国际化，但很快搁置了这一政策。美国大部分学者认为美国根本不曾有过美元国际化政策。本币国际化应该是由市场推动的自然过程，人为推进往往欲速不达。

本币国际化的重要前提条件是资本项目自由化。国际学术界和国际金融组织对资本项目自由化的时序早已形成了比较成熟的、经过实践检验的路线图——例如，汇率浮动应该发生在资本项目自由化之前。人民币国际化的路线图必然实际上暗含着相应的（但可能是不正确的）资本项目自由化路线图。两张路线图可能会发生冲突，并导致对资本跨境流动的失控。例如，人民币进口结算和人民币回流机制的建立实际上是以资本的部分跨境自由流动为前提条件的。但在人民币国际化路线图上，这一步骤并不以汇率自由浮动为前提。这样，人民币国际化的路线图就否定了资本项目自由化的公认的正确时序。

随着中国经济的继续增长、中国金融开放程度的提高，人民币国际化的程度自然会进一步水涨船高。国际经济形势的变化也会不断为人民币国际化提供机会与空间。例如，中国方兴未艾的海外投资就为人民币国际化提供了极好的机会。企业自己是会抓住这些机会的。我们没有必要根据坐在房间里设计出来的路线图，以刻舟求剑的方式推动人民币国际化。

与资本项目自由化密切相关的另一个问题，而且是更重要、更现实的问题是中国汇率制度的改革。为了维持货币政策的独立性，加大汇率弹性是扩大资本跨境流动自由度的前提条件。长期以来中国患上了严重的汇率浮动恐惧症。在世界上中国是最不应该害怕汇率浮动的国家。按照国际货币基金组织的分类，中国目前的汇率制度是“软钉住”类中的“类爬行钉住”。到2015年实行这种汇率制度的国家，除中国外，还有牙买加、克罗地亚、伊朗、利比亚、白俄罗斯、埃塞俄比亚、乌兹别克斯坦、卢旺达、塔吉克斯坦、亚美尼亚、多米尼哥、危地马拉、安哥拉、海地、老挝、巴布亚新几内亚和突尼斯①。中国的许多政策，包括资本项目自由化进程都被汇率政策绑架了。该书对汇率体制改革采取了非常积极的态度。对此，我表示完全赞同。最近两年，由于央行逐渐停止了对外汇市场的常态化干预，中国的汇率制度已经具有越来越明显的浮动汇率的特征。当然，真正的考验大概还未到来。

① 2016年以后，国际货币基金组织将中国汇率制度重新归类为“other managed”。同以前一样，除中国外，属于这种类型的国家都是经济不发达的中小国家。IMF: Annual Report on Exchange Rate Arrangements and Exchange Restrictions 2016. IMF. October 2016. https://www.imf.org/en/Publications/Annual-Report-on-Exchange-Arrangements-and-Exchange-Restrictions/Issues/2017/01/25/Annual-Report-on-Exchange-Arrangements。

该书用很大篇幅讨论了中国金融服务业开放的现状、问题和进一步开放的路线图。2017 年 11 月 9 日，据中国外交部网站，中方按照自己扩大开放的时间表和路线图，将大幅度放宽金融业，包括银行业、证券基金业和保险业的市场准入。看来该书的完成恰逢其时。应该看到，金融服务业的开放是中国履行“入世”之初的开放承诺。开放金融服务业同开放资本项目是不同的两件事。开放金融服务业并不等于放弃资本管制。事实上，中国完全应该大幅度地放宽金融业的市场准入。海外金融机构的进入，竞争压力的增加将促使中国金融机构改善服务，更好地为实体经济和公众服务。与给出资本项目完全开放的时间表不同，给出金融服务业开放的时间表和路线图是可行的和有益的。但是我们也必须看到，金融服务业开放不可能不涉及资本的跨境流动。因而，在进一步开放金融服务业的同时，我们必须提高管理资本跨境流动的水平。

该书不但讨论了中国金融服务业的“请进来”，而且讨论了中国金融服务业的“走出去”。近年来，中行马德里分行和农行纽约分行遭受驻在国金融监管机构处罚，遗憾的是报告并未讨论这些问题。我以为，在不涉及商业机密的前提下，报告应该深入讨论这两个案例，总结经验教训。我们的金融机构需要痛切地认识到：走向世界的道路并非铺满鲜花而是长满荆棘。一味退让并非解决问题的办法。

中国的资本项目自由化和金融服务业开放固然是以发达资本主义国家为目标模式的，但是这并不意味着中国要照抄发达资本主义国家，并且不同发达资本主义国家的金融模式也是各有特色的。在以发达资本主义国家的资本项目自由化和金融服务业开放为目标模式的同时，如何在这种目标模式上打上中国印记，对于中国经济学家来说，是一个重要的理论挑战。令人略感遗憾的是，报告对这个问题似乎着墨不多。

积多年拜读各种政策报告的经验，我感觉一般政策报告有三个通病。其一，政策建议与整个报告的推论过程（如果还有真正的推论过程的话）没有逻辑的必然联系。其二，政策建议过于空泛，或面面俱到，说了等于没说。其三，由于是合作的产物，各个分报告往往不能有机地结合成一体。当然，克服这三个缺陷是困难的。这也是我本人从不敢接受撰写政策报告任务的原因。该书在相当程度上克服了上述三个通病，但还是有可改进的余地。《中国金融开放的下半场》是一份可以作为其他政策研究报告“对标”基准的报告，反映了中国学术界在这个研究领域的最新研究成果，值得决策部门、金融机构和科研院所认真研究。

能够激起激烈讨论是一份政策报告的最大成功。石沉大海则是一份政策报告的最大失败。希望《中国金融开放的下半场》的出版能够引起学界的关注、讨论乃至尖锐批评。

本书摘要

积极、稳健地推进中国金融开放

金融开放政策贯穿了中国的整个改革开放时期。在20世纪80年代,政府就通过逐步调整高估的汇率改善对外经济贸易关系,同时通过建立经济特区试验市场经济制度与对外开放政策。在20世纪90年代,政府一方面积极推行“以市场换技术”吸引外国直接投资的策略,另一方面在1994年年初将官方与市场两个汇率并轨之后开始实行有管理的浮动汇率体制。2001年年底加入世界贸易组织时,政府承诺境内金融业的对外开放以及外资金融机构享受准入前国民待遇。全球金融危机之后,政府又顺势而为,加速推进人民币国际化进程,同时还建立了亚洲基础设施投资银行并提出了“一带一路”的倡议。

近40年的金融开放政策有几个明显的特点,一是“缓慢、反复”,二是“决心大、推进难”,三是政策协调性不够。这些特点与中国的渐进式改革方式有关,但对金融开放政策的总体评价应该是“成绩很大、问题也不少”。汇率政策改革一直在朝着双向波动和市场决定的方向努力,但始终没有呈现出足够的灵活性;资本项目开放和人民币国际化取得了很大的进展,但在最近两年出现了一些反复;金融机构的对外开放经常是“雷声大、雨点小”,

实际进展相对有限，甚至出现了一定程度的倒退；金融市场的对外开放严重受制于境内外市场规则、制度方面的差异以及我国“通道式”的开放模式；对外投融资合作才刚刚开始，金融机构“走出去”明显滞后于企业“走出去”，跨境金融的服务能力还比较弱。

虽然金融开放政策存在一些问题，但迄今为止似乎并没有显著影响我国的经济增长与金融稳定，而且确实有不少新兴市场国家在实施金融开放政策之后发生了金融危机。那么中国的金融业是否还应该进一步开放？从目前看，中国金融开放的程度不但明显滞后于实体经济，也大大落后于其他新兴市场国家。除此之外，起码还有三条理由支持中国金融业的进一步开放。第一，金融开放是实现经济可持续增长的重要条件。经济增长要靠创新，经济创新要依靠金融创新，金融开放有利于促进金融创新。第二，金融开放是防控系统性金融风险的重要手段。扩大金融开放，不仅可以引进先进的经营管理理念、技术和规则，还可以强化市场纪律，消除金融风险的痼疾，同时也有利于分散风险。第三，金融开放是积极参与国际经济治理的重要途径。无论是积极维持经济全球化的方向，还是推动人民币国际化和落实“一带一路”倡议，都要求中国与国际金融体系接轨。

与40年前相比，中国与世界经济都发生了巨大的变化。政府在制定新的金融开放政策的时候，应该制定与发生变化的经济现实相适应的理念与策略。一是作为大国经济，中国制定金融开放决策需要认真考虑对国际经济的溢出效应；二是在积极推动资本项目开放的同时，当局也应该考虑设立适度的、临时性的跨境资本流动管理机制，支持金融稳定与货币政策的独立性；三是汇率对实体经济的影响既可以通过贸易渠道，也可以通过金融渠道，而金融渠道正在变得越来越重要；四是“以开放促改革”应该同“以改革助开放”相配合，协同推进金融的改革与开放。

为了积极、稳健地推动中国金融业的进一步对外开放，我们提出7个方面的政策建议。

第一，国务院金融稳定发展委员会应统筹金融改革开放政策。

“以开放促改革”很重要,但“以改革助开放”同样必不可少，尽量避免形成金融开放政策“单兵突进”的现象。一是金融与非金融改革的协调，比如国有企业的改革对于利率市场化至关重要；二是对内与对外金融政策的协调，比如金融机构的对外开放，取决于外资金融机构能否真正在境内市场享受准入前国民待遇；三是金融开放政策的协调，特别是协同推进金融业开放、汇率形成机制和减少管制三驾马车。

第二，积极增加汇率的灵活性，更多地让市场因素决定汇率水平。

自2016年年底以来，外汇市场的贬值预期已经基本消除，实体经济也相对稳定，提高汇率灵活性改革的时间窗口已经来临。如果能够适时完成汇率市场化改革的惊险一跃，将为我国扩大金融开放和完善金融调控提供重要的体制机制保障，也将向国际社会发出非常积极的改革开放信号，增强我国参与国际金融事务的代表性和话语权。

第三，在宏观和微观两个层面建立跨境资本流动的管理框架，并稳健地加快人民币国际化的进程。

在微观层面，要去“宏观调控功能”，促进资本项目可兑换，服务贸易投资便利化，同时把监管的重点从事前转向事中、事后。在宏观层面，构建资本管制和宏观审慎两个维度的管理框架，完善监测评估机制和压力测试等作为规则监管工具，同时保留托宾税等手段作为逆周期调控工具。但任何资本管制都应该是为其他改革和调整争取时间的一种临时性措施。

第四，落实准入前国民待遇并放松外资机构的持股比例，真正推动金融机构的对外开放。

外资金融机构进入中国市场，就是中国的境内机构，接受中国监管部门的监管，相当于金融业在外国进行直接投资，对于金融稳定的含义与短期跨境资本完全不同。因此，监管部门应该在持股比例、设立形式、股东资质、业务范围、牌照数量等方面对中外资机构一视同仁，为外资进入中国市场提供公平、公正的竞争环境。

第五，尊重国际市场规则和惯例，实现金融市场更高层次的开放。

金融市场开放是我国提高国际竞争力、实现人民币国际化的必然要求。过去政策的开放度与实际的开放度之间存在较大的落差，主要原因就在于境内外市场规则与制度的不接轨。因此，首先要有序开放信用评级市场；其次要给予境外发行人在审计和会计方面更大的灵活性；最后应尽快明确境外投资者进入我国债券市场所涉及的税收问题。同时，金融市场基础设施建设要兼顾中国国情和国际惯例。

第六，利用国内产业结构转型升级和“一带一路”倡议的契机，积极构建对外投融资框架。

除了继续大力发展开发性金融和政策性金融，要努力构建全方位的商业性金融服务体系。监管部门可以顺势而为，引导中资金融机构在海外合理布局，鼓励金融机构提高跨境金融业务的广度和深度，还可以借助银行代理业务、银团贷款、东道国与多边开发银行、发达经济体的资本市场和国际金融中心等的作用，改善海外投融资服务。

最后，完善与开放金融体系相匹配的宏观审慎监管框架，有效预防并化解金融风险。

金融开放既可以提高效率，也可能增加风险。应该以央行提出的“宏观审慎评估体系”（MPA）的第六方面“跨境融资风险”为基础，扩展监管框架，包括关注金融开放政策的路线图、时间表与协同性，在不同的阶段，还可以主动调整开放策略，规避跨境资本流动，同时还要合理控制外债规模，优化外债结构。

目 录

02

世界视野的中国金融发展

03

进一步扩大中国金融业对外开放

04

走向浮动的人民币汇率形成机制

05

中国的跨境资本流动管理

总　论

积极、稳健地开放中国金融业[1]

[1] 总论主要综合了七个分报告的分析与结论，但并不完全代表分报告作者的立场。管涛、张斌、朱隽和徐忠等对总论提出了具体的修改意见。当然，任何差错均由总论执笔人承担。

贯穿 40 年的金融开放

1978 年年底，党的十一届三中全会决定将工作重心转向经济建设。当时中国只有一家正规的金融机构，即兼具中央银行和商业银行功能的中国人民银行。在传统的计划经济体制下，资金的调配都是由中央计划统一实现的，商业性金融机构的作用几乎可以忽略不计。但在 1978 年当年，政府就设立了中国银行、中国人民建设银行和中国农业银行三家专业化的商业银行。

在随后的近 40 年间，改革开放政策给中国的金融业带来了翻天覆地的变化。但这场变革不是一个简单的线性化过程，总体的特征是:“增量”的努力十分成功，但“改质”的效果相对滞后[①]。一方面，金融机构的种类和数量急剧增加，金融资产的规模也以惊人的速度扩张。其他市场经济国家有的各类金融机构，中国基本上也都有了。同时，商业银行资产位列全球第一，交易所股市市值全球第二，私营部门债券市值全球第三，除了商品期货交易以外，大多数衍生品市场还没有形成规模。如果只是看一些数量指标，中国金融体系的发展水平已经处于全球领先地位。[②]

---

① Huang, Y., Wang, X., Wang, B. and Lin, N.(2013). ‘Financial reform in China: Progress and challenges’, in Park, Y. and Patrick, H.(editors), How Finance in Shaping Economies of China, Japan and Korea, Columbia University Press, New York. Pages 44-142.

② 此部分内容在本书 02《世界视野的中国金融发展》中有论述。

但另一方面，市场机制在资金定价与配置中的作用还受到很多约束。[①]政府从多个方面干预、影响金融市场的运转。比如对银行基准存贷款利率的规定、对汇率的干预、对信贷及资本市场资金配置的指导、对跨境资本流动的管制和对大型金融机构的控股，再加上国有企业的软预算约束和金融产品的刚性兑付等问题，都影响了市场纪律的严肃性。国际货币基金组织（IMF）的经济学家曾经利用2005年的数据为91个国家构建了金融抑制指数来衡量政府对金融系统干预的程度，其中中国排名第四。[②]

从实施经济改革的第一天开始，金融开放在经济政策中的重要性逐步显现，我们可以大致将过去的40年划分为四个阶段。

一、1978—1991年是金融开放的探索阶段，最重要的举措是开办“经济特区”和汇率调整。

这个时期经济改革的重点起初是在农村，1984年之后逐步将改革政策引向城市。1979年，第一家外资银行的办事处日本输出入银行办事处在北京设立。1982年，中信公司在野村证券的帮助下，在日本金融市场发行了改革开放以来的第一笔国外债券。1979年邓小平开始倡导开办“经济特区”，1980年在深圳等地落地。经济特区以减免关税等优惠措施为手段，通过创造良好的投资环境，鼓励外商投资。与此同时，当局通过官方汇率与外汇调剂市场汇

① Huang, Y. and Wang, X.（2017）. “Building an efficient financial system in China: A need for stronger market discipline”. Asian Economic Policy Review. 12（2）. Pages 188-205.

② Abiad, A., Detragiache, E., & Tressel, T.（2008）. A new database of financial reforms. IMF working paper.

率并存的双重汇率安排，逐步增加市场配置外汇资源的比重，并逐步将人民币兑美元高估的官方汇率从 1980 年的 1.498 调贬到 1991 年的 5.323，支持出口增长。

二、1992—2000 年是金融开放的奠基阶段，最重要的举措是实施有管理的浮动汇率制和积极吸引外国直接投资。

1992 年年初邓小平南行开启了经济改革的一个新时期。同年 10 月，党的十四大明确提出中国经济体制改革的目标是建立社会主义的市场经济。1993 年政府推出了“以市场换技术”吸引外国直接投资的政策，在随后的 22 年间，中国利用外资的金额一直位居发展中国家首位。1994 年年初央行取消了双重汇率制度，人民币官方汇率与外汇调剂市场汇率并轨，实行以市场供求为基础的、单一的、有管理的浮动汇率制。1996 年 12 月，中国实现了人民币在经常项下的可兑换。1997 年亚洲金融危机爆发之后，政府宣布人民币不贬值，并采取重新钉住美元的临时性汇率政策，同时加速对国有商业银行的改造。

三、2001—2008 年是金融开放的铺开阶段，最重要的举措是向境外金融机构开放国内市场。

随着中国在 2001 年年底正式加入世界贸易组织（WTO），经济改革再次提速。政府承诺在五年内向外资银行全面开放人民币业务，对外资证券和保险公司进入中国市场也做出了相应的承诺。为了打通境内外资本市场投资的渠道，监管部门于 2003 年开启了境外合格机构投资者（QFII）制度，并于 2006 年落地境内合格机构投资者（QDII）制度。从 2004 年开始，当局开始推动中国企业“走出去”，中国很快成为全球最大的直接投资国之一。2005年7月，央行决定放弃钉住美元的汇率政策。2003年年底，央行发布公告，为香港个人人民币业务提供清算安排，2004年又推广到为澳门的个人人民币业务提供清算安排，人民币跨境流通和使用进入新阶段。2005年10月，国际金融公司和亚洲开发银行在中国境内发行人民币计价的债券（俗称“熊猫债”）；2007年6月，首支人民币债券登陆香港（俗称“点心债”）。此时，尽管人民币国际化尚未明确成为国家战略，但已经悄然步入试水阶段。

四、2009—2017年是金融开放的稳健推进阶段，最重要的举措是加速人民币国际化进程和提出“一带一路”倡议。

从2009年年初开始，央行积极扩大香港人民币离岸市场，支持跨境贸易和投资的人民币结算等。2015年7月，央行向境外央行、国际金融机构和主权财富基金开放银行间债券市场，监管部门还设置了“沪港通”“深港通”和“债券通”等渠道连接境内外资本市场。2016年10月1日，人民币正式加入国际货币基金组织的特别提款权（SDR）货币篮子。但在2015年8月11日实施的人民币中间价定价机制改革却引发了一轮强烈的人民币贬值预期。2013年习近平主席提出“一带一路”倡议，2015年12月，由中国倡导的第一个多边金融机构亚洲基础设施投资银行在北京正式成立。

成绩很大、问题不少

无论是看经济增长还是看金融稳定，中国在过去近 40 年的金融改革开放政策无疑是相当成功的。尤其在头 30 年，GDP 的年均增长速度达到近 10%，中国也是主要新兴市场经济中唯一一个没有发生严重金融危机的国家。但如果仔细分析金融开放政策，我们会发现进展很明显,但困难也很多。在有些领域,如金融机构，对于到底开放到什么程度才算合适，缺乏清晰的认识。在有些领域，如汇率政策，虽然对增加灵活性的目标有一定的共识，但始终无法落实。而在另外一些领域，如对外投融资合作，目前尚处于初步探索阶段。下面我们对几个主要领域的金融开放政策做一个简单的评估。

第一，汇率政策的困境是试图让市场因素决定汇率水平，但汇率调整的灵活性远远不够。①

从一开始的不断贬值到后来的缓慢升值，从早期的只看美元到现在以一篮子货币为参考，从曾经的固定汇率制到之后的有管理的浮动汇率体系，人民币汇率政策（包括汇率制度）经历了许多改变。如果有一个意图始终如一地贯穿了 40 年的汇率政策决策，那就是不断增加汇率的弹性，同时逐步让市场决定汇

---

① 此部分内容在 04《走向浮动的人民币汇率形成机制》中有论述。

率的水平。实际上，汇率政策确实取得了不少成绩，汇率在朝着均衡的水平调整，没有出现太剧烈的震荡，汇率也有力地支持了出口增长，维持了十分健康的国际收支，并且积累了十分庞大的外汇储备。

但从2005年开始，汇率政策似乎陷入了“既痛恨固定又害怕浮动”的两难。横向地看，中国所实施的缺乏灵活性的有管理的浮动汇率体系，在大国经济中已属少数。虽然当局一直声称要让市场因素在汇率水平的决定中发挥更大的作用，但一旦汇率波动起来，就会很快采取措施消除震荡。过去十几年间，除了少数几个时间段，央行不是在努力对抗人民币单边升值的预期，就是在试图消除单边贬值的预期。汇率灵活性不够，既影响货币政策的独立性，干扰宏观经济的稳定性，还妨碍经济结构调整、人民币国际化和中国企业“走出去”。

第二，资本项目开放和人民币国际化取得了可观的进展，但在最近两年出现了一些反复。[①]

2003年十六届三中全会明确提出“逐步实现资本项目可兑换”的政策目标之后，资本项目开放开始加速，从直接投资逐步扩展到对外债务债权、证券投资等跨境资本和金融交易，从“宽进严出”逐步转变为“双向均衡”管理。截至2016年年底，中国实现部分资本项目可兑换以上的项目由2012年的34项增加至37

① 此部分内容在本书05《中国的跨境资本流动管理》中有论述。

项，占全部交易项目的比例由85%提高至92.5%，不可兑换项目仅剩3项。资本项目开放的一个古老难题是如何平衡效益与风险，包括开放到什么程度、如何开放。

人民币国际化政策也是从2003年开始的。当年年底，央行开始为香港办理个人人民币业务的银行提供清算安排。2009年，人民币经常项目跨境使用扩大到全国，资本项目跨境使用也大幅放开，同时以香港为代表的人民币离岸中心快速发展。2016年10月1日，IMF正式宣布人民币成为SDR篮子中的货币。根据IMF官方外汇储备币种构成调查（COFER）数据，截至2016年年底，人民币占比为1.1%。不过自2015年年中起，为了稳定外汇市场，部分人民币国际化的实践被逆转。SWIFT（环球商业银行金融电讯协会）的数据显示，2016年年底，人民币在国际支付货币中的排名由2015年的第五位下降到第六位，占比从2.31%下降到1.67%。

第三，金融服务业特别是金融机构的对外开放基本上是“雷声大、雨点小”。[①]

中国在2001年加入WTO之后，逐步放宽了外资金融机构设立形式限制、地域限制和业务范围限制。截至2016年年底，外资银行资产占全国银行类机构总资产的1.3%；在华合资证券公司占证券公司总数的10%，总资产占比4.5%；外资财险公司和合资人身保险公司数占比为30.4%。与此同时，中资金融机构也

① 此部分内容在本书03《进一步扩大我国金融业对外开放》中有论述。

积极地"走出去"，网点几乎遍布亚太、北美和欧洲，同时还通过多种业务方式与全球越来越多的银行进行金融服务对接。

但金融机构开放程度明显滞后于国际水平。以银行业为例，目前外资银行的资产占比不仅远远低于 OECD（经济合作与发展组织）国家平均占比高于 10% 的水平，而且与刚刚加入 WTO 时的 2% 相比也有明显下降。保险业的外资资产占比也在 2005 年达到 8.9% 的峰值以后逐步降到 2016 年的 5.6%。外资比例下降，反映出我国国内经营环境欠佳，外资机构面临较多政策壁垒。我国是国际上为数不多的在银行、证券、保险各行业对外资均存在持股比例限制的国家。业务范围和牌照发放的限制也制约了外资金融机构的发展，比如外资证券机构进入我国只能通过合资的形式，且只能从事承销、外资股的经纪以及债券经纪业务等一小部分业务。外资金融机构并没有真正享受到准入前国民待遇。

第四，我国金融市场的对外开放严重受制于境内外市场规则、制度的差异和特定的开放方式。[①]

债券市场的开放主要体现在允许境外机构在银行间市场发行人民币债券或者进行投资，股票市场开放的形式主要是引入 QFII、QDII、沪港通和深港通等一系列"通道式"的机制鼓励双向投资，而银行间外汇市场则引进了 66 家境外机构。总体看来，开放度还比较低。比如，QFII、RQFII（人民币境外合格投资者）、沪港通和深港通合计持股占比不超过 5%，远低于韩国股市海外

① 此部分内容在本书 06《以对外开放促进金融市场改革发展》中有论述。

持股的30%。债券市场海外持有者不到2%，而日本国债海外持有比例为10.5%。境外投资者占银行间外汇交易量的1%以下。

金融市场的开放程度比较低，最主要的原因还在于金融市场的规则制度与国际市场存在较大的差异，严重制约了境外发行人和投资者参与市场的便利性和积极性。股票市场采取“管道式”的开放形式，外汇市场则是以实需为基础的有管理的市场，这些做法都大大压缩了市场开放的程度。债券市场的问题更加突出，境外机构境内发债在会计、审计政策使用方面仍有许多不便。我国债券市场实行市场参与者准入备案、一级托管、集中交易的模式，与国际市场做法不同。另外，我国的评级业公信力不够，与债券相关的外汇与衍生品产品不够丰富。

最后，我国建立对外投融资合作框架的工作才刚刚起步，金融机构“走出去”明显滞后于企业“走出去”，跨境金融服务的能力比较弱。①

中国在继续作为资本流入大国的同时，已经逐步转变为几乎对等的直接投资输出大国。投融资的合作重点逐步从亚洲经济体向欧美发达国家拓展，投资行业也从过去的采矿业为主逐步向商务服务业、金融业和制造业扩散，非国有企业在对外投资中的比重从2006年的19%上升到2015年的49.6%。但“走出去”的中国企业在海外面临较大的融资困难，因为对外投资项目往往周期长、规模大、风险高，许多东道国本身面临资金匮乏问题，中资企业在境外又缺乏足够的信用，我国金融机构海外布局主要集

① 此部分内容在本书07《构建中国对外投融资合作框架》中有论述。

中在发达经济体，发展中国家和新兴市场国家反而布点比较少。

当前我国金融机构在“走出去”开展对外投融资合作的过程中，暴露出了许多问题。部分金融机构在争取项目时“一拥而上”、无序竞争。一些企业不了解东道国的环境和社会规范，忽视风险、盲目投资。对外投融资决策责、权、利不一致的现象也很普遍，特别是涉及公共资金和优惠性资金的使用，缺乏完善的持续跟踪和事后问责机制。国内金融机构的海外布局与“走出去”企业的分布不匹配，而且海外分支机构的实力和服务能力也明显不足。另外，中资企业跨境并购规模快速增长，但债务融资比例偏高，我国企业海外收购项目总债务与税息折旧及摊销前利润之比的中位数为 5.4，而全球的中位数则为 3。

综合考察近 40 年的金融开放政策，我们发现几个突出的特点。

一是“缓慢、反复”。从 1996 年年底实现人民币在经常项下可兑换算起，我国开放资本项目的努力已经历经二十多年。过去十几年来，决策部门一再提出要增加汇率的灵活性，但对汇率波动的接受度一直没能大幅提高。中国政府在加入 WTO 时做出的金融开放的承诺应该算是有力度的，之后的实施却相对迟缓。

二是“决心大、推进难”。中国加入 WTO 的时候，国内金融界的人士普遍比较悲观，担心“狼来了”。但后来外资金融机构在国内银行业和保险业的比重不仅没有暴升，反而还下降了。最近几年，央行大力向境外国际组织、主权机构和商业性金融企业开放银行间债券市场，但由于国内市场的规则、制度和基础设施与国际市场不接轨，实际的开放程度还是超乎寻常的低。

三是政策不配套。金融改革领先经济改革，人民币国际化领先金融改革。由于配套措施跟不上，往往令金融开放政策事倍功半。金融政策与制度之间存在很多内在的联系，改革的推进需要考虑协调性的问题，否则不仅会相互掣肘，还容易酿成新的风险。最近两年，政府为了稳定外汇市场，调整了已经实施的资本项目开放和人民币国际化的一些政策的实际执行力度。

造成上述金融开放政策三大特点的原因很多，其中既有利益的因素，也有理念的因素。金融机构开放步履缓慢甚至倒退，可能是担心国内金融机构的既得利益受到损害，在股权持有和业务范围方面，政策对外资金融机构的歧视比较明显。但确实也有很多人担心金融开放可能伤害中国的金融安全与金融稳定。这些担心有些是不必要的，但也有些是合情合理的，比如短期资本的大进大出确实容易引发金融风险甚至金融危机。下一步如果要进一步开放，就需要对这些潜在的风险因素设置有效的防范与应对机制。

政策理念应该与时俱进

中国的金融开放还要不要继续往前走、怎么走？起初这并不是问题，但现在似乎成了问题。一方面，虽然中国的金融开放度还比较低，但其经济与金融的表现在国际上都是拔尖的。如果这样的政策是有效的，为什么要改变呢？另一方面，过去作为中国金融改革开放样板的欧美发达国家都发生了严重的金融危机，经济全球化的进程也明显放缓甚至出现了逆转。一些发展中国家如印度尼西亚和墨西哥确实也在实施金融开放政策之后发生了金融危机。这些都表明今天考虑中国的金融开放政策就更加需要重视效率与稳定之间的平衡。

中国的金融开放还应该继续往前走，起码有三个方面的理由。

首先，金融的进一步开放是支持经济实现可持续增长的重要条件。

目前中国金融业的开放度不仅明显滞后于实体经济的开放度，也显著落后于绝大多数新兴市场国家的金融开放度。虽然抑制性的金融政策包括资本项目管制在 20 世纪 80 年代和 90 年代对经济增长有正面的贡献，但自从进入 21 世纪以来这种影响已经转为负面。① 未来的中国经济增长需要靠创新实现新旧动

① Huang, Y. and Wang, X. 2011. 'Does financial repression inhibit or facilitate economic growth: a case study of China's reform experience'. Oxford Bulletin of Economics and Statistics. 73 (6), Pages 833-855.

能转换，而经济创新又需要金融创新的支持。从中国加入 WTO 的经验看，凡是对外开放比较彻底、积极参与全球资源配置的领域，都是发展比较好、竞争力强而且国际化程度比较高的领域。金融领域的问题更加复杂一些，但金融的进步，也有赖于进一步的开放。当前金融机构“走出去”就严重滞后于中国企业“走出去”。

其次，金融开放也是全力防控系统性金融风险的重要手段。

最近系统性金融风险上升有多方面的原因。经济增长持续减速导致企业资产负债表恶化，政府为金融产品与企业兜底令道德风险问题恶化。政府兜底在短期内似乎是增强了金融稳定，实际上反而会提高金融危机的可能性。扩大金融开放，不仅可以引进先进的经营管理理念、技术和规则，促进市场竞争，提升市场效率，强化市场纪律，消除金融风险的痼疾，同时也有利于分散风险。当然，金融开放也不能一放了之，而需要仔细设计金融开放的路径和审慎监管的框架。

最后，金融开放也是中国积极参与国际经济治理的重要途径。

2008 年以来，国际政治经济环境中发生了一些“黑天鹅”事件，但和平与发展时代主题的判断在今天仍然适用，中国改革和发展战略机遇期有望持续。[①] 过去近 40 年，中国是经济全球化的主要获益者之一，维持一个开放的世界经济秩序也是中国的利益所在。虽然目前中国还很难充当国际经济规则的制定者，但仍然可以作为一个重要的参与者发挥积极的作用。而中国政府最近

① 在本书 01《当前中国面临的国际战略环境》中有论述。

所推出的一系列新的倡议与政策，包括“一带一路”、亚洲基础设施投资银行和人民币国际化等，都要以中国与国际经济与金融体系的进一步接轨为基本前提。

与刚刚开始改革开放时相比，中国与世界经济形势都发生了很多变化。因此，政府在制定新的金融开放政策时需要认真考虑与新的经济现实相适应的一些理念与策略。

第一，作为一个大国经济，中国在制定金融开放政策时应充分考虑对其他经济以及国际市场的溢出效应。

前几年经常听专家说，人民币汇率政策是我国的内政，与他国无干。这个说法在当年就不太准确，现在就更加不靠谱。汇率是货币之间的相对价格，低估或高估人民币怎么能说跟他国没有关系？更重要的是，今天中国已经从一个小国经济变成全球第二大经济体，国际经济环境已经由外生变量演化为内生变量，中国经济政策已经成为国际环境的重要组成部分。有研究发现，中国的货币政策通过实体经济和金融渠道对亚洲经济产生显著的影响。[①]40 年甚至 20 年前，这个问题并不突出。

第二，在进一步开放跨境资本流动的大前提下，适度的、临时性的跨境资本流动管理可能有利于维持金融稳定和增强货币政策独立性。

1944 年布雷顿森林体系建立之后，IMF 是支持资本项目管

① Cho, C., Huang, Y. and Kim, S. (2017). “International transmission of Chinese monetary policy shocks to Asian Countries”. draft paper, National School of Development, Peking University.

制的。1971 年美元与黄金脱钩之后，IMF 转而支持跨境资本自由流动。2009 年之后，IMF 支持资本自由流动的立场又开始出现松动，即政府可以采取适度的资本流动管理实现金融稳定的目标。[①] 近期有研究发现，对很多发展中国家而言，只存在“自由流动的资本和独立的货币政策之间的二元悖论”。因此，适度的跨境资本流动管理应该也有利于增强货币政策的独立性。[②] 但 IMF（国际货币基金组织）也认为，中国对资本流动的管理仍严于大多数发达经济体，未来的方向是逐步放开资本管制，从数量型管制及配额转向价格型管制，从基于居民身份的行政管制转向基于货币的监管措施，从事前审批转向事后报告和监督。

第三，过去汇率对实体经济的影响主要是通过贸易渠道，现在金融渠道变得越来越重要。

被低估的货币通常会增加出口但会减少进口，从而改善贸易平衡、支持经济增长。近年来的一些研究发现，汇率的影响除了通过传统的贸易渠道之外，也可能通过金融渠道。[③]2015 年年中以后，由于人民币贬值，很多中资企业开始加速偿还外债，这相当于资本外流，对经济增长是不利的。过去我国的对外经济关系主要是贸易，现在金融开放度加大，再想通过货币低估刺激经济

① IMF. 2011. Agreement of the International Monetary Fund. IMF.

② Rey, H. 2013. “Dilemma not trilemma: The global financial cycle and monetary policy independence”. Proceedings - Economic Policy Symposium - Jackson Hole.

③ Hofmann, B., Shim, I. and Shin, H.（2016）. “Sovereign yields and the risk-taking channel of currency appreciation”. BIS Working Papers No 538.

增长，就可能落空。当然，也不能反过来依靠汇率高估支持经济增长。还是应该让汇率尽可能地反映经济基本面的状况，同时保持足够的弹性。

第四，“以开放促改革”要与“以改革助开放”相结合，协同推进金融改革与开放。

中国加入WTO的经历所提供的重要经验是“以开放促改革”，过去十几年决策部门也经常把这个施政理念运用到金融领域，取得了不少有益的进展。但金融部门各环节之间的链接非常重要，因此金融改革特别需要关注次序问题，[①]比如央行在2015年年底取消了对银行存贷款利率波动区间的限制，但由于风险定价和利率传导机制的问题没有解决，利率市场化并没有完成。再比如，全球金融危机爆发之后，国际社会对以美元为主导的国际货币体系产生了怀疑，对人民币的期待不断高涨，央行顺势而为，助推人民币国际化迈上新台阶。但国内配套金融改革包括人民币汇率改革的速度太慢，严重制约了人民币国际化的进程。未来金融业开放、汇率形成机制、减少管制这三驾马车需要协同推进，如果前期推进速度慢了，后期就应该加快实施。

① McKinnon, R. I. (1993). The Order of Economic Liberalization: Financial control in the transition to a market economy. Johns Hopkins University Press.

以开放促改革、以改革助开放

近40年的改革开放期间中国政府一直在积极推动中国金融业的开放，但其开放程度既滞后于实体经济也滞后于大多数国家的金融业；在过去这一滞后现象并没有明显影响中国在经济增长与金融稳定方面的表现，但现在已经成为进一步增长的掣肘；从保持经济增长、防控金融风险和参与国际金融治理的角度出发，中国金融业应该进一步开放；同时在政策的制定与实施过程中需要考虑一些与时俱进的政策理念。我们提出七个方面的政策建议。

一、国务院金融稳定发展委员会应统筹金融开放政策，尽量做到既积极稳健，又协同推进

“以开放促改革”十分重要，但“以改革助开放”同样必不可少，尽量避免形成金融开放政策“单兵突进”的现象。当然，这并不意味着改革政策不能同步推进，但一些领域改革政策的成功是需要以其他领域改革的完成为前提的。中国在外资银行的进入、债券市场的开放和人民币国际化的推进等方面也积累了一些经验教训。现在既然已经成立了高规格的委员会，就应该加强协调性。一是金融改革与非经济改革的协调，比如解决国有企业软预算约束问题，是利率市场化和资本项目开放的重要条件。二是对内与对外金融政策的协调，比如金融机构的对外开放，取决于

外资金融机构能否真正享受准入前国民待遇，公平竞争。三是协同推进金融开放政策，比如金融机构和金融市场开放、完善汇率形成机制改革和减少资本管制之间存在较高的关联度，而目前的当务之急应该是加大汇率的灵活性。

二、增加汇率的灵活性，更多地让市场因素决定汇率水平

汇率不够灵活，只要市场一出现风吹草动，当局就要出手，这已经成为金融不稳定性的一个重要根源。不过自 2016 年年底以来，外汇市场的贬值预期已经基本消除，实体经济也相对稳定，这为我们一直期盼的增加汇率灵活性的改革提供了一个重要的时间窗口。从国内外实践看，如果让人民币汇率走向市场决定、清洁浮动是既定方向，那么，在形势好的时候改革风险较小，而形势差的时候改革风险较大。我们要把握住当前有利时机，果断推进改革，避免再次错失良机。当然，对于此后发生的各种情形，应该做好应对预案，从最坏处打算、争取最好的结果。如果能适时完成汇率市场化改革的惊险一跃，这将为我国扩大金融开放和完善金融调控提供重要的体制机制保障，也将向国际社会发出非常积极的改革开放信号，增强我国参与国际金融事务的代表性和话语权。

三、在宏观和微观两个层面建立跨境资本流动的管理框架，并稳健地加快人民币国际化的进程

“十三五”规划提出要“扩大金融业双向开放，有序实现人

民币资本项目可兑换，提高可兑换、可自由使用程度”。从趋势看，跨境资本流动管理的宏观调控功能重要性将不断下降，跨境资本流动的微观监管职能将与宏观调控功能脱钩，分散化、多样化将是未来跨境资本流动管理的改革方向。我们建议构建“双支柱”的跨境资本流动管理框架，在微观层面，要去“宏观调控功能”，促进资本项目可兑换，服务贸易投资便利化；同时把监管的重点从事前转向事中、事后，强化真实性、合规性监管。在宏观层面，构建资本管制和宏观审慎两个维度的管理框架，同时尽快完善政策工具箱，要完善宏观审慎监测评估机制和压力测试，作为规则监管和现行管理工具；保留托宾税等资本管制手段，作为逆周期调控和事后管理工具。但跨境资本管制应该是临时性的措施，因为它们会带来市场扭曲，增加市场交易成本。应该利用跨境资本流动管理为其他改革和调整争取时间，如提高货币政策独立性，实现宏观经济较快发展；抓紧处置金融风险；支持民间部门资产负债有序调整，更好适应汇率弹性的增加。与此同时，应该稳健地推进人民币国际化的一些举措，包括增加离岸市场的人民币流动性、增加国际贸易与投资的人民币结算、扩大人民币在国际支付和储备中的比重甚至推动国际市场的人民币计价。

四、落实准入前国民待遇和放松外资机构的持股比例，真正推动金融机构的开放

外资金融机构进入中国开展业务，就是中国的法人机构，接受中国监管部门的监管。这相当于是海外机构在中国金融业所做

的直接投资，对金融稳定的含义与短期跨境资本流动不一样。所以当局应该按照内外资同等对待的原则，在持股比例、设立形式、股东资质、业务范围、牌照数量等方面对中外资机构一视同仁，为外资进入中国市场提供公平、公正的竞争环境。可以放开银行业、证券业和保险业的外资持股比例限制，允许设立外商独资证券公司和独资寿险公司；取消对外资银行股东总资产的要求，取消对外资银行开办人民币业务的最低开业年限要求，取消对合资证券公司中方股东必须有一家是证券公司的限制；不再通过牌照数量限制合资寿险公司发展，考虑给予独资寿险公司新的区域经营牌照；同时，为鼓励金融机构“走出去”，应进一步放松对商业银行海外布局设点的限制，对新设二级机构只保留报备程序，无须审批，允许在母国和东道国的机构设立申请同时进行，避免相互等待、拖延时间。

五、尊重国际市场规则和惯例，实现金融市场更高层次的开放

金融市场开放是我国提高国际竞争力、实现人民币国际化的必然要求。首先要有序开放信用评级市场，建立健全涵盖国际评级机构在内的统一注册管理制度，结合国际评级机构情况明确市场管理具体要求，明确境外评级机构可选择在境内设立商业存在或以境外法人实体两种方式开展评级业务。另外，可以从熊猫债市场开始试点，分步骤对国际评级机构放开国内债券评级业务；给予境外发行人在审计和会计方面更大的灵活性。对于面向机构

投资者非公开发行的债券，建议不要求境外会计事务所所在国与中国签订监管合作协议，或者只要求发行人聘请境外会计事务所向财政部提交监管确认函。对于我国香港地区和欧盟国家的会计事务所可豁免其在中国内地备案；尽快就境外机构在债券市场发行人民币债券发布统一的管理办法，明确外国政府、国际开发机构以及境外商业机构在银行间市场发债的有关要求，包括相关的会计、审计政策，增加透明度和规范性；最后，应尽快明确境外投资者进入我国债券市场所涉及税收问题，同时，金融市场基础设施建设要兼顾中国国情和国际惯例。

六、利用国内产业结构转型升级和“一带一路”倡议的契机，积极构建全方位的对外投融资框架

基本原则是通过合理的融资安排、适当的风险分担机制和合适的金融工具，降低我国海外投资的不确定性，提高项目的经济效益。首先要大力发展开发性金融。开发性金融不以利润最大化为目的，但重视项目的商业可行性和财务可持续性，更加注重支持基础设施投资等长期投资项目，我国在这个领域已走在世界前列。其次要继续完善政策性金融的出口信贷机制。我国的出口信贷更多地属于“南南合作”的范畴，而非传统意义上的“援助性贷款”。因此，我国应推动改革和完善出口信贷相关的国际规则。最后应建立全方位的商业性金融服务体系。监管部门可以顺势而为，引导中资金融机构在海外合理布局；可以鼓励金融机构提高跨境金融业务的广度和深度，比如尝试银企成本分担机制、完善

与长期投资相匹配的汇率风险对冲工具，并适当放宽对东道国项目融资主权担保的要求；还可以借助银行代理业务、利用银团贷款，发挥东道国、多边开发银行、发达经济体的资本市场和国际金融中心的作用，同时利用多种投融资方式包括股权类投资的作用，改善海外投融资服务。

七、完善与开放金融体系相匹配的宏观审慎监管框架，有效地预防并化解在金融开放过程中可能遭遇的各种风险

金融开放政策既可以带来效率的改善，也会增加金融市场的不稳定性，因此金融开放政策的一个关键是平衡效益与稳定之间的关系，而建立宏观审慎监管框架就是其中的一条途径。央行已经提出了涵盖 7 个方面的“宏观审慎评估体系”（MPA），其中第六方面“跨境融资风险”，考核的是跨境融资风险加权平均余额。金融开放的宏观审慎监管可以由此出发，但应该包括更加丰富的考核内容，其中包括：金融开放政策的整体协调推进，避免单兵突进；坚持循序渐进的原则，制定好金融开放的路线图、时间表，平衡好开放、发展与稳定的关系；在不同阶段，主动调整开放策略，注意规避开放所带来的潜在风险，特别是跨境资本流动风险；最后还要合理控制外债规模，优化外债结构。

01

当前中国面临的国际战略环境

国际战略环境是国家维护和推进国家利益，制定和实施国家战略所面临的外部环境。国际战略环境的形势决定了我国中期的发展战略和对外政策，同时也是我国进行金融改革和开放事业的大背景。本报告从和平、发展和治理三个维度，分析我国当前所面临的国际战略环境。这三个维度中，既包括新的变化趋势，又包括持续性的影响因素，既包括物质、理念和制度层面的要素特征，也包括与行为体策略有关的关系特征。同时，随着中国在国际体系中重要性的提升，中国的自身发展和对外行为对外部环境的塑造力日益显著。因此，在判断和分析中国所面临的国际战略环境时，既要分析中国所面临的外部约束条件的变化趋势，也要动态评估中国对外影响力的外部回应与反馈。

从和平维度看国际战略环境

和平与战争问题攸关国家的生存，是国家战略目标和手段的基本出发点。国际关系的革命性变化使得大国间发生战争的可能性大大降低，国际社会的总体和平可望维持，但是局部性安全风险和非传统安全隐患仍在增加。尤其是随着人类活动范围和交往深度的不断拓展，各国在经济、社会、文化、卫生、信息等领域的相互溢出效应日益增强，各类非传统安全风险成为国家稳定繁荣的重要威胁来源。

一、大国间和平趋于常态化

与20世纪上半叶相比，以下4个革命性变化削弱了大国间诉诸战争的动机，抑制了战争的各类间接和意外诱因，提供了长期的群体价值基础，使大国间长期和平成为可能。

第一，随着核威慑和新型常规威慑的兴起，大国间战争已不再是获取战争性收益的合理选项。第二，随着国家越来越有效运用经济和社会手段增强自身影响力，大国间战争也已不再是获取战争性收益的唯一途径。第三，现代大国对外决策体系和决策过程出现革命性进步，抑制了大国间战争的各类诱因。第四，信息技术、全球化、消费主义、后现代思潮等增强了主要大国民众的非战价值观。

对中国而言，大国间长期和平的“新常态”，具有以下战略指向性。

首先，“第三次世界大战打不起来”、“和平与发展是时代主题”的判断将长期适用。具体而言，一方面，中国自身改革发展的外部环境将总体保持稳定；另一方面，中国必须继续集中精力夯实国力基础，统筹国内国际两个大局，坚持以改革和创新推动国内经济社会稳定发展，推进国家治理体系和治理能力现代化，在此基础上稳定提升在世界舞台上的影响力，避免战略冒进和战略透支。

其次，“大国间和平新常态”下大国竞争将呈现出长期化、复杂化的特征。具体而言，在未来5~10年，霸权国在贸易、金融、投资、能源、安全等领域与中国开展高频竞争的概率增加，在全球及区域层面整合中小国家资源共同掣肘中国的概率增加。一定时期内，中国在全球和地区事务中的处境可能将会恶化，危机高发，安全压力上升，并可能长久处于多方向、多领域受困的状态。这就需要我国具备更精细的形势预测和评估能力，以及综合运用外交、经济等多元应对手段的能力。

二、周边呈现“乱而不战，斗而不破”态势

虽然大国间的总体和平可望维持，但是我国面临的周边不稳定性因素在增加，安全风险也日趋分散和多样化，非传统安全威胁突出。中国周边和亚太地区日益成为塑造未来国际格局的关键角力场。大国间战略互信降低，安全困境凸显。域内安全问题由于域外大国的介入而趋于复杂，热点问题升级成危机的频率上升，但整体而言可控。

美国虽在名义上废除了“亚太再平衡”的提法，但向亚太集中战略资源的总体趋势仍将持续。近年来，随着相对国力优势的日益缩小，美国除继续巩固美日、美韩同盟外，还积极拉拢印度、澳大利亚、新加坡等国家，鼓励三国在地区安全事务中发挥积极作用，实现“责任分担”。这将使我国面临的安全威胁态势进一步复杂化，在周边领土、领海争端方面尤为严重。南海和南亚之间的地缘议题联动性和扩散性将显著增强，未来可能成为中国周边首要的危机高发区。但在可预见的未来，对方在内政和资源上面临的局限性较多，干预和扰乱力度有限，不会从根本上恶化中国周边安全环境。长远来看，韩国萨德系

统的部署将严重损害中美间的战略平衡和战略互信。同时，朝鲜核导研发已经突破若干门槛，在核装置的小型化、弹头化方面实现重大突破，并在理论上具备了对美国本土进行二次核报复的能力，威慑力的可信性实现质的提升。朝鲜半岛危机将长期处于“斗而不战”状态。

三、大国力量对比进入质变期

当今世界格局正在发生深刻变化，一方面是发展中国家和新兴经济体整体实力上升并全面地走上全球舞台，而发达国家组成的既得利益集团因整体相对实力下降而逐渐丧失国际体系的绝对主导权。另一方面，美国仍将长期占据超级大国地位，而随着中国经济规模的不断扩大，中国的经济实力逐渐接近美国，而其他国家与中美两国的差距将进一步拉大。

当今世界最关键的博弈者是美国和中国。2009 年以来，中国的 GDP 从与日本旗鼓相当迅速增加至是其两倍多并达到美国的 60% 以上。尽管按照人力资本、物质资本和自然资本在内的“包容财富”计算，中美差距仍旧巨大，但中国追赶美国的速度也是惊人的。以美国为首的发达国家集团的综合实力已进入顶峰平台期，缓坡下行也成为基本态势。做出这一判断的主要依据之一是工业化国家普遍面临的财政困难。财政状况的好与坏不仅直接关系到本国民众福利，将拓展或限制政治家的政策选择空间，还直接影响一国尤其是大国或国家集团的对外政策实施。美国在中东等地的战略收缩，俄罗斯敢于在叙利亚与美国争锋叫板，菲律宾和马来西亚在中美之间两头下注，其背后都有财政压力的影子。特朗普政府欲与盟友就北约、北美自贸区（NAFTA）等协定重新谈判，很大程度上是因为美国已经在财政上“玩不起”目前的“游戏”了。

虽说美国相对停滞并步入衰落进程，但在可预见的未来十多年间，美国仍将是全球最具影响力的博弈者。经过三分之一个世纪经济的迅速发展，中国崛起并正在成为当今和未来可能挑战美国全球霸权的唯一国家。随着中国和美国经济实力进一步接近、其他国家与中美两国的差距进一步拉大，全球秩序的“两极结构”格局有可能在未来显现。中国的迅速崛起引起美国恐慌，美国开始真正把中国当作竞争对手，拥有相对优势的美国也成为唯一能够破坏或阻止中国现代化进程的国家，中美战略竞争似乎成为“修昔底德陷阱”式的历史宿命。幸运的是，核武器的存在使中美爆发正面战争的可能性大大降低。核大国之间的核威慑战略使彼此之间爆发大规模战争的可能性降低了，这意味着世界主要博弈者除了以非暴力的方式协商解决问题之外难有其他选择，核国家之间的较量也因此变得更加复杂。

在国力对比发生质变的背景下，中国正在由依赖外生性的战略机遇向创造内生性战略机遇转变。作为具有良好发展态势的世界第二大经济体，中国的综合实力业已增强到如此程度，以至于中国对外政策已能够产生较大国际回荡效应。十多年前中国提出战略机遇期这一判断时，其侧重点是战略机遇期的外生性。今天谈及战略机遇期这一判断时，其侧重点则是、也应该是战略机遇期的内生性。[1]这种由外生向内生的转变，相当程度上是中美力量对比持续变化并开始发生质变的结果与标志。

四、网络技术的“双刃剑”效应显现

人们通常认为，科技创新是人类社会进步的标志，因为它能够提高劳动生产率，增进福利水平，改善生存环境。但同时还要看到，在某些特定历史时期科技带来的不确定性乃至破坏性是巨大的，这种现象被称为技术进步的“双刃剑现象”。

进入21世纪，科技创新继续以日新月异的速度改变人类的生产生活方式，信息技术的迅猛发展，极大地拓展了人们获取信息的渠道，促进了各种价值观念和思想意识的传播，便利了人们之间的交往和集体行动的形成。作为信息技术不断发展的产物，网络成为部分群体接触信息和宣泄情绪的主要平台。一些过激的甚至扭曲的信息通过互联网迅速传播，随时可能演变出突发的、剧烈的社会群体性事件。

“双刃剑现象”在网络技术方面亦有突出表现。由于网络匿名性及相关法律缺失的“鼓励”，又受到信息技术进步的影响，普通大众权利意识特别是通过互联网提出利益诉求、表达抗议的意愿越来越强，逐渐演变成为反建制、反权威的草根运动，以自下而上的方式质疑和挑战现行体制。美国蓝领群体的贸易保护主义倾向，西方社会的狭隘民族主义与民粹主义交织融合，以“伊

---

① 张宇燕，《战略机遇期：外生与内生》，2014年第1期。

斯兰国”为代表的极端宗教主义势力猖獗蔓延等现象通过网络方式得到传播和放大，影响到更广泛群体的政治取向。此外，全球网络化也让世界开始暴露在网络战争的威胁之下。

五、恐怖袭击升温凸显文明冲突

20 世纪末以来，恐怖主义成为国际关系领域最为重要的非传统安全因素之一。尽管国际反恐联盟投入了大量的人员和资金，恐怖主义活动仍然持续升温，并演化出新的形态。近年来，在国际反恐联盟的压力下，“伊斯兰国”开始大力发展分支机构和同盟组织，促使恐怖组织向利比亚、埃及、尼日利亚、阿富汗和巴基斯坦等国扩散。此外，“伊斯兰国”还利用新技术和社交媒体煽动激进个人和团体在全球多个城市发动袭击，尤其对车站、港口、酒店和体育场等公共服务设施进行袭击，造成极大的人员财产损失，引发社会恐慌。

恐怖主义肆虐的背后不仅是经济不平等积累的矛盾，更凸显了文明冲突的价值困境。亨廷顿提出“文明冲突”论，认为未来世界的国际冲突根源将主要是文化而非意识形态或经济的，文明之间的对抗和断裂将成为主要战线，而国际政治中的主旋律是不同文明之间的竞争性共处与对抗。

人口种族结构变化向质变累积，多民族国家民族融合在宗教信仰强化下日趋艰难，国际关系由此受到影响，发达国家内部族群主义兴起。欧洲现有 5000 多万穆斯林，荷兰和比利时新生婴儿的一半出生于穆斯林家庭。依照目前的人口增长速率，2050

年前后法国和德国都将成为穆斯林人口过半的国家，美国的穆斯林人口亦将超过5000万。目前，美国穆斯林人口已增长到1000万左右，西班牙裔人口更是增长到3000多万，而且大有不可逆转之势。新世纪以来人口结构的变化，令欧美传统白人精英感到焦虑。当社会危机与国内挑战不断增加时，就容易将其归结为异己文明的冲击，最终增加了西方主流社会与穆斯林移民之间的张力，使“文明冲突”演化成自我实现的预言。

值得注意的是，宗教民族主义并不是伊斯兰教的专属，白人基督徒固有的种族主义一直是西方社会的政治潜流，这股潜流又长期被政治正确性压抑在地壳之下。特朗普的上台使西方社会内部的宗教和族群矛盾从幕后走到前台。随着发达国家的内部民族主义兴起，西方社会积压多年的种族主义和民粹主义的压力得以借选举周期或社会运动集中释放，可能诱发社会动荡与恐怖活动的共振，甚至可能因为内部矛盾的向外转移而引起国际冲突。

从发展维度看国际战略环境

发展是人类社会的基本诉求，是人类解决一切问题的总钥匙。只有通过发展，才能消除冲突的根源，保障人民的基本权利，满足人民对美好生活的热切向往。但是，发展赤字仍然是人类面临的重要挑战。国家之间和国家内部不同群体的收入不平等，发展中国家发展面临的能源与资源瓶颈，全球经济增长的动力不足等问题制约着人类共同的经济社会发展事业。

一、全球经济短期复苏显现，长期强劲、可持续性、平衡增长面临挑战

全球经济增长前景是我国经济发展的重要外部条件。我国的对外贸易、投资等活动的增长都依赖于强劲、可持续的全球经济增长形势。短期来看，全球经济增速明显提升，劳动力市场持续改善，全球物价水平温和上升，国际贸易增速提高。与此同时，支持国际贸易高速增长的长期因素尚未形成，美国财政与货币政策调整对世界经济将产生溢出效应，逆全球化特别是贸易投资保护主义倾向不断加强，债务积压的状况越来越严重，资产泡沫快速积累并随时可能破裂，地缘政治风险和恐怖主义等问题依旧，

表明世界经济持续稳定平衡中速增长的基础还不稳固。[1] 国际金融危机前 10 年(1998—2007 年),全球 GDP 年均增长率为 4.2%;金融危机爆发后的 9 年间(2008—2016年),全球 GDP 年均增长率下降至 3.2%。当前,全球经济增长形势正在发生巨大变化。自 2016 年中期以来,全球经济进入上行周期,且上行力度不断增强。国际货币基金组织 2017 年 10 月更新的《世界经济展望》分别上调 2017 年和 2018 年经济增长预测各 0.1 个百分点,至 3.6% 和 3.7%。[2] 但是经济的长期强劲、可持续、平衡增长仍面临诸多不确定性。"短期的复苏仍然十分脆弱,稳健增长也许并不能持续,许多地区的中长期前景不尽如人意"。[3] 从更长时段来看,大多数发达国家的中期增速仍然低于危机前 10 年的水平。因此,目前的全球经济复苏仍然比较脆弱,新状态的反复和不稳定可能会加剧,可持续增长仍面临长期挑战。

全球经济增长的一大难题是劳动生产率提升缓慢。据国际劳工组织数据,按购买力平价不变价计算,2012 年至 2016 年间全球劳动生产率平均年增长 1.8%,大大低于危机前 2003 年至 2007 年间的 3.2%。2017 年,全球劳动生产率增速有所提高,大约达到 2.2%,但提升幅度不大。劳动生产率增长缓慢甚至停滞原因是多方面的,既包括技术进步和与之密切相关的投资增长减速,

---

① 张宇燕、姚枝仲:《世界经济提速复苏 基础尚需继续巩固》,《求是》,2018 年第 2 期。

② IMF, World Economic Outlook, October 2017:Seeking Sustainable Growth: Short-Term Recovery, Long-Term Challenges, October 10, 2017.

③ 同上。

也包括因市场竞争不充分或制度惯性导致的技术扩散缓慢，还包括人力资本积累减缓和主要经济体的人口老化，以及许多国家不得不尽力克服因过度宽松政策引发的资源错配等问题。①

国际直接投资规模恢复缓慢也是影响经济复苏的重要因素。国际直接投资是促进国际分工发展、全球经济一体化和世界经济繁荣的重要力量。据联合国贸易和发展会议预测，2017 年全球对外直接投资流入额增长 5%，至 1.8 万亿美元，从而扭转了 2016 年的负增长局面。但是，在一系列促进投资政策出台的同时，也有部分国家强化了对外来投资的限制性政策，比如单方面终止或重新评估所签订的国际投资协定，故 2018 年全球跨国直接投资活动很有可能是有限增长。国际直接投资活动的低迷与国际投资准入和开放的推进力度较慢以及发达经济体开始鼓励制造业回流息息相关。

此外，全球债务水平的持续上升，不仅增大了金融市场的脆弱性，还使得经济复苏进程受到消费放缓的拖累。在危机期间，为了消除金融市场上的流动性恐慌，各国央行没有采取紧缩债务的方法，而是向市场大量注入流动性，用继续扩张债务的方法来应对危机。危机过后，各国央行继续使用扩张性的货币政策，包括量化宽松政策来刺激经济复苏。货币扩张不是导致债务水平下降，而是导致债务水平升高的政策。危机发生后，各主要国家并没有采取有效措施来降低债务水平，而是在持续扩大债务

① 张宇燕、姚枝仲:《世界经济提速复苏 基础尚需继续巩固》,《求是》, 2018 年第 2 期。

规模。据国际清算银行的估计，全球非金融部门的债务总额与国内生产总值（GDP）之比在2017年仍在继续攀升并一再突破历史纪录。美国和日本政府总债务与GDP之比微弱升高，分别达108.1%和240.3%。欧元区政府总债务与GDP之比从2015年开始回落，2017年至87.4%。新兴市场与中等收入经济体政府总债务与GDP之比处于缓慢上升过程中，2017年达48.4%。同时全球居民和企业债务也在不断累积，并扮演了推动全球非金融部门债务总额与GDP之比不断攀升的主角。今天这种局面仍未改变。国际货币基金组织的一项包含57个发达国家和新兴市场国家的研究显示，其家庭债务占GDP比重在未来3年每上升5个百分点，经济增长率将下降1.25个百分点。高债务妨碍经济健康增长的另一个途径是它已成为政策制定与实施的掣肘。这意味着发达国家在使货币政策回归“正常化”的过程中面临着很高的政策风险，而新兴经济体在去杠杆过程中则会面临防范金融风险与降低经济活力的两难境地。

全球经济复苏与可持续增长的不确定性仍是我国在今后很长一段时期参与国际经济分工的大背景。过去30多年，我国正是依靠劳动密集型和出口导向型经济模式，通过满足不断增长的全球市场需求，发展为世界第一大出口国。随着全球市场需求的持续低迷和我国传统竞争优势的继续弱化，传统要素投入的支撑作用在减弱，我国经济受到长期结构性因素的制约愈发明显。我国必须适应全球经济低速增长的新常态，大力推进技术革新和结构性改革。在高度一体化的全球经济中，各国结构改革政策具有重大的外溢效应。除了在国内大力推进供给侧结构性改革外，中国还应积极推动各国协调改革行动。在 2016 年杭州 G20（二十国集团）峰会上，中国提出包括促进贸易和投资开放、推动劳动力市场改革、鼓励创新、促进财政改革等 9 大优先领域和各个领域下的 48 条指导原则，为各成员方实施改革提供参考指南。

二、收入分配不平等引起反全球化力量的兴起

经济全球化是冷战后国际环境最明显的趋势性特征。全球化有利于世界市场的扩大与资源在全球配置效率的提高，也有利于国际分工的发展和全球生产能力的提高，世界经济的繁荣与发展在很大程度上有赖于全球化的推进。中国正是通过改革开放参与到全球经济分工中，成为经济全球化的重要获益者。然而，全球金融危机以来，关于全球化的议论风向出现偏转，冷战后作为高频词汇之一的“全球化”开始被“去全球化”或“反全球化”代替。

“反全球化”力量兴起的重要原因是国与国之间增长不平衡和国家内部贫富差距拉大的问题日益凸显。南北发展失衡仍然是当前国际社会面临的重要问题。根据 IMF 统计，2017 年发达国家基于购买力平价的人均 GDP 达到 49111 美元，相当于发展中国家平均水平的 4.2 倍。[①]

同时，经济全球化引起各国国内收入差距的扩大，在这一

① IMF, World Economic Outlook Database.

过程中，各国政府未能有效地采取再分配和社会保障政策，更是加剧了国内收入不平等。虽然美国一直是经济全球化的最大受益者，但美国国内财富分配差距却在显著扩大。在参与经济全球化的过程中，美国社会经济中的净受益者和净损失者极端分化。20世纪70年代，美国占人口0.1%的最富有家庭占据财富的比重升至22%，当前占总人口0.1%的最富有家庭拥有的财富和占人口90%的家庭拥有的财富不相上下。[①] 法国经济学者托马斯·皮凯蒂在《21世纪资本论》中，通过大量统计数据表明，收入分配不平等现象已经在所有卷入全球化浪潮的经济体中出现，贫富差距、收入不平等持续恶化成为一种全球性现象。[②] 在发达国家内部出现了对经济全球化怀疑的声音，他们抱怨贸易伙伴抢走了当地居民的工作机会，呼吁政府采取贸易保护主义政策。经济全球化引发的全球财富分配不平等，正在侵蚀全球经济一体化依赖的国内社会基础。

在当前全球市场一体化阶段，受益者和利益受损者同时存在，此时出现一些不满情绪，将失业等社会矛盾归结于对外开放的想法也是有的。但是，最终自由贸易还是会占上风，因为全球分工专业化所带来的贸易收益巨大，任何国家都难以承受贸易保护的代价。任何国家都很难脱离一体化的全球经济体系来实现自身的

---

① Emmanuel Saez and Gabriel Zucman, " Wealth Inequality in the United States since 1913: Evidence from Capitalized Income Tax Data". Quarterly Journal of Economics, Vol.131, No.2, 2016, pp.519–578.

② 托马斯·皮凯蒂．21世纪资本论．巴曙松等译．北京：中信出版社，2014年。

经济快速增长。虽然收入不平等不足以导致经济全球化出现逆转，但也暴露出当前经济全球化面临的问题。我们需要以更加包容的态度重新塑造经济全球化。

三、经济相互依存持续加深使得对外开放的内涵发生变化

全球经济一体化能够促进生产要素的最优配置，促进全球总福利和国家福利的增加。经济全球化伴随着经济相互依存的加强，使得构建自由开放的国际经济体系成为各国的共同利益。作为经济全球化的内核，商品、服务和资本不受歧视的自由流动需要一套制度保障。自由开放的经济体系需要建立在各国协商一致的国际规则之上。在国内层面，市场经济需要一套保护产权和强制实施合同的制度安排和法律保障。在国际层面，自由开放的国际经济需要各国通过协调合作放弃“以邻为壑”的对外经济政策，例如贸易保护、竞争性汇率贬值、金融监管政策的不协调。同时，在全球化背景下，国家间宏观经济政策的相互外溢效应加强，亟须各国加强宏观经济政策协调。因此，全球相互依存不断深化的趋势，客观上要求各国必须共同维护多边贸易体制，构建开放型世界经济体系，促进各种生产要素在全球范围内的自由流动。

当前，在信息技术的普及和全球价值链深化的推动下，人类已经发展到高度相互依存的历史阶段。中国对外部世界的依赖程度亦处于历史的最高水平，特别表现在技术、市场、资源等方面。20 世纪 90 年代，全球出口总额平均每年为 5.7 万亿美元，而 2000—2012 年间，全球出口平均每年为 14.6 万亿美元。与此同

时，全球资本流动的规模和速度不断增加。20 世纪 90 年代，全球 FDI（对外直接投资）流出额大约是每年 4000 多亿美元，而在 21 世纪的头 10 年中，平均每年约 15000 亿美元。在此背景下，经济一体化正在突破边境，要求国家在公共政策和管制标准上协调一致。随着全球价值链成为常态化的贸易模式和跨国生产的一体化的增强，国家逐渐从传统的关税减让开放措施转向边境后措施和管制协调。全球经济的深度一体化，赋予了对外开放新的内涵。一些国家在尝试通过建立高水平的开放新体制，谋求竞争的制高点和发展的主动点，探索新的开放路径。一方面，我国要继续坚持以开放倒逼改革的路径，构建开放经济新体制。在金融、公共服务业等深水区通过进一步开放促改革，努力提升金融业开放水平，稳步推进人民币国际化，扩大人民币跨境使用范围、方式和规模，审慎推动人民币资本项目可兑换。另一方面，我国要注重与其他国家的协调开放，尤其要通过积极维护和发展多边主义来构建开放型世界经济，为我国的改革和发展营造一个稳定开放的外部环境。

四、新兴经济体效仿发达国家的发展模式受到资源环境制约

资源与环境的承载力作为约束条件出现在经济长期增长的讨论中，其主要原因在于人类不仅耗费太多，而且开始自食由此带来的恶果。

新兴经济体存在资源输入国和资源输出国两种类型，前者以中国、印度为代表，后者以俄罗斯、巴西、南非为代表。资源输

入国资源无法满足发展需要，受到资源约束的程度较为严重。资源输出国资源丰富，但经济发展严重受到国际资源能源价格的影响，容易产生资源依赖甚至“资源诅咒”。

对于资源输入国来说，主要面临两类风险。其一是可获得性风险，即能否在国际市场上买到并运回所需能源与原材料。其二是价格风险，即国际市场上能源与资源价格波动对需求国的影响。以中国为例，作为世界资源能源需求大国，尽管中国在国际能源与资源市场上的谈判地位不断上升，但考虑到能源资源国经济民族主义势力抬头、发达国家跨国公司阻挠、战略竞争性国家遏制、自身保护航道安全能力不足等现实困难，要彻底缓解目前面临的资源能源瓶颈问题，中国还需要付出艰苦的努力并维持战略耐性。

对于资源输出国来说，一方面，高度依赖资源输出的经济模式使国内经济受国际大宗商品价格影响显著，价格下跌周期中，资源输出国经济增长率普遍步入下行区间，俄罗斯和巴西在2015—2016年甚至出现负增长的情形。另一方面，国内资本和技术集中到资源领域，其他产业发展缓慢。由于过于依赖黄金、煤炭、铁矿等资源行业，俄罗斯、巴西、南非的经济在2013年以来的全球大宗商品价格暴跌中受到严重损害，进而导致政府财政收入锐减，一些部门（如教育、能源）的经费严重不足。

随着全球变暖、环境污染、人口过快增长等问题日益成为全球性问题，环境问题已成为资源输入国和输出国的共同约束。中国、俄罗斯、南非都是煤炭生产和使用的大国，其中中国已经成为二氧化碳排放最大的国家。新兴经济体降低煤炭消费比例的关键是加快提升替代的可再生能源和清洁能源的使用比例，加快发展页岩气、核能等新型能源的可消费化生产，改善能源产业结构，从根本上减少碳排放，降低环境污染带来的不可逆转的损害。新兴经济体和发展中国家仍处于人口高增长阶段，人口过快增长给经济发展和自然环境带来沉重压力。中国和印度的人口增长率大幅下降，但因为人口基数大，每年新增人口仍以千万计。

资源与环境的约束使新兴国家不可能复制发达国家不考虑生态因素的增长消费模式，新兴国家的发展模式已处在调整转型之中，但这种转型必将伴随着痛苦，并持续较长时间。中国在可预见的未来仍然将会把“发展”作为第一要务，但是随着中国发展进入新的阶段，发展的内涵也在不断升级。中国不再单纯地追求GDP 的单一增长，而是要寻求绿色、包容和可持续的发展。

从治理维度看国际战略环境

在国与国之间的相互依存达到前所未有高度的时代，人类面临着日益紧迫的全球性问题。这些问题具有跨境性、外部性和外溢性等特性。在经济全球化发展的过程中，贸易保护、金融体系动荡、环境污染扩散、传染病传播、恐怖主义等问题加速溢出，威胁全球各行为体的利益。同时，这些全球问题的解决又远远超出某个或某些国家的能力范围，必须通过世界各国的广泛合作来完成。“二战”结束以来，在国际社会的共同努力下，全球治理体系不断发展完善。但是，随着全球性问题的不断涌现和国家实力对比的变化，现有全球治理体系在合法性、有效性和代表性等方面矛盾凸显，已经无法适应不断变化的新形势，国际社会迫切需要改革现有全球治理体系。

一、集体行动困境加剧全球治理赤字

在 2017 年 5 月召开的“一带一路”国际合作高峰论坛开幕式主旨演讲中，习近平主席向世界坦承，治理赤字是他一直思考的摆在全人类面前的严峻挑战之一。全球治理赤字主要表现在以下两个方面：一是全球治理的需求增加与全球治理或全球公共产品供给不足的矛盾日益突出；二是现行全球治理机制的弊端日益凸显，全球治理改革却步履蹒跚。

全球公共产品具有非排他性的特点。维护世界和平、维持全球贸易金融体系稳定、促进人类可持续发展等，都需要付出高额成本，而这些产品的享用却是不分国家的。换言之，即使一国不为这些产品的提供做贡献，它也可以享受这些产品带来的好处。这使各国无形中受到一种激励，那就是尽量让别国承担提供公共产品的成本，同时让自己成为“搭便车者”，其结果就是掣肘了全球公共产品的供应。各国通过提供国际公共物品的形式解决全球性问题，必须克服集体行动的困境。因此，从一定意义上讲，要解决的核心问题之一，就是在公共产品供应不足的情况下，如何协调各行为体之间的关系，尽可能多地提供全球公共产品。

除了全球治理所需的公共物品供应不足之外，我们还看到了某些全球公共产品的“充足”或过度提供，比如带有偏袒性的国际贸易与投资规则。其发生机理完全可以在奥尔森的“集体行动的逻辑”中得到说明。在激励不足且不存在世界政府的情况下，基于成本与收益的计算，少数有意愿、有能力和利益攸关度高的博弈者便会形成小规模行动集团，积极地参与提供那些能够给自己带来净收益或能够最小化自身损失的“公共产品”。一旦受到特定选择性激励驱动而形成的狭隘利益集团取得支配地位，那么由此产生的全球治理便会是非中性的或偏袒性的。通过利用非中性全球公共产品，其主导者们甚至会不惜牺牲大多数利益攸关方的利益来增进自身利益。表现为国际制度或秩序的全球公共产品，实际上已呈现出某种意义的“私有化”，扮演着实现特定利益集团目标之手段的角色。

现行的全球治理机制主要是第二次世界大战后由发达国家主导建立起来的。这些机制建立后，在一定程度上维持了世界的和平稳定和自由开放的国际经济秩序。但我们也应看到，一些热点地区的冲突仍此起彼伏，各种形式的贸易、投资和金融保护主义依然盛行，气候环境、网络信息和极地外空等新兴领域的挑战日趋加大，尤其是2008年全球金融危机的爆发，深刻暴露了现行全球治理机制的诸多不足。由于缺乏有效的集体行动，一些传统机制日益难以适应新形势的需要。

二、国际力量对比变化推动全球治理体系适应性改革

随着全球主要国家博弈者之间实力对比发生深刻变化，一些新兴经济体越来越成为解决国际问题的不可或缺者。它们与现行国际制度的利益攸关度显著提升，希望通过全球治理来维护和拓展自身利益的意愿也在不断增强。在此背景下，调整现行国际秩序、使全球制度逐步趋向中性化的诉求不断涌现。但与此同时，那些在现行全球治理体系下拥有巨大既得利益的国家则希冀维持自身优势地位。

新兴经济体积极通过金砖合作机制、二十国集团等平台加强合作，共同提升新兴市场国家和发展中国家在全球治理中的代表性和发言权。但是，由于以美欧为代表的既得利益国家或国家集团的阻挠，一些全球治理机制的治理结构长期没有变化，即便是已达成的改革共识也难以得到及时、有效地执行。例如，对于IMF的2010年份额和治理改革方案，美国国会直到2015年12

月才予以通过,并且还附加了其将对IMF拥有更大监督权的条件。除了阻碍新兴经济体提升制度性话语权，发达国家也开始担心发展中国家利用多边规则和国际分工加快追赶的趋势，并试图通过以退为进的单边主义策略推动多边体系变革，以继续保持其在现有多边体制中的优势。

中国将在全球治理改革的历史进程中扮演积极角色。首先，发展是中国为国际社会解决各种全球性问题提供的“钥匙”。中国对全球治理的最大贡献是，努力探索一条本国改革开放的发展道路，为世界各国的发展提供示范并发挥引领作用。其次，中国将坚持“共商共建共享”的基本理念，努力构建一个更具包容性的国际新秩序。在全球秩序变革面前，始终将与各国共同维护世界和平和促进共同发展作为外交的宗旨。中国并非另起炉灶，而是要努力推动现行国际体系的改革和完善。中国将坚定维护以联合国宪章宗旨和原则为核心的国际秩序，推动变革全球治理体制中不公正不合理的安排，努力使全球治理体系更加平衡地反映大多数国家的意愿和利益。

三、全球治理理念的意识形态色彩弱化

在全球化所带来的经济和文化的双重冲击下，特朗普民粹主义凸显了美国社会的收入/社会阶层和族群/文化分裂，反全球化的社会基础被进一步放大。特朗普的竞选承诺及执政的政策措施显示出了背离多边体制的诸多迹象。甚至有研究认为，特朗普颠覆了美国战后的价值传统，可能会终结美国一手缔造的“自由

国际秩序”。但实质上，特朗普对多边体制的冲击，主要集中于自由主义理念层面，并未根本撼动多边协调体制。特朗普在移民、气候、民主、人权等问题上正在改变美国自由主义和文化多元主义的传统，挑战美国对外政策的价值观基础。

特朗普冲击背后暴露出西方世界长期主导的国际秩序的规范正在面临挑战。这一挑战既源自西方国家内部深层次的问题，又与经济全球化引发的社会分裂有关，还受到新兴国家不同发展模式和道路竞争的影响。2008 年爆发的全球金融危机，使得人们开始反思以“华盛顿共识”为基础的政策框架的有效性，并开始正视新兴国家的发展经验。在二十国集团和金融稳定理事会（FSB）的主导下，宏观审慎与微观审慎相结合的《巴塞尔协议Ⅲ》替代了以放松金融管制为核心的安格鲁 - 撒克逊监管模式。[①]而作为资本项目自由化鼓吹者的国际货币基金组织，也开始承认新兴市场国家采取的资本流动管理政策的合理性。[②]新兴经济体

---

① 《巴塞尔协议Ⅲ》还将主要依靠市场纪律和自我监管的对冲基金和金融衍生品交易纳入国际监管框架，参见 Eric Helleiner and Stefano Pagliari. “The end of self-regulation? Hedge funds and derivatives in global financial governance ”. in Eric Helleiner, Stefano Pagliari, and Hubert Zimmermann eds. Global Finance in Crisis: The Politics of international regulatory change. New York :Routledge, 2010, p.74。

② 2010 年 2 月，国际货币基金组织发布的关于国际资本流动管理的报告中部分承认了资本账户管理的适当性，并为如何适当使用资本账户管理制定了一套指南。参见 Jonathan D.Ostry, Atish R. Ghosh, Karl Habermeier, Marcos Chamon, Mahvash S. Qureshi, and Dennis B. S. Reinhardt. “Capital Inflows: The Role of Controls”. IMF Staff Position Note 10/04, 2010, Washington, D.C.: International Monetary Fund。

倡导的国家主权平等、包容性发展、发展道路和文明多样性、“共同但有区别的责任”等原则日渐成为国际社会的核心价值和全球治理主流规范。中国不搞意识形态划界、一心一意谋发展的模式和所取得的成效与美国多年以来的僵化与衰颓形成鲜明对比，中国发展道路在世界范围内的影响力和吸引力也明显上升。

四、世界对中国参与全球治理的期待和要求同时提升

改革开放40年来，中国经济和社会经历了前所未有的变化。从经济规模上看，中国已经发展为世界第一大贸易国和全球第二大经济体和第二大投资国。对当今世界格局而言，最大的变数来自于中国经济的快速增长和中国整体实力的大幅度增强。换言之，中国的迅猛发展对世界格局产生的冲击，使未来世界秩序变得日趋复杂。

中国对现行的国际格局或国际秩序的冲击，主要表现在4个方面。一是物质层面的冲击。物质层面的冲击主要是指中国对外部能源与资源的需求大幅度增加。二是货币层面的冲击。目前，人民币国际化进程已经起步，在未来30年内，要逐步让人民币成为贸易货币和储备货币，成为国际货币体系中的关键货币之一。如果实现了这一目标，将会很大程度上改变现有国际货币金融体系。三是制度层面的冲击。尽管短期内实现现有国际规则的根本性改变具有相当大的难度，但随着中国综合国力的迅猛增强，客观上既有助于、也要求中国寻求更为公正的国际规则。四是观念层面的冲击。在观念层面上，中国对当今世界造成的冲击，主要体现

在中国的发展模式上。因此，中国发展进步的长期确定性，正在成为各国与中国交往的重要外部环境。

中国及其他主要新兴经济体在发展不平衡规律作用下实现长期快速增长，这让美国及其西方盟国身陷艰难抉择：一方面它们希望将中国等迅速赶超的新兴经济体置于标准更高且执行更严厉的开放贸易投资制度体系之内，用对自己更为有利的非中性规则制约或规范中国；另一方面它们又担心实力大为增强的中国等新兴经济体另起炉灶，建立起一套游离于美国及其盟友主导的国际制度之外的平行机制。为了避免中国利用不断上升的国际影响力去改变由其主导的国际秩序，发达国家，尤其是美国精英阶层将会更积极地通过国际规则来平衡或规范中国，即体系化中国。所谓“体系化”，就是让中国接受由发达国家主导和制定的各种国际规则或制度。而这些规则都是非中性的规则，对它们更有利。

随着发达国家将战略重心转向国内，国际社会特别是发展中国家对中国的期待不断提升。中国的发展中国家地位仍未发生实质性改变，同时中国又是一个举足轻重的全球性大国。中国将维护自身利益和回应发展中国家的期待与承担国际责任结合起来。另一方面，随着中国改革开放进入深水区，中国对外开放的内涵已经发生根本变化，这正在深刻影响中国与外部环境的互动关系。中国的经济发展对国际经济体系的依赖不断增强，但是美国对自由开放的国际经济秩序的领导和支持在下降。国际经贸规则进入新一轮的重组期，开放型世界经济体系亟须新的发展动力。这在客观上要求中国必须对构建自由开放的多边经济体制担负更多的责任。

中国营造未来国际环境的策略选择

一、坚持合作路线分散国际压力

中国经济体量巨大且发展极快，已经对既定国际格局产生冲击并威胁到以美国为首的既得利益国家集团的利益，从而成为后者重点防范的对象。中国现在面临的压力主要来自国际规则层面。为此，中国要创建新的平台来应对和分散这些压力。这就意味着要走“合作”的路线，要更多地强调“新兴经济体和发展中国家的整体崛起”，将中国的复兴融入其中。其具体措施包括加强“金砖国家”合作，不断用新的合作方式或创建新的合作领域充实金砖合作，推动金砖平台机制化，适时亦可扩大合作平台。此外，还包括强化上合组织成员国家间的合作，以及推进中日韩的“自由贸易区谈判”等。

二、承担适当责任参与经济全球化

随着中国经济的快速增长和国际影响力的大幅提升，外界对中国成为国际秩序领导者的呼声增强。对于中国这样的新兴大国，应该根据自身条件承担国际责任。但是，这个责任需要与自己的国力、发展水平相适应。中国国内的改革发展仍然面临很多挑战，集中力量谋求自身的发展仍然是中国长期的任务。中国承担国际责任的原则有三：其一是必须要与权利相对应。“权责相适应”是一项公认的国际法原则。在现行的国际政治与经济体系中，各种全球治理规则和机制都是在发达经济体的主导下建立的，以美国为代表的既得利益国家集团是最主要的受益者，而广大新兴和发展中经济体却无法享受公平待遇，难以发挥与自身实力相符的影响力。尽管自 2010 年起中国已成为全球第二大经济体，但中国在国际上的话语权和发言权却与美国等发达经济体相差甚远。其二是必须符合国情，从自身能力和需求出发。在相当长时期，中国仍将是全球最大的发展中国家。IMF 数据显示，中国 2017 年的人均 GDP 为 8583 美元，世界排 76 名，预测 2018 年中国人均 GDP 或超过 9300 美元，排名将在 74 名左右。其三是要处理好短期利益与长期利益、局部利益与整体利益的关系。

三、努力探索包容性发展道路

和平发展是一个很好的外交战略理念，对创建良好的国际环境起到了积极且重要的作用，有利于中国发展。但如果仅强调中国的发展是和平的非威胁性的还不够，应突出中国的发展具有很强的包容性，即“包容发展”（inclusive development）。“包容”一词原用在“包容性增长”（inclusive growth）上，其意义是指在一个国家内，经济增长了，要使所有人都享受到经济增长的益处。用在国际关系上，亦即一国的发展必将惠及世界，其他各国均能够从中分享到福利进步的机会。强调中国发展的国际包容性，也是中国承担国际责任的一项重要内容。中国的发展有外部性，既有正外部性，也有负外部性。比起“和平发展”的提法，它更强化对于中国发展之正外部性的要求，尽可能减少负外部性。[①]

“包容性发展”理念还体现为中国主张以“共商共建共享”原则参与全球治理。“共商”“共建”和“共享”是加强全球治理、推进全球治理体系与治理能力现代化不可或缺的系统链条，三者共同构成了中国全球治理理念的有机体系。共商，意即全球治理的基本原则、重点领域、规则机制、发展规划等都由所有参与方共同商议并形成共识；共建，意即发挥各方优势和潜能共同推进全球治理体系的改革与创新；共享，意即各参与方公平分享全球治理的成果和收益。“共商共建共享”理念倡导集思广益、各施所长、各尽所能、成果共享，充分体现了中国参与全球治理的开放性和包容性，顺应了国际关系民主化的发展潮流。践行这一理念，就是要充分发挥所有行为体，尤其是广大发展中国家的积极性和能动性，体现各方关切和诉求，更好地维护各方正当权益，让所有参与方对完善全球治理拥有更多获得感。[②]通过对“共商共建共享”理念的践行，中国与外部世界之间的信任将在行动中不断建构出来，这是冰释疑虑、报偿期待的可靠路径。

四、渐进推动全球治理改革

中国作为一个崛起中的大国，在现存的国际规则和国际制

---

① 张宇燕，冯维江．中国的和平发展道路．中国社会科学出版社，2017 年 2 月第 1 版，第 234 页．

② 张宇燕．全球治理的中国视角．世界经济与政治，2016 年第 9 期，第 4-9 页．

度中多处于接受者的地位。此前，中国与国际制度的互动主要表现为在现存国际制度框架内开展国际协调以及将国际制度规范内化。随着全球治理体制在合法性、有效性等方面问题日益凸显和中国在国际经济体系和国际安全事务中的作用日益突出，中国成为推动全球治理体制改革的重要力量。对此，有些人可能期待过高，以为实力对比的变化会带来国际规则乃至国际秩序的根本性变化。而事实上，国际制度的变迁是一个长期的过程。对于不合理的，准确说是对既得利益国家集团更为有利的国际秩序或规则，进行革命性的改变既不现实更无必要。

中国参与全球治理体系，并不是搞另起炉灶，也不是对现存国际制度的革命，而是对现存多边机制进行适度改革。无论是创建新的平台还是改革现有的多边治理机制，中国都应该走“合作”路线,要更多地强调“新兴经济体和发展中国家的整体崛起”，要更多注重对现有多边机制的补充而不是替代，改良而不是革命。对于不同议题领域的治理机制，中国应该根据自身国情、利益攸关度和现存多边机制的特征采取不同参与策略。在参与全球治理改革的过程中，中国应该积极弘扬“包容性发展”理念，来补充和完善当前全球治理体系的不足。当前全球治理体系受到“一刀切”式的西方价值观和制度模式的影响过大，没有包容性地回应各国发展道路和国情的多样性。

当中国的实力增强以后，就可能会提出一些诉求，寻求改变一些规则和制度。未来十年中国需要和能够做的是，利用发展机遇和联合其他主要新兴经济体，对现有非中性的国际规则进行局部改良，循序渐进，不断推动国际秩序朝更加公正合理的方向发展。

五、理性应对外部刺激和挑战

中国正行进在民族伟大复兴的道路上，并不断接近完成这一历史进程。和平的外部环境对于成功实现民族复兴的历史使命至关重要。战争是对中华民族复兴的最大威胁。在目前和今后一段时间内，要特别注意把握好在领土、海洋维权中的“度”，做到“止于至善”。同时也要看到极端民族主义的有害性，看到掉入军备竞赛陷阱的危险性。对于许多国际问题，一定要有耐心，要分清轻重缓急。

在对外关系上，中国要把握的重点对象有两个方面：一是建立新型大国关系。新型大国关系是以相互尊重、互利共赢的合作伙伴关系为核心特征的大国关系，是崛起国和守成大国之间处理冲突和矛盾的新方式。唯一可以对中国长期发展造成重大阻碍的就是美国，美国也有意用其主导的、对其更有利的国际规则体系化中国。应对美国的过程中除了巩固已有的风险管理，避免双输上的合作外，还要做些双赢的事，从而为建立新型大国关系注入实质内容。

二是创造稳定的周边环境。周边不稳定因素仍威胁我国传统安全。周边与我们的利益直接相关，海岛、海域、资源引领的新热点还会继续，甚至出现恶化的可能。加大对构建周边战略依托的投入，在构建新型区域安全机制上有所作为，把东北亚地区的安全机制作为重点。在捍卫国家主权和核心利益的前提下，增强对局势的影响力和掌控力，以危机为契机，探索走出争端的新途径，打破僵局，推动新局面的出现。

在具体操作方面，中国应不断从实际出发，重新反思一些既有的对外政策目标的现实性、可行性，以灵活回应外部安全环境的变化。最后要着力弥补对外决策中的“软件”短板，完善对外决策中的部门协调、信息共享、智力支持和人才培养机制，打破部门思维，提升对外决策的科学化、专业化水平，以多种政策手段和多项情境预案，应对外部安全环境的不确定性。

六、积极营造国际舆论支持

在西方发达国家处于国际舆论优势地位的条件下，我国需要加强同外部世界的沟通，积极表达中国声音，营造一种能够阐述中国倡导的“和平发展”“包容发展”理论的氛围，特别要有一个好的“故事”，充分说明中国的民族复兴与全人类福祉的改进是相辅相成的，从而让国际上能够认同中国的发展。

政府机构应该加强国际传播的思想力和现代传播技术手段的建设，通过新媒体利用多样化的国际传播资源、采取多种视角和叙事方式，以更加鲜活生动的方式塑造中国国际形象。我国要将打造国家品牌作为一项系统工程来推动。在国内层面，要通过国内制度和文化环境的配套支持，促进文化繁荣发展。在国际层面，政府和民间要积极利用各种多边机制和双边交往渠道开展对外文化交流，促进多层次文化外交。利用多边会议主办国的身份开展主场外交，提出中国议题、中国概念和中国方案来影响多边议程。

此外，我国在推动对外经济合作过程中，要发掘和推广中国企业在海外履行企业社会责任、促进海外民生的成功案例，将“一带一路”国际合作示范区等早期收获耕耘好、传播好。

02

世界视野的中国金融发展

中国金融业在金融整顿和应对危机中开启了大改革、大发展之旅。1996 年前后，银行业不良率高企，股票、债券和保险等市场也存在发展滞后、市场秩序混乱等诸多问题。当时有很多权威国际媒体唱衰中国金融，认为中国的商业银行已经“技术性破产”（technically insolvent），中国的金融业将拖累中国经济的增长。为推动经济持续稳定发展，中国不断大力推进金融体系改革，金融业发生了翻天覆地的变化。

时至今日，中国金融业在全球金融体系中的地位越来越重要，已经从一个名不见经传的“配角”演变成国际关注的“主角”。

中国银行业发展历程、国际地位与未来转型方向

银行业在我国金融体系中发挥着举足轻重的作用。改革开放以来，中国银行业先后经历了职能剥离、不良贷款化解、股份制改造等历史进程，自身实力得到增强，国际地位显著提升。目前，中资银行在全球银行体系中扮演的角色日益重要。与国际大型银行相比，中资银行呈现出资产负债结构以存贷款业务为主、以利息收入为主要收入来源等特点。未来，银行业将继续在我国金融体系发挥主导性作用，综合化经营将成为转型发展的主要方向，加强资本、行为和功能监管是银行监管改革的主旋律。

一、中国银行业市场的发展历程

银行业发展是从打破“大一统”管理体制开始的。1979 年，中国先后恢复和设立了三家国家专业银行，即中国农业银行、中国银行和中国建设银行。1984 年，中国人民银行承担的工商信贷和储蓄业务剥离出来,成立了中国工商银行。至此,农、中、建、工这四大专业银行分别承担了农村、外汇、基本建设和工商企业贷款四大领域的业务，构成了一个分工明确的国家专业银行体系。

从 20 世纪 80 年代初开始，为适应经济快速发展对资金和金融服务的需要，中国政府开始放开市场准入限制，在主要城市和地区恢复和设立了一批新型信用合作社或商业银行。1986 年 7 月，中国第一家股份制商业银行交通银行成立。随后，招商银行、深圳发展银行、中信实业银行（现中信银行）等全国股份制商业银行相继成立。股份制商业银行的建立与发展打破了计划经济体制下国家专业银行的垄断局面，逐步形成了适应社会主义市场经济要求的多类型、多层次的银行业体系。

自 1994 年起，为改变商业银行政策性金融业务和商业性金融业务不分的局面，中国陆续设立了国家开发银行、中国进出口银行和中国农业发展银行三家政策性银行，分别为国家重点投资、外贸进出口和支持“三农”三大领域提供政策性资金支持。

1995 年，《商业银行法》颁布实施，以法律形式确立了四大国家专业银行的商业银行性质。以此为契机，四大国家专业银行的商业化改革进程加速。但由于承担政策性业务和管理不到位，再加上经济过热等多方面原因，中国银行业不良资产急剧增加。1997

年前后，不良率达到30%左右。为建立社会公众对金融业的信心、启动国有银行改革、解决银行业不良资产等问题，1999年中国成立了四家金融资产管理公司，即中国长城资产管理公司、中国信达资产管理公司、中国华融资产管理公司和中国东方资产管理公司，专门接收、处置从四家国有商业银行剥离出来的不良资产（约1.4万亿元）。经过这次剥离，国有商业银行的不良率大幅下降。

在前期资产负债表重组的基础上，中国政府提出商业银行改革“四部曲”的设想，即实行股份制改造、加快处置不良资产、充实资本金、创造条件上市。2003年12月30日，中国政府通过中央汇金投资公司向中国银行、中国建设银行注资450亿美元。2004年6月，中央汇金公司向交通银行注资30亿元人民币。2005年，中央汇金公司和财政部共同向中国工商银行注资300亿美元（各占50%）。同时，自2004年以来，中国工商银行、中国建设银行、中国银行、交通银行再次剥离不良资产1万亿元左右。经过财务重组，这几大国有商业银行的财务负担大大减轻，资产质量明显提高，资本实力大幅提升，这为下一步设立股份公司和上市创造了条件。2015年，国家开发银行、中国进出口银行也分别获得480亿美元和450亿美元注资，进一步健全以资本充足率为核心的市场化约束机制。

2005年6月，交通银行在香港联交所挂牌上市，2007年在境内A股上市。中国建设银行于2005年10月在香港上市，2007年9月在上海A股上市。中国银行于2006年6月和7月分别在香港和上海上市。2006年10月，中国工商银行通过“A+H”模式同时在上海和香港上市，创全球有史以来IPO最大规模。

从“技术性破产”到如今走上良性发展轨道，中国银行业的整体实力、盈利能力和竞争力有了大幅提升。

一是资产规模不断增长。截至2016年年底，中国银行业总资产达到226.26万亿元，是1978年（1876.5亿元）的1206倍，比2003年（27.7万亿元）增长了7.2倍；境内银行业金融机构负债规模208.92万亿元，比2003年（26.6万亿元）增长了6.9倍（见图2-1）。

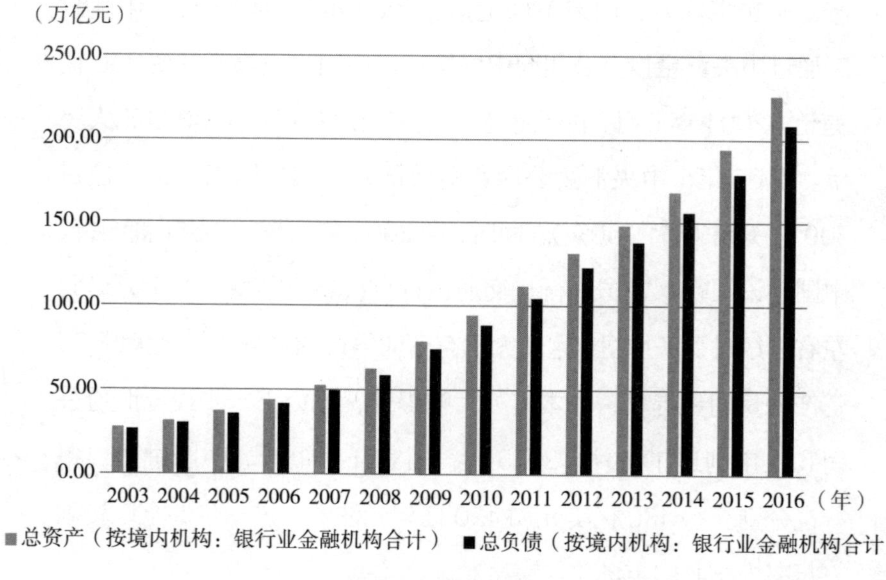

图2-1 中国银行业资产负债总量（2003-2016年）

数据来源：Wind。

二是经营效益显著提高。2016年，商业银行实现净利润1.65万亿元，而1978年则亏损16.6亿元。资产回报率（ROA）为1.1%，

2003 年则为 0.1%；资本回报率（ROE）为 14.8%，2003 年仅为 3%；成本收入比下降到 27.8%，较 10 年前有了大幅下降。在实现较高盈利的同时，上市银行充分回馈股东，自上市以来五大行平均分红比率达 30% 以上。

三是资产质量实现根本性好转。不良资产“双降”，不良贷款余额和不良贷款率从 2003 年年末的近 2 万亿元和近 20%，持续下降到 2013 年年末的 1.17 万亿元和不到 1.5%（其中商业银行不良率仅为 1%）。近三年来，由于经济下行等原因，银行业不良规模和不良率有所上升，但总体稳定，不良贷款率依然较低（见表 2-1）。截至 2016 年末，商业银行不良贷款余额为 1.51 万亿元，不良率为 1.74%，从国际比较来看，依然处于较低水平。

四是风险抵御能力大幅提高。商业银行资本充足率从 2003 年的微不足道上升到 2016 年的 13.28%。商业银行拨备余额达 2.67 万亿元，拨备覆盖率从 20 年前的不足 30% 提高到 2012 年的 295.5%，尽管 2016 年有所下降（176.4%），但依然处于历史较高水平，商业银行抵御风险的能力有了很大的提高。

表 2-1　2010—2016 年商业银行不良贷款情况

年份	2010 年	2011 年	2012 年	2013 年	2014 年	2015 年	2016 年
不良贷款余额（亿元）	4336.0	4279.0	4929.0	5921.0	8426.0	12744.0	15122.0
次级（亿元）	1562.6	1725.0	2176.0	2537.0	4031.0	5923.0	6091.0
可疑（亿元）	2120.7	1883.0	2122.0	2574.0	3403.0	5283.0	6640.0

续表

年份	2010年	2011年	2012年	2013年	2014年	2015年	2016年
损失（亿元）	670.9	670.0	630.0	809.0	992.0	1539.0	2391.0
不良贷款率（%）	1.10	1.00	0.95	1.00	1.25	1.67	1.74
次级（%）	0.40	0.40	0.42	0.43	0.60	0.78	0.70
可疑（%）	0.50	0.40	0.41	0.43	0.50	0.69	0.77
损失（%）	0.20	0.20	0.12	0.14	0.15	0.20	0.28

数据来源：Wind。

二、中国银行业的国际地位

中国银行业不断推进改革开放，并经受住了国际金融危机的冲击，综合实力不断提高，国际竞争力显著提升。在短短几十年的时间里，中国的各大银行已经迅速发展成为世界级的金融机构，并以很快的速度与国际会计和监管标准接轨。中国银行业国际地位的提升反映在以下几个方面。

1. 资产

在1996年全球前十大银行中，中国只有一家银行入选（中国工商银行），排在第10位，其资产规模（3736亿美元）是第一大银行德意志银行的74%。到了2016年，在全球前十大银行中，中国的四大国有商业银行（包括中国工商银行、中国建设银行、中国农业银行和中国银行）全部入选，并且均排在前5位。中国工商银行是全球最大的银行，其资产规模（34222亿美元）是德意志银行的1.9倍（见表2-2）。

表2-2　按资产划分全球前十大银行排名变化（1996年和2016年）（亿美元）

1996年			
排名	银　　行	国家	资产
1	德意志银行	德国	5034
2	日本联合金融银行	日本	5010
3	住友银行	日本	4999
4	第一劝业银行	日本	4986
5	日本富士银行	日本	4873
6	日本樱花银行	日本	4781
7	东京三菱银行	日本	4750
8	日本农林中央金库	日本	4295
9	法国农业信贷银行	法国	3864
10	中国工商银行	中国	3736
2016年			
排名	银　　行	国家	资产
1	中国工商银行	中国	34222
2	中国建设银行	中国	28273
3	中国农业银行	中国	27414
4	三菱日联金融集团	日本	26485
5	中国银行	中国	25910
6	汇丰银行	英国	24097
7	摩根大通银行	美国	23517
8	法国巴黎银行	法国	21676
9	美国银行	美国	21474
10	法国农业信贷银行	法国	18466

数据来源：英国《银行家》，http://www.thebankerdatabase.com。

2. 资本

在英国《银行家》发布的全球1000家大银行榜单[①]中，2016年，按照一级资本排名，中国共有119家入围全球1000家大银行排行榜，其中17家跻身前100名。在前20家全球最大银行中，中国有5家，其中，中国工商银行、中国建设银行、中国银行和中国农业银行均排在前5位。与此形成鲜明对比的是，在1996年的1000家大银行排名中，前20名中就没有中资银行的名字，最靠前的中国银行排在第26位，中国工商银行排在第28位。在1985年的排行榜中，根本没有中资银行入选（见表2–3）。

表2–3　中国银行业在全球1000家大银行的排名情况

年份	1985	1987	1990	1995	2000	2005	2010	2016
进入1000家大银行的数量	0	1	8	5	9	19	84	119
进入前25名银行的数量	0	0	1	1	3	2	3	5
进入前10名银行的数量	0	0	0	0	1	0	1	4
最高排名位次	0	51	16	23	10	11	7	1

数据来源：英国《银行家》，http://www.thebankerdatabase.com，1987年以前为500家大银行。

① 《银行家》杂志每年7月1日左右发布的全球银行1000强榜单，是当今国际最主流、最权威的全球银行业排名之一，具有极高的专业性与公信力。榜单完全打破国家和地域的限制，对全球绝大多数国家、地区银行发布的上年度经营数据进行评定。全球银行1000强排名主要考虑《巴塞尔协议》中规定的银行核心资本实力，通过衡量银行资本充足状况反映银行利润增长和抗风险能力。商业银行的一级资本是综合衡量业务发展能力和风险承受能力的重要指标，也是实现可持续发展的重要保障。

3. 利润

1996年，最赚钱的前20家大银行中，中国只有1家银行即中国银行入选，且仅排在第17位，利润18.6亿美元，是当时最赚钱的银行——汇丰银行利润（56.9亿美元）的1/3。在前20家最赚钱的银行中，中国银行的利润占比仅为3.2%。到了2016年，最赚钱的前20家大银行中，中国有9家大型银行入选，几乎占到了一半，中国工商银行成为全球最赚钱的银行。中国银行的利润（356.8亿美元）是汇丰银行的1.9倍。在前20家最赚钱的银行中，中国9大银行所占比重接近54%，超过了一半（见表2-4）。

表2-4　按利润划分全球前十大银行排名变化（1996年和2016年）（亿美元）

1996年			
排名	银　　行	国家	利润
1	汇丰银行	英国	56.9
2	花旗银行	美国	56.1
3	巴西银行	巴西	45.8
4	美国银行	美国	45.7
5	巴克莱银行	英国	32.3
6	国立银行	美国	29.9
7	化学银行	美国	29.8
8	国民西敏寺银行	英国	27.2
9	劳埃德TSB集团	英国	25.6
10	德意志银行	德国	24.9

续表

2016 年			
排名	银　行	国家	资产
1	中国工商银行	中国	559.7
2	中国建设银行	中国	459.7
3	中国银行	中国	356.8
4	中国农业银行	中国	355.7
5	富国银行	美国	336.4
6	摩根大通集团	美国	308.1
7	花旗银行	美国	248.0
8	美国银行	美国	221.5
9	汇丰银行	英国	188.7
10	三菱日联金融集团	日本	133.1

数据来源：英国《银行家》，http://www.thebankerdatabase.com。

4. 跻身全球系统性重要银行名单

2011 年 11 月，金融稳定委员会（FSB）公布全球系统重要性银行（以下称 G-SIBs）名单。该名单系统按重要程度将金融机构分为 5 个层级，这 5 个层级分别对应着 3.5%、2.5%、2%、1.5% 和 1% 的额外资本缓冲要求。在第一期公布的 G-SIBs 中，中国只有中国银行上榜，所属级别为第一层级，要接受额外 1% 的资本缓冲要求。2014 年第一层级的中资银行升至 3 家。2016 年，有 4 家中资银行被列为 G-SIBs，中国工商银行被列为第二层级银行，要满足额外 1.5% 的资本缓冲要求（见表 2-5）。

表 2–5　全球系统重要性银行名单（2012 年、2014 年和 2016 年）

年份 层级（资本要求）	2012 年	2014 年	2016 年
5（3.5%）	无	无	无
4（2.5%）	花旗集团、德意志银行、汇丰银行、摩根大通银行	汇丰银行、摩根大通银行	花旗集团、摩根大通银行
3（2%）	巴克莱银行、法国巴黎银行	巴克莱银行、法国巴黎银行、德意志银行、花旗集团	美国银行、法国巴黎银行、德意志银行、汇丰银行
2（1.5%）	美国银行、纽约梅隆银行、瑞信、高盛、三菱日联、摩根士丹利、苏格兰皇家银行、瑞银	美国银行、瑞信、高盛、三菱日联、摩根士丹利、苏格兰皇家银行	巴克莱、瑞信、高盛、中国工商银行、三菱日联金融、富国银行
1（1%）	中国银行、西班牙对外银行、法国 BPCE 银行、法国农业信贷银行、荷兰国际银行、瑞穗金融、北欧银行、桑坦德银行、法国兴业银行、渣打银行、美国道富银行、三井住友、联合信贷、富国银行	中国农业银行、中国银行、纽约梅隆银行、西班牙对外银行、法国 BPCE 银行、法国农业信贷、荷兰国际银行、瑞穗金融、北欧银行、桑坦德银行、法国兴业银行、渣打银行、美国道富银行、三井住友、联合信贷、富国银行	中国农业银行、中国银行、纽约梅隆银行、中国建设银行、法国 BPCE 集团、法国农业信贷银行、荷兰国际银行、瑞穗金融、摩根士丹利、北欧银行、苏格兰银行、桑坦德银行、法国兴业银行、渣打银行、美国道富银行、三井住友、瑞银、联合信贷

数据来源：金融稳定协会，中国银行国际金融研究所。

5. 国际化程度显著提升

随着我国对外开放程度的不断提升，中资金融机构的国际化进程明显加快。2016 年末，五大行境外资产规模合计达 10.59 万亿元，较 2009 年提高 7.96 万亿元，增幅达 3.02 倍。2016 年，五大行实现境外税前利润合计 1203 亿元，较 2009 年提高 846 亿元，增幅达 2.37 倍。目前，五大行的境外资产和税前利润在总资产和总税前利润中的占比分别为 11.6% 和 10.1%，平均较 2010 年提升了 6 至 7 个百分点（见表 2-6）。

表 2-6　五大行境外资产和税前利润变化情况（亿元）

银行	项目	2009	2010	2011	2012	2013	2014	2015	2016
中国工商银行	资产	3857	5888	9267	12344	15994	19195	19412	21262①
	税前利润	69	88	102	120	166	246	220	225
中国农业银行	资产	544	973	1549	2825	4116	5904	7823	8704
	税前利润	6	12	11	28	30	42	54	36
中国银行	资产	17568	23283	27737	31356	38462	45591	48308	50690
	税前利润	250	283	360	349	412	532	548	814
中国建设银行	资产	2327	2711	4411	5166	7299	9356	11495	16664
	税前利润	13	32	3	32	39	63	53	68

① 工行海外收入和海外资产按照 2016 年 12 月 31 日，人民币兑美元中间价计算，即 1 美元兑换 6.937 元人民币。

续表

银行	项目	2009	2010	2011	2012	2013	2014	2015	2016
交通银行	资产	2025	2429	3348	3860	5256	6451	6671	8559
	税前利润	19	20	25	32	38	62	61	60

数据来源：五大行年报，中国银行国际金融研究所。

与中资机构“走出去”取得丰硕成果不同，外资银行在中国的发展则相对缓慢。截至2016年末，外资银行在华资产规模合计为29286亿元，较2004年增长23463.1亿元，增幅为4.03倍，同期中国银行业资产规模由315990亿元增长至2322532亿元，增幅达6.35倍。外资银行资产/银行业资产也由2004年的1.84%降至2016年的1.26%，下降了0.58个百分点。从盈利能力来看，2016年在华外资银行共实现净利润128亿元，较2004年增长104.2亿元，增幅达4.38倍，同期中国银行业净利润增幅为19.03倍。外资银行净利润/银行业净利润由2004年的2.30%降至2016年的0.62%（见表2-7）。

表2-7　外资银行在华资产和利润情况（亿元）

项目＼年份	2004	2006	2008	2010	2012	2014	2016
外资银行资产	5822.9	9278.7	13448	17423	23804	27921	29286
银行业资产	315990	439500	631515	953053	1336224	1723355	2322532
外资占比（%）	1.84	2.11	2.13	1.83	1.78	1.62	1.26
外资银行净利润	23.8	57.7	119.2	77.8	163.4	197.2	128

续表

项目 \ 年份	2004	2006	2008	2010	2012	2014	2016
银行业净利润	1035	3379.2	5833.6	8990.9	15115.5	19227.4	20732.4
外资占比（%）	2.30	1.71	2.04	0.87	1.08	1.03	0.62

数据来源：中国银监会。

三、中资银行经营特点的国际比较

经过多年发展，中国银行业的实力不断夯实，国际地位显著提升。中资银行形成了较为明晰的经营特点和发展战略。与国际同业相比，中资银行的经营特点可简要归纳为以下几个方面。

1. 资产负债结构中存贷款占比较高

截至 2016 年末，中资 G-SIBs 的资产和负债规模合计达 11.92 万亿美元和 11 万亿美元，占同期 G-SIBs 总资产和总负债规模的 24.73% 和 24.62%。中资大型银行的资产负债结构主要以传统存贷款业务为主。截至 2016 年末，中资 G-SIBs 负债中存款占比平均达 80.75%，高于 G-SIBs 平均水平（57.1%）23.65 个百分点；贷款在资产中的占比为 53.7%，较 G-SIBs 平均水平（39.2%）高出 14.5 个百分点（见表 2-8）。

表 2-8　2016 年中外大型银行资产负债结构情况

	资产（亿美元）	负债（亿美元）	存款 / 负债（%）	贷款 / 资产（%）
中国工商银行	34732.4	31881.6	81.4	54.1
中国建设银行	30165.8	27878.3	80.5	56.1

续表

	资产（亿美元）	负债（亿美元）	存款 / 负债（%）	贷款 / 资产（%）
中国农业银行	28160.4	26258.7	83.4	49.7
中国银行	26115.4	23975.5	77.7	55.0
汇丰控股	23749.9	21924.1	58.0	36.6
巴克莱银行	14976.0	14095.0	37.1	31.9
苏格兰皇家银行	9859.4	9249.5	47.2	41.0
渣打银行	6466.9	5980.3	62.2	40.1
裕信银行	9065.5	8610.0	48.5	52.5
桑坦德银行	14123.8	13040.6	52.4	60.9
瑞士银行	9192.1	8658.2	48.1	32.8
瑞士信贷集团	8060.0	7644.0	45.8	33.8
北欧联合银行	6493.4	6151.5	29.2	48.9
三菱日联金融集团	27248.0	25751.4	63.5	36.6
瑞穗金融集团	18013.5	17180.4	68.3	40.0
三井住友金融集团	17769.4	16760.2	69.5	41.4
摩根大通	24909.7	22367.8	61.5	35.9
美国银行	21877.0	19208.6	65.6	41.9
富国银行	19301.2	17296.2	75.5	51.5
花旗集团	17920.8	15659.3	59.4	36.5
高盛集团	8601.7	7727.7	39.9	13.5
摩根士丹利	8149.5	7377.7	46.9	17.3
纽约梅隆银行	3334.7	2938.9	75.4	19.3
道富银行	2427.0	2214.8	84.5	8.1
荷兰国际集团	8913.1	8381.5	65.8	67.3
法国巴黎银行	21905.7	20795.9	38.7	37.3
法国农业信贷银行	16076.1	15401.7	35.4	23.2
法国兴业银行	14578.5	13885.5	30.2	31.8

续表

	资产（亿美元）	负债（亿美元）	存款 / 负债（%）	贷款 / 资产（%）
法国人民银行	13028.1	12298.9	45.6	55.0
德意志银行	16775.5	16091.8	36.1	26.0
平均	16066.3	14889.5	57.1	39.2

数据来源：Bloomberg，Wind，中国银行国际金融研究所。

2. 收入结构以利息收入为主，净息差处于中游水平

2016 年，中资 G-SIBs 收入结构中利息收入占比平均为 71.8 %，较 G-SIBs 平均水平（47.8%）高出 24 个百分点。2011—2014 年，中资 G-SIBs 的净息差在 G-SIBs 中仍处于较高水平（均排在前 10 位），但 2015 年以来，受到国内利率市场化提速等多重因素影响，中资 G-SIBs 的净息差水平出现了大幅度下滑。2016 年，中资 G-SIBS 净息差为 2.1%，与同期 G-SIBs 净息差平均水平相同（见表 2-9）。

中资 G-SIBs 非利息收入占比较低。2016 年仅为 28.2%，低于 G-SIBs 平均水平（52.2%）24 个百分点。中资 G-SIBs 非息收入占比比较低的重要原因是收入渠道单一，手续费和佣金收入平均占到中资 G-SIBs 非息收入的 80% 以上，而 G-SIBs 的平均水平不足 60%，中资 G-SIBs 在投资净收益方面与 G-SIBs 存在较大差距。

表 2-9 2016 年 G-SIBs 净息差和利息收入占比（%）

银 行	净息差	利息收入占比	非利息收入占比
中国工商银行	2.2	71.8	28.20
中国建设银行	2.2	74	26.00
中国农业银行	2.3	76.2	23.80
中国银行	1.8	65.3	34.70
巴克莱银行	1.5	46.5	53.50
汇丰控股	1.7	57.3	42.70
渣打银行	1.7	55.5	44.50
苏格兰皇家银行	1.7	65.6	34.40
裕信银行	1.4	56.6	43.40
桑坦德银行	2.8	64.9	35.10
瑞士银行	0.9	21.5	78.50
瑞士信贷集团	1.0	39.4	60.60
北欧联合银行	1.0	44.6	55.40
三菱日联金融集团	0.9	43.9	56.10
三井住友金融集团	1.1	41.5	58.50
瑞穗金融集团	0.6	33.8	66.20
摩根大通	2.3	48.5	51.50
富国银行	2.9	55.8	44.20
美国银行	2.2	48.1	51.90
花旗集团	2.8	63.1	36.90
高盛集团	0.3	6.9	93.10
摩根士丹利	0.7	10.7	89.30
纽约梅隆银行	1.1	20.6	79.40
道富银行	1.1	20.4	79.60
荷兰国际集团	1.7	72.5	27.50
法国巴黎银行	1.6	45.6	54.40
法国兴业银行	0.9	34.6	65.40

续表

银　行	净息差	利息收入占比	非利息收入占比
法国农业信贷银行	0.9	55.2	44.80
德意志银行	1.4	44.8	55.20
平均	2.1	47.8	52.20

数据来源：Bloomberg，Wind，中国银行国际金融研究所。

3. 盈利水平较高，杠杆倍数处于全球平均水平

2016年，中资G-SIBs平均ROE为14.17%，平均权益乘数为12.63倍，平均ROA为1.12%。同期，G-SIBs平均ROE为5.5%，平均权益乘数为11倍，平均ROA水平为0.5%。中资G-SIBs的ROE高出G-SIBs平均水平8.67个百分点，其中ROA高出0.62个百分点，权益乘数高出1.63倍。从这个角度来看，中资银行盈利较高的原因在于资产盈利能力较强，杠杆倍数整体并不算高。（见表2-10）

表2-10　2016年G-SIBs各项经营指标（%）

	净息差	利息收入占比	资本充足率	不良率	ROA	ROE	权益乘数（倍）
中国工商银行	2.2	71.8	14.3	1.6	1.2	14.8	12.3
中国建设银行	2.2	74	15.3	1.5	1.2	15.4	12.8
中国农业银行	2.3	76.2	13.1	2.4	1.0	14.6	14.6
中国银行	1.8	65.3	14.7	1.5	1.1	12.1	11.0
巴克莱银行	1.5	46.5	19.6	1.7	0.2	2.9	14.5
汇丰控股	1.7	57.3	20.1	2.1	0.1	0.7	7.0

续表

	净息差	利息收入占比	资本充足率	不良率	ROA	ROE	权益乘数（倍）
渣打银行	1.7	55.5	21.3	3.7	0.0	-1.0	n.a
苏格兰皇家银行	1.7	65.6	22.9	3.1	-0.6	-13.6	22.7
裕信银行	1.4	56.6	11.7	12.5	-1.4	-26.4	18.86
桑坦德银行	2.8	64.9	14.7	4.1	0.5	6.9	13.8
瑞士银行	0.9	21.5	24.7	0.8	0.3	5.9	19.7
瑞士信贷集团	1.0	39.4	20.5	0.9	-0.3	-6.3	21.0
北欧联合银行	1.0	44.6	24.7	1.8	0.6	11.9	19.8
三菱日联金融集团	0.9	43.9	15.9	1.4	0.3	6.0	20.0
三井住友金融集团	1.1	41.5	16.9	1.1	0.4	7.6	19.0
瑞穗金融集团	0.6	33.8	16.3	1.1	0.3	7.3	24.3
摩根大通	2.3	48.5	16.4	0.8	1.0	10.0	10.0
富国银行	2.9	55.8	16.1	1.0	1.2	11.8	9.8
美国银行	2.2	48.1	16.3	0.8	0.8	6.8	8.5
花旗集团	2.8	63.1	19.1	0.9	0.8	6.6	8.3
高盛集团	0.3	6.9	17.8	—	0.8	9.4	11.8
摩根士丹利	0.7	10.7	22.0	—	0.8	8.1	10.1
纽约梅隆银行	1.1	20.6	13.0	0.2	1.0	9.5	9.50
道富银行	1.1	20.4	16.0	0.0	0.9	11.0	12.2
荷兰国际集团	1.7	72.5	19.3	2.3	0.5	9.5	19.0
法国巴黎银行	1.6	45.6	14.5	5.4	0.4	8.3	20.8
法国兴业银行	0.9	34.6	17.9	5.4	0.3	5.6	18.7
法国农业信贷银行	0.9	55.2	20.1	4.4	0.2	5.9	29.5
德意志银行	1.4	44.8	17.4	1.8	-0.1	-2.7	27.0
平均	2.1	47.8	17.7	2.4	0.5	5.5	11.0

数据来源：Bloomberg，Wind，中国银行国际金融研究所。

4. 资产质量整体较好，资本充足率水平有待提升

2016 年年末，中资 G-SIBs 平均不良贷款率为 1.75%，较同期 G-SIBs 平均水平（2.4%）低 0.65 个百分点。中资 G-SIBs 不良贷款率低于 G-SIBs 的平均水平。2016 年末，中资 G-SIBs 的平均资本充足率为 14.4%，高于 11.5%~12% 不等的资本要求。同期，G-SIBs 资本充足率平均水平为 17.7%，高于中资 G-SIBs 平均水平 3.3 个百分点。中资 G-SIBs 资本充足率较低的原因包括其他一级资本和二级资本工具的筹措力度不足，单位资产风险占用偏高等。

四、监管制度不断完善

近年来，银行业呈现出快速发展的趋势，监管当局不断适应金融环境的变化，优化监管政策，取得了较好的效果：

推进《巴塞尔协议Ⅲ》落地。2013 年，中国银行业正式实施中国版《巴塞尔协议Ⅲ》，商业银行损失吸收能力不断增强。其具体表现为：一是资本基础不断夯实，截至 2016 年末，商业银行一级核心资本充足率和资本充足率分别为 10.75% 和 13.28%，远远高于《巴塞尔协议Ⅲ》中提出的最低资本要求；二是拨备数量在全球同业中属较高水平，2016 年末，商业银行拨备覆盖率为 176.4%，高于同期非中资 G-SIBs 平均水平 94.6 个百分点，拨备贷款比率为 3.08%，高出非中资 G-SIBs 平均水平 1.15 个百分点；三是引入流动性覆盖比率和净稳定资金比率两项流动性风险测度指标，完善贷存比指标，基本形成了与《巴塞尔协议Ⅲ》要求相

匹配的流动性风险监管体系。

规范同业、理财和投资业务。2013年以来，监管当局出台了一系列政策，旨在规范同业业务、理财业务以及投资业务发展，其中力度较大的政策包括：2014年，针对同业业务出台的“127号文”和“140号文”；2016年，针对理财业务推出的《商业银行理财业务监督管理办法（征求意见稿）》；2016年9月，针对信用风险提出的“42号文”；2016年10月，中国人民银行下发《关于将表外理财业务纳入“广义信贷”测算的通知》，将表外理财纳入MPA考核范围；2017年3月以来，银监会和保监会等金融监管机构连续发文落实金融“去杠杆”，银监会连续下发8份文件，要求开展“三违反”“三套利”“四不当”专项治理工作，保监会下发《关于进一步加强保险业风险防控工作的通知》等4份文件，在保险公司治理、保险资金运用、偿付能力、产品管理、中介机构、消费者权益保护等8大领域提出堵住制度漏洞的相关政策。

规范互联网金融的有序发展。2015年7月，中国人民银行联合十部委发布《关于促进互联网金融健康发展指导意见》，明确了“一行三会”在互联网金融领域的监管职责，并对互联网金融的资金存管、信息安全、平台性质等内容做出了明确指示。2016年8月，银监会发布《网络借贷信息中介机构业务活动管理暂行办法》，确立了P2P的合法地位，并对P2P业务提出了包括业务规模上限、投资流向等具体监管要求。

加快问题债权化解。随着银行资产质量压力的凸显，监管部门出台了相关政策加快不良债权的化解。2016年，银监会出台《做好银行业金融机构债权人委员会有关工作的通知》，明确了债委会性质、目的和运作机制。2016 年 10 月，国务院下发《国务院关于积极稳妥降低企业杠杆率的意见》，对降低非金融企业杠杆率给出了总体框架。2016 年 12 月，银监会出台《关于钢铁煤炭行业化解过剩产能金融债权债务问题的若干意见》，通过支持合理资金需求、加大对兼并重组金融支持力度、组建债权人委员会等措施加强对产能过剩行业的问题债权处理。

规范跨境业务发展。近年来，监管当局出台了一系列政策规范银行国际化业务的发展。2016 年 3 月，银监会下发《中国银监会关于进一步加强银行业金融机构境外运营风险管理的通知》，要求加强银行业金融机构境外运营风险管理，将国别风险纳入本行的压力测试，并根据压力测试结果制定相应的应急预案。2017 年 1 月，银监会出台《中国银监会关于规范银行业服务企业走出去、加强风险防控的指导意见》，要求规范银行业金融机构境外经营行为，加强反洗钱和反恐融资管理，提升支持企业走出去服务能力。

五、未来发展方向

通过对比中外大型银行的相关业务指标，可以看到未来中国银行业的发展方向。

首先，银行业将长期在我国金融体系中发挥主导性作用。

近年来，中国资本市场发展速度较快，直接融资对实体经济的支持力度不断提升。尽管如此，考虑到我国的历史传统、信用环境和法律制度，银行业在金融体系中的主导地位仍难以发生根本改变。尽管市场份额可能会出现下降，但银行信贷资金仍将是支持实体经济发展的主要资金来源。

其次，综合化经营是转型发展的主要方向。

随着我国利率和汇率等金融要素市场化改革的提速，我国银行业的经营模式也将由传统的高度依赖存贷款业务向综合化经营转型，反映在：资负结构中存贷款占比持续下降，证券投资和批发融资占比不断上升；收入来源中非利息收入比例不断提高，特别是投资收益将获得较大的增长空间；境外市场对银行集团的利润贡献度不断上升，并逐步向全球大型银行平均40%的贡献度靠拢；消费金融将出现较大的增长机遇，个人业务对银行集团的贡献度将持续上升。

第三，强化资本监管、行为监管和功能监管是银行监管改革的主旋律。

当前，机构分业监管模式已不能满足银行业发展的客观需要，现有监管框架需要进行完善和升级。从未来趋势看，一是会加强资本监管，夯实银行的资本数量和质量，加大并提高风险加权资产的覆盖范围和计量精度，使资本监管指标能够充分反映银行的真实风险；二是会加强行为监管，加大消费者权益保护的力度，强化现场检查机制，使金融机构的经营行为趋于规范，杜绝金融乱象；三是将加强功能监管，建立和完善监管协调机制，明确监管职责，不断完善机构监管功能，根据金融机构的系统重要性配置相应的监管资源。

中国资本市场的发展和国际比较

改革开放以来，中国资本市场在金融改革中迅速发展，股票市场、债券市场从无到有、从小到大，规模上已经在世界名列前茅。但中国资本市场开放程度较低，诸多结构性问题凸显了与发达国家成熟市场存在的较大差距。展望未来，中国将继续扩大资本市场对外开放，提升直接融资比重，推动市场化改革和资本市场健康稳定发展。

一、资本市场规模在金融改革中迅速扩大

1. 股票市场

中国的股票市场发展起步较晚。1986 年 11 月 14 日，上海飞乐音响股份有限公司公开向社会发行股票，这是中国改革开放后第一张真正意义上的股票，标志着中国拉开了资本市场改革的序幕。1987 年，深圳特区证券公司在深圳成立，这是改革开放以后中国成立的第一家证券公司，主要办理各种有价证券买卖和转让业务，以及为证券投资提供咨询服务。

20 世纪 90 年代后，中国证券市场的基础设施建设步伐明显加快。1990 年 11 月，第一家证券交易所——上海证券交易所（以下简称“上交所”）成立。上交所市场交易采用电子竞价交易方式，所有上市交易证券的买卖均需通过电脑主机进行公开申报竞

价。同年12月，深圳证券交易所（以下简称“深交所”）成立。自此，中国证券市场进入快速发展阶段。2004年，深交所在主板市场内设立中小企业板块，推动了创业板发展。

经过20多年的发展，中国的股票市场从无到有、从小到大，上市公司数量快速增长，二级市场交易日益活跃（见表2-11）。截至2016年年底，中国内地上市公司总数量达到3052家，是1993年的16倍；股票总市值达到50.8万亿元，相当于当年GDP的68.3%，比2000年提升了38.8个百分点，位居全球第二；流通市值占到了总市值的52.9%。与此同时，多层次资本市场建设快速推进，“新三板”市场挂牌公司数量继续扩张。2016年年末，全国股转系统挂牌公司总数达到10163家，比上年新增5034家。

表2-11　1993—2016年中国股票市场情况一览表（亿元）

年份	上市公司家数（家）	股票有效账户数（万户）	股票市值	流通市值	成交金额	境内股市筹资额
1993	183	835	3531	832	3627	
1995	323	1294	3474	938	4036	
2005	1381	7189	32446	10638	31664	338
2010	2063	13391	265422	193110	545633	8954
2015	2827	21478	531304	417925	2550538	8295
2016	3052	11741	508245	393266	1267262	18910

数据来源：《中国金融稳定报告(2017)》，《中国统计摘要(2017)》，Wind。

2. 债券市场

中国的债券市场是从1981年政府发行国库券开始的。此后10年，中国政府陆续发行了财政债券、国家建设债券、特种国债、保值公债等多种国债，并且这一时期的国债发行基本上是依靠政治动员和行政分配相结合的办法来实现的。我国从1984年开始发行企业债。1993年,为了调节地区和金融机构的资金平衡，发挥资金调剂功能，中国人民银行开始发行央行票据。1994年，随着三大政策性银行成立，政策性金融债券应运而生。至此，中国债券市场债券品种主要由国债、央行票据、金融债券和非金融企业公司债等组成。

从交易情况来看，债券交易主要由场外交易为主向银行间交易市场集中。1993年，国债期货开始在上交所进行试点，1994年深交所也开通了债券交易。这样，国债交易逐步集中到了上海和深圳两个交易所进行。但由于大量银行资金通过各种渠道进入股市，从1997年开始，中国人民银行要求商业银行通过全国银行间同业拆借中心提供的交易系统进行回购和现券交易。2012年以后，中国债券发行市场和流通市场不断完善，建立了银行间市场为主、交易所市场和银行柜台为辅、场内和场外市场相互融合的债券流通市场体系。

20多年来，中国债券市场实现了快速发展，表现如下（见表2-12）：

一是交易量显著增长，市场格局发生变化。1990年，中国债券发行额仅为323亿元，2016年增加到185643亿元，是

1990年的574倍；债券托管量也由1997年末的4184亿元增长到2016年末的63.7万亿元，增长了151倍。2000年以前，中国债券市场呈现为场内交易和场外交易并存的局面；2000年以后，随着市场交易主体的急剧增加、债券产品的日益丰富，银行间债券市场日益活跃，银行间债券市场逐渐成为债券交易的主体。2001年以后，银行间债券市场一般保持着70%以上的市场份额，到2015年，其市场份额约为76%。

二是债券产品和交易工具极大丰富。2005年前，中国债券市场主要是以国债、政策性金融债、央行票据、企业债四大类产品为主。2005年以后，中国银行间债券市场不断创新产品，推出了一般性金融债券、商业银行次级债券和混合资本债券，以及资产支持债券、短期融资券和分离交易可转债等。目前，中国证券市场的交易工具包括现券交易、质押式回购、买断式回购、债券借贷、债券远期等，绝大多数债券市场交易工具都是2004年以后发展起来的。

三是国债占比下降，企业债占比呈“倒U”型走势。起初，国债发行在中国债券市场发行总额中的占比较高，随后呈下降趋势。1990年国债占比为60.1%，1996年提升到87%，此后一路下行，到2014年下降到18%左右。1990年企业债券占比为39%，但在1997—2007年，其占比未超过10%。自2008年国际金融危机以来，受货币政策宽松、利率市场化推进、债券市场快速发展等因素影响，非金融企业公司债券发行占比不断提高，2014年达到43%，比2008年提升了30个百分点。金融债券起初占比较大（34%左右），但在2002—2010年，其占比总体呈下降趋势（2010年为14.5%）；近几年占比又有所提升，2014年为39%左右，比2010年提高了24.5个百分点。

表2-12 1990—2016年中国债券市场基本情况（亿元）

年份	债券发行额	银行间债券现券交易金额	年末托管额	国债发行	央行票据	金融债券发行	公司类信用债券发行
1990	323	—	—	197	—	—	126
1995	1811	—	—	1510		—	300
2000	4414	—	16746	4657	—	1645	83
2005	42182	601000	73402	7042	27882	7159	2047
2010	95238	640000	205108	19778	46608	14122	16811
2015	144178	876000	479000	59408	—	102095	67205
2016	185643	1271000	637000	91086		52421	82242

数据来源：《中国金融年鉴（2015）》,《中国金融稳定报告（2016）》,Wind。

二、中国资本市场的国际地位

中国交易所上市公司市值在世界名列前茅。根据世界交易所联合会的统计,截至2016年,中国股票交易所总市值（不含港澳台地区）为73114亿美元,位居世界第二,仅次于美国;上交所和深交所跻身全球前十大交易所，分列第四位、第六位（见图2-2）。

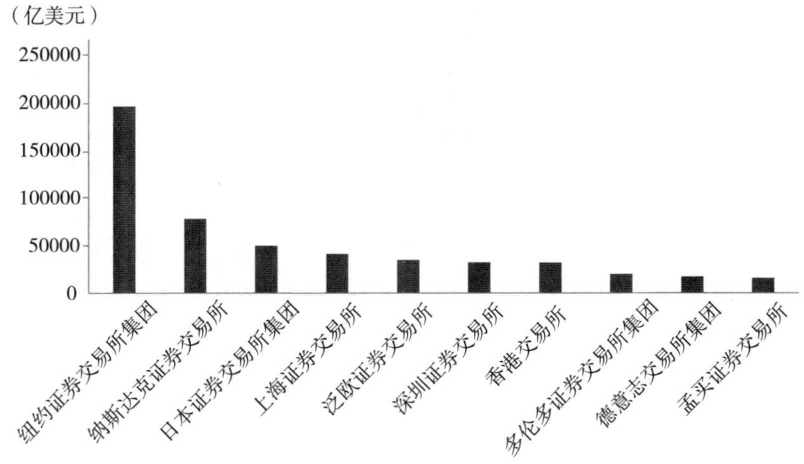

图 2–2　2016 年底世界交易所上市公司市值排名

数据来源：世界交易所联合会。

中国股票市场总市值在世界市场排名第二（见表 2–13）。1995 年，中国上市公司总市值仅为 421 亿美元，到 2016 年增加到了 7.3 万亿美元，增长了 170 多倍，占全球上市公司总市值的比重也由 1995 年的 0.2% 大幅提高到 13.3%。与此同时，作为全球最大的股票市场，美国上市公司总市值从 1993 年的 5.3 万亿元增长到 2015 年的 25.1 万亿美元，增长了 3.8 倍，占全球的比重从 1993 年的 37.5% 上升到 2015 年的 40.6%；日本上市公司总市值增长了 68%，占全球的比重从 1993 年的 20.7% 下降到 2015 年的 7.9%，英国占比也从 1993 年的 8.2% 下降到 2015 年的 5.2%。

表 2-13　1993—2016 年上市公司总市值（亿美元）

年份＼国家	美国	英国	日本	中国	全球	中国占全球比重（%）
1993	52511	11503	29063	20	140169	0.0
1995	69520	13299	35453	421	177881	0.2
2005	170008	30582	47529	4018	432097	0.9
2010	172835	31070	38278	40278	514529	7.8
2015	250675	31826	48949	81880	617811	13.3
2016	273522		49552	73207		

数据来源：世界银行。

中国债券市场规模仅次于美国和日本（见表 2-14）。2000 年，中国的债券市场规模为 2023 亿美元，到 2016 年达到 9.1 万亿美元，增长了约 44 倍。同期，美国债券市场规模由 14.6 万亿美元增加到 35.8 万亿美元，增长了 1.5 倍；韩国增长了 3.9 倍。可以看出，在这些经济体中，中国债券市场的发展是最迅速的。

表 2-14　国内债券规模与国际比较

单位：亿美元

国家＼年份	2000 年	2005 年	2010 年	2016 年	2016 年比 2000 年增长（%）
中国	2023	8992	30551	91786	4437
美国	146503	2185881	293531	358223	145
日本	65715	90140	143392	116650	78
英国	6955	18899	35380	28675	312
法国	10376	16129	25403	25630	147
韩国	3540	7530	11490	17200	386

数据来源：BIS。

三、中国资本市场发展中存在的问题

1. 资本市场的外资参与程度和对外开放程度有限

中国股票市场和债券市场分别实施了不同方式的开放政策。在股票市场的一级市场，尚未允许非居民在境内发行股票类证券。在股票市场的二级市场，设立了适用于机构投资者的 QFII、RQFII 机制，以内地交易所和香港交易所为管道的沪港通、深港通机制。在债券市场的二级市场，银行间债券市场已对合格境外投资者开放，境外机构入市与境内机构实行统一的准入标准。但外资通过这些方式在中国资本市场交易中的占比很小。QFII 持股数量占 A 股的比重不超过 1.5%，沪股通、深股通占市场总成交额的比重一般不超过 2%，境外机构在国债和金融债市场持债占比不到 2.5%（见图 2-3、2-4、2-5）。

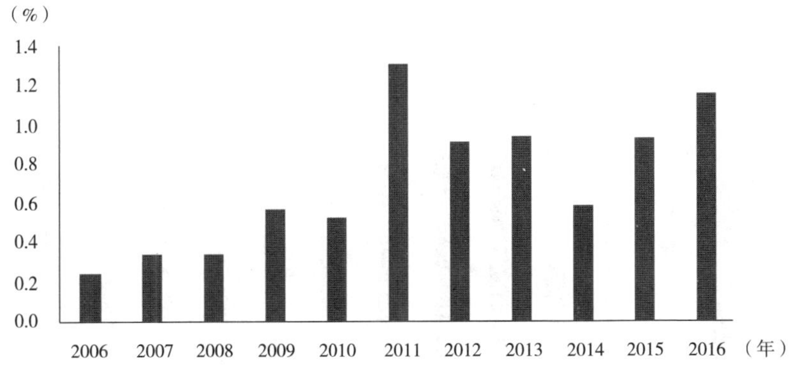

图 2-3　QFII 持股数量占 A 股比重

数据来源：Wind。

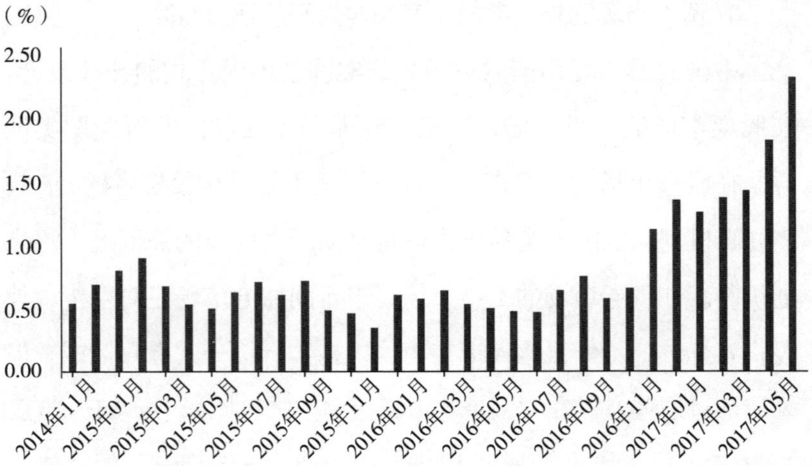

图 2-4　沪股通加深股通占市场总成交额比重

数据来源：Wind。

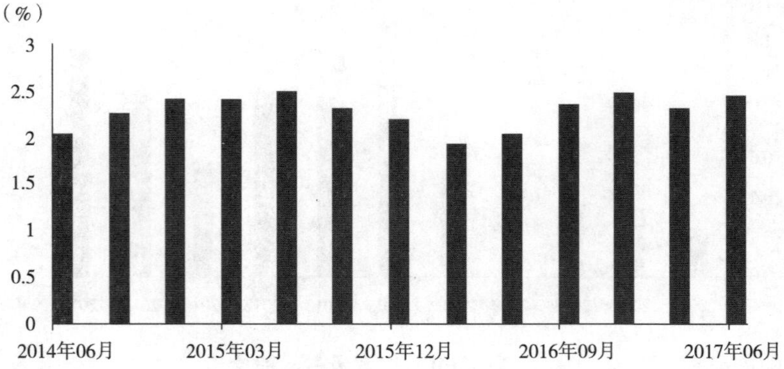

图 2-5　境外机构在国债和金融债市场占比

注：金融债包括政策性金融债和同业存单。

数据来源：Wind。

2. 资本市场深度取得长足发展，但仍有不足

中国 GDP 总量位居世界第二，但资本市场深度排名较为落后，证券化率明显落后于发达国家。从上市公司市值占 GDP 比率来看，中国从 2011—2016 年提高了 20 个百分点，升至 65%。这一水平略高于德国、巴西、墨西哥，但低于全球总体水平，更明显落后于日本、韩国、法国，不足美国的一半（见图 2-6）。从私人部门国内债券余额占 GDP 比重来看，中国从 2011—2015 年提高了 15 个百分点，升至 47%。这一水平高于德国、巴西、墨西哥，但低于日本、韩国，近乎美国 2011 年水平的一半（见图 2-7）。

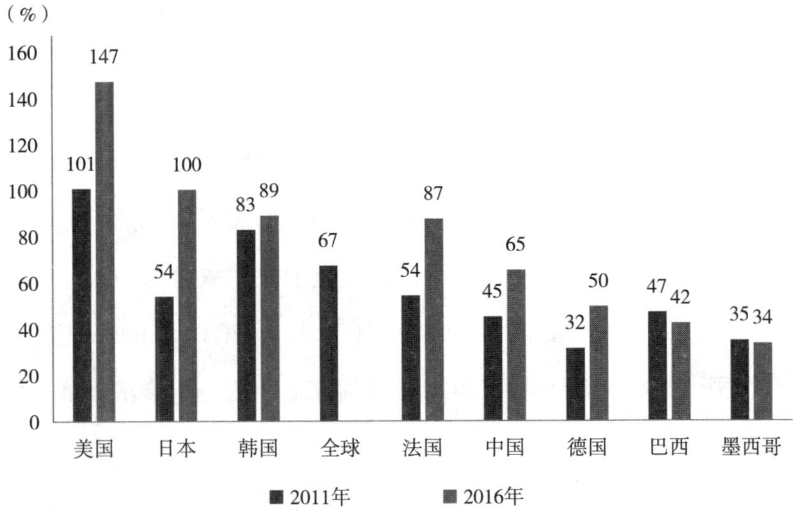

图 2-6　上市公司市值占 GDP 比重的国际比较

数据来源：Wind，世界银行。

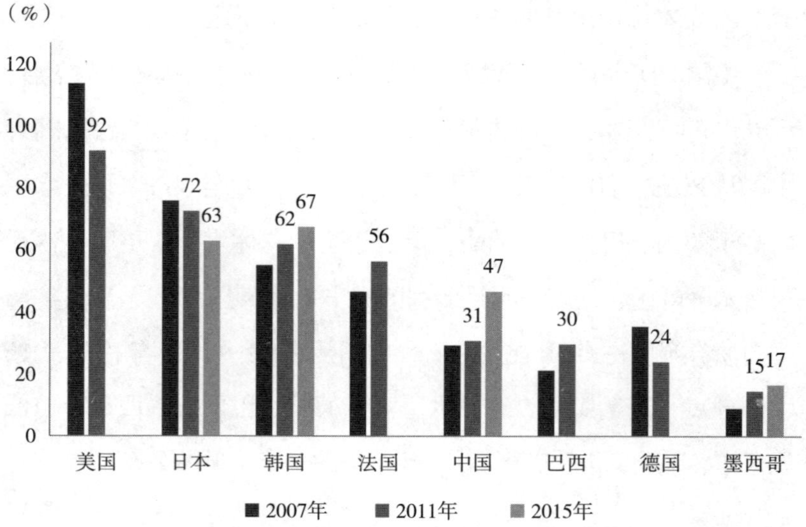

图 2-7　私人部门国内债券余额占 GDP 比重的国际比较

数据来源：世界银行。

3. 资本市场广度仍然远远落后于发达国家

中国股票市场市值在世界名列前茅，但股票市场的广度、可得性远远低于发达国家。从每百万人上市公司数量这一指标来看（见图 2-8），中国从 2007 年的 1.16 上升至 2015 年的 2.06。尽管中国该指标有所增长，但与发达国家之间的差距非常显著。从国际比较来看，美国、日本、英国、韩国每百万人平均有超过 10 家上市公司，德国、法国在 7 家左右，中国、巴西、墨西哥等发展中国家均不足 3 家。

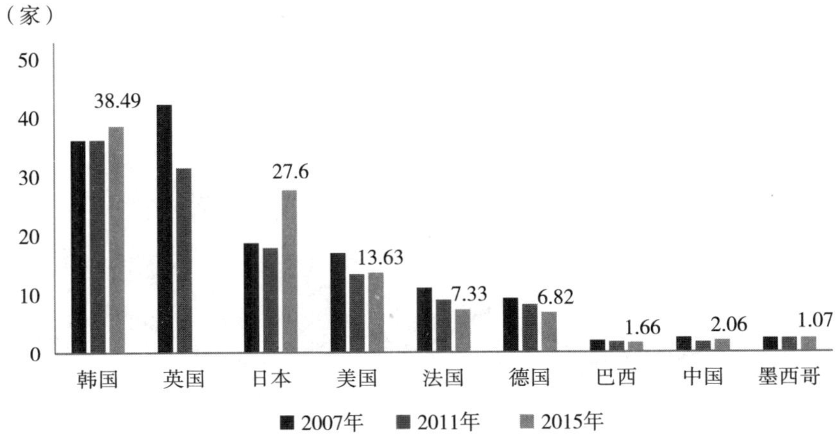

图 2-8　每百万人上市公司数量的国际比较

数据来源：世界银行。

4. 直接融资有所发展，但股市融资贡献较低

在以美国为代表的成熟市场和部分新兴市场上，直接融资是企业外部融资的重要手段，如发行股票或者公司债券。在国际金融危机以前，中国直接融资占社会融资规模比重长期不足 15%。近年来中国直接融资实现了较快发展，2016 年，直接融资占社会融资规模比重提升到 24%，但这一比重仍然不算高。在直接融资结构中，中国债券融资功能发展的贡献较大，股市融资功能发展的贡献尤其偏低。2016 年，中国股市融资在社会融资中的占比仅为 7%，这与中国在世界名列前茅的总市值、换手率形成鲜明对比（见图 2-9）。

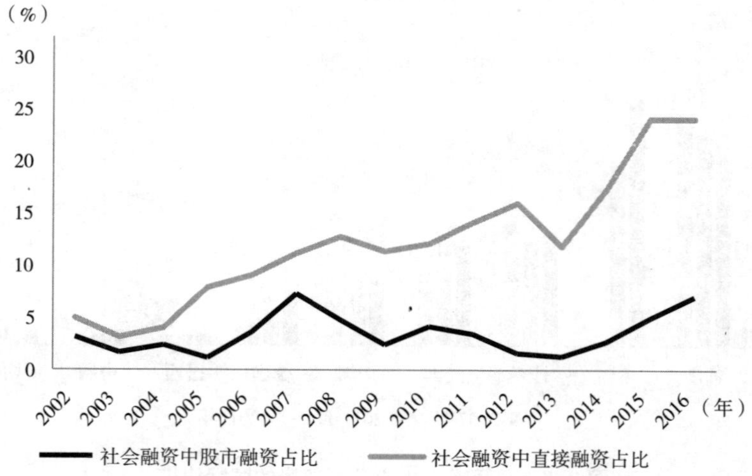

图 2-9　中国股市融资和直接融资在社会融资中的占比

数据来源：Wind，中国人民银行。

5. 股市投资者以散户为主，交易换手率偏高

中国股市投资者结构中散户占据主导地位（见图 2-10），明显落后于成熟市场。在中国股票市场中，个人投资者所持股票交易账户数量占绝对优势（见表 2-15）。2016 年年底，中国自然人投资者账户占全部账户比重高达 99.72%。其中，绝大多数自然人投资者是所谓的散户，超过 72% 的自然人投资者所持流通市值不足 10 万元。而正是这些散户，持有了 A 股超过 43% 的自由流通市值，成为中国股市交易的主导角色，导致市场换手率偏高（见图 2-11）。

表 2-15 自然人与非自然人投资者账户占比

自然人投资者账户占比	非自然人投资者账户占比
99.72%	0.28%

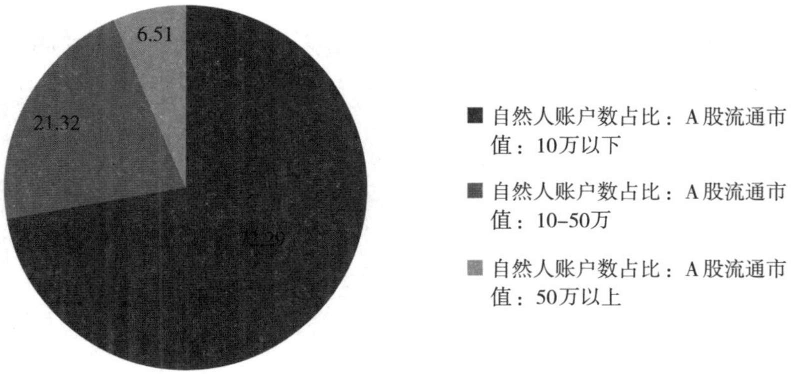

图 2-10 2016 年中国投资者账户结构（%）

数据来源：Wind，中国证券登记结算公司。

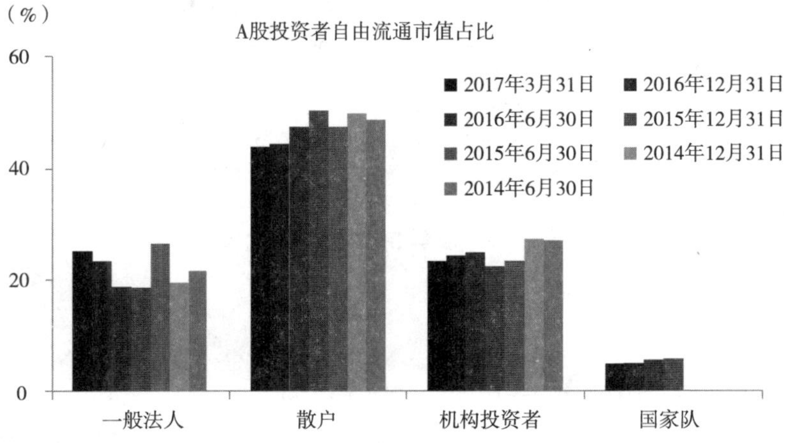

图 2-11 A 股自由流通市值的投资者结构

数据来源：海通证券报告《A 股投资者的底牌，筹码分布剖析》。

中国股市换手率远高于其他市场（见图 2-12）。2016 年中国上证综指、创业板指的换手率分别超过了 500%、900%，如果考虑到中国股市的特殊国情，以自由流通市值计算的话会超过 1000%。上证综指的换手率水平是标普 500 指数、英国富时 100 指数的 2 倍多，甚至比纳斯达克指数的换手率还要高出 180 个百分点。与此同时，日经 225 指数的换手率仅为 200%，韩国 KRX100 指数、香港恒生指数甚至都不足 100%。

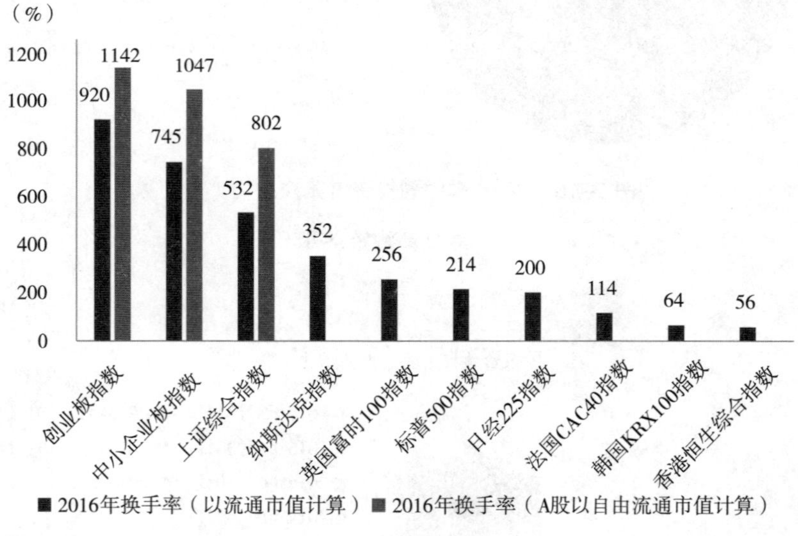

图 2-12　股票市场换手率的比较

数据来源：Wind。

6. 股票市场波动率过高、回报率过低

中国股票市场换手率和波动率均长期高于成熟市场股市，但回报率却整体偏低，这导致了股市交易效率相对较低（见图 2-13）。

偏高的交易换手率，带来的并非稳定的市场，而是更为波动的市场。2015 年，中国股票市场波动率高达 27 倍，与同为发展中国家的巴西相仿。与此同时，法国、德国、日本等波动率较高的发达国家市场也仅为 18 倍左右。而更加成熟的市场如美国、英国，其波动率只有中国的一半左右。

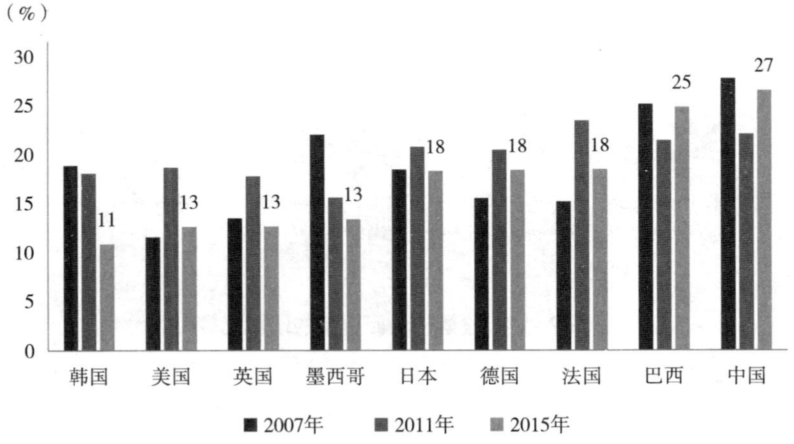

图 2-13　股票市场波动率的国际比较

数据来源：世界银行。

如此高波动、高风险的市场，加剧了短线炒作氛围。有效的金融市场应该能对风险给出相应定价，风险与收益之间呈正比例关系。从国际比较来看，尽管中国股市长期波动率高于其他国际市场，但中国股市的回报率在大多数年份都低于其他国际市场，风险却与收益难成正比（见图 2-14）。尤其是如果没有抓住 2006—2007 年、2015 年两轮大牛市，回报率不仅低于国际市场，也低于同期中国的通胀率。这也进一步导致中国股市难以容下长期投资者，加剧了短线炒作的氛围。

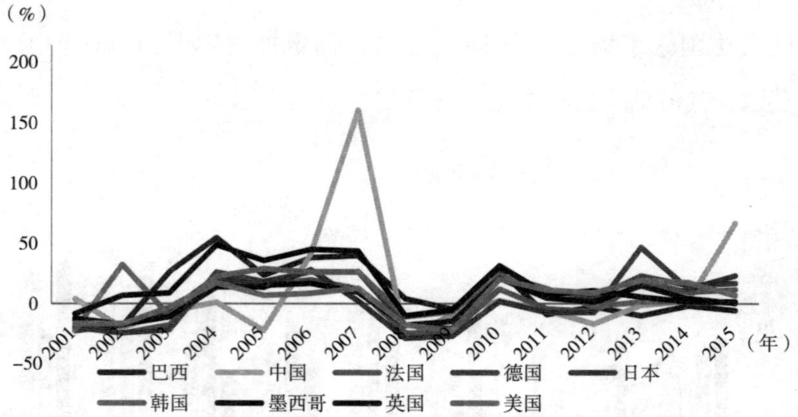

图 2-14 股票市场回报率的国际比较

数据来源：世界银行。

7. 国债投资者结构还需优化

尽管中国债券融资发展较快，但国债投资者主要为商业银行。中国债券市场以机构投资者为主，包括国有商业银行、股份制商业银行、城市商业银行、保险公司、基金管理公司等。在总体债券托管余额中，商业银行持有占比为 30%，但在国债托管余额中商业银行持有占比非常高。2016 年年末，中国商业银行持有国债占比高达 67%，其中全国性商业银行持有占比高达 50%（见图 2-15）。与此相比，美国商业银行持有国债占比仅为 4%，持有市政债占比为 15%，均远低于中国商业银行持有水平（见图 2-16）。

以商业银行为主导的投资者结构导致国债换手率偏低。商业银行持有国债通常是为了匹配风险和满足监管指标的要求，因此持有者往往一直持有国债直到到期。保险公司一般是长期国债的持有者，而基金公司的资产组合往往把国债作为重要配置，但中国基金、保险公司持有国债比例合计不足 10%。以上种种原因导致中国债券市场尤其是国债的换手率长期持续较低，一定程度上制约了货币政策在金融市场的传导效率。2016 年，中国国债换手率为 1.1 倍，远远低于美国 9.3 倍的水平（见图 2-17）。

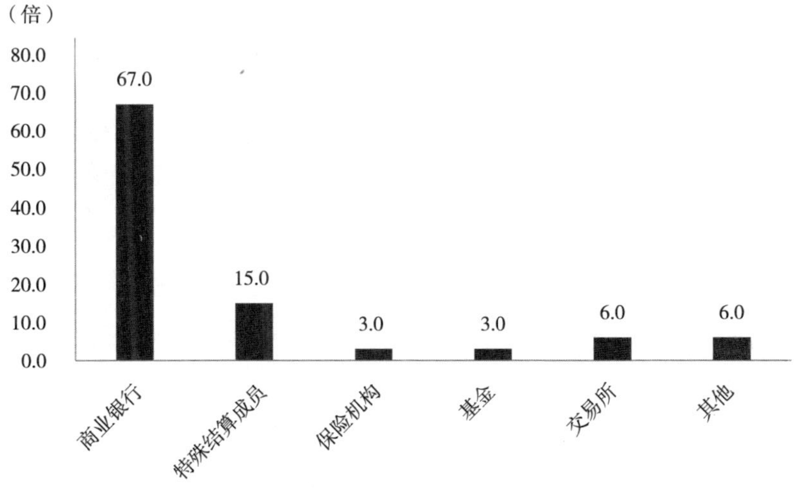

图 2-15　2016 年中国国债持有者结构

数据来源：Wind，中国债券信息网。

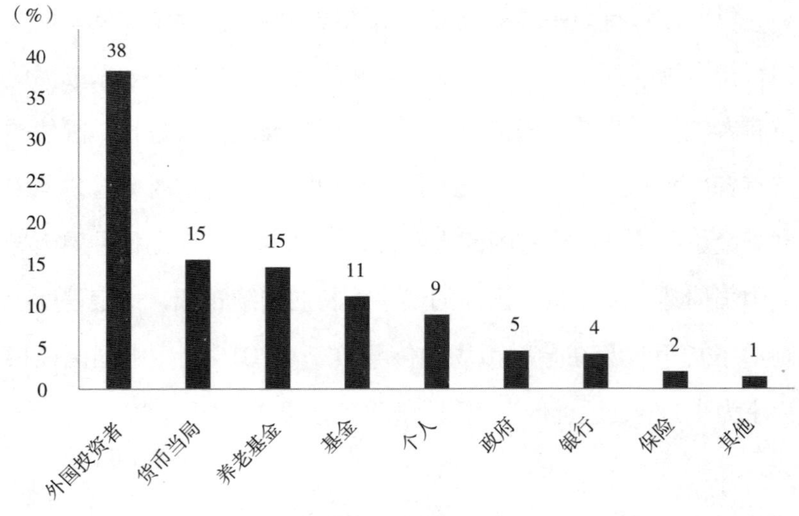

图 2–16　2016 年美国国债持有者结构

数据来源：SIFMA。

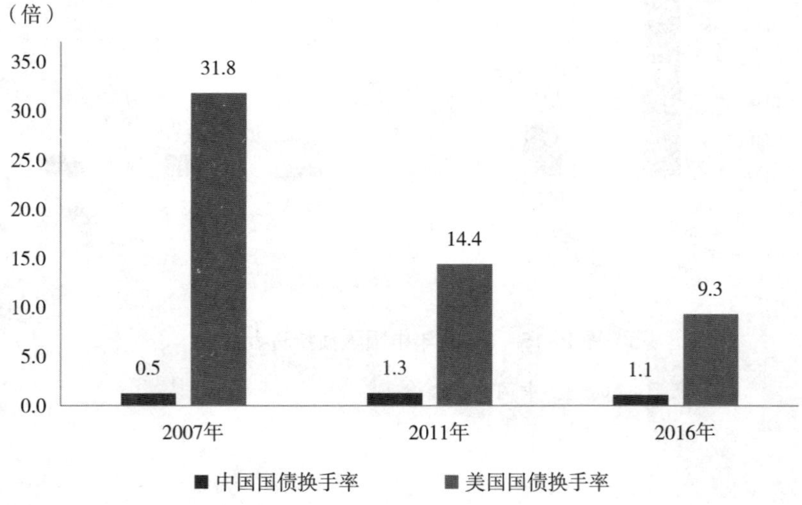

图 2–17　中国和美国国债换手率对比

数据来源：笔者根据中国债券信息网和美国 SIFMA 数据计算。

四、中国资本市场监管现状

中国资本市场建立于经济体制转轨初期，既引入了市场经济的要素，又具有浓厚的行政色彩，监管体系一直在不断地建设和完善过程之中，但总体来说监管机制尚不健全，资本市场监管体系难以满足经济发展和改革的需要。

1. 多头监管制约了信用债券市场的持续发展

中国对信用债实行多头管理，其中发改委审批企业债、证监会核准上市公司债、中国人民银行领导下的交易商协会注册核准中期票据和短期融资券。多头监管的格局对信用债券市场形成了显著制约，突出表现为：一是债券市场发展缺乏统一规划。二是法律的适用范围、执行效力受到限制。例如，交易所市场适用的《证券法》，其执行效力不及银行间市场，而银行间市场囿于其组织性质的自律，执法权威不足，两个市场对违法违规行为的执法标准和力度不同。三是各类债券缺乏统一的监管标准和责任约束机制，发行资源向监管洼地倾斜，导致企业在不同债券品种之间存在监管套利空间。

2. 债券市场出现了银行间市场和交易所市场的割裂

中国债券市场主要分为银行间市场及交易所市场。近年来，虽然相关部门在推动两个市场互联互通方面进行了一些积极的尝试，但并未实现真正意义上的互联互通。一是影响债券市场定价机制的完善。两个市场的资金供给与市场流动性差异悬殊，交易所市场资金成本高于银行间市场，因而债券价格显著低于银行间市场，同券不同价现象突出。二是增加了运行成本。市场分割使得发行人和投资者行为需要遵循不同监管标准，接受多个部门管辖，在两个登记托管系统中办理手续，增加了市场交易成本。三是债券交易、清算和托管结算体系的割裂也不利于债券市场的高效运转和平稳运行。

3. 股票市场发行制度造成定价市场化不足

中国 A 股市场发行采取核准制，以至于“上市公司资格”成为稀缺资源，造成上市公司定价的市场化不足。在 2015 年股市异常波动中，即便全市场都已经开始大跌行情，新股发行仍然受到市场炒作。2015 年 6 月 26 日到 7 月 2 日共有 25 只新股发行，上市首日涨幅普遍超过 40%，上市 5 日后 20 只个股涨幅超过 100%。行政化核准造成上市公司的资格稀缺、公司上市周期长、成本高。融资审批极大地限制了新股的供给，并且左右着发行节奏。这些准入环节的严格控制，导致价格居高不下，客观上助长了新股市场异常定价、异常高收益的现象。

4. 退市制度落实不到位

近年来退市制度经历了不断完善的过程，但在实际操作层面，仍然存在企业利用会计准则规避退市财务标准，退市遭遇阻力难以切实实行，一些质量很差的企业难以正常退出、无法形成优胜劣汰，投资者权益缺乏保护等问题突出。如果没有一个高效的退市机制，资本市场就没有“净化器”，市场的优胜劣汰作用也得不到充分发挥。

五、未来中国资本市场发展方向

按照中国《国民经济和社会发展第十三个五年规划纲要》，未来中国资本市场发展要以显著提高直接融资比重为目标，多渠道推动股权融资，发展并规范债券市场，丰富金融市场层次与产品。

提高直接融资尤其是股权融资比重。过去中国融资结构过度依赖以信贷主导的间接融资，直接融资发展滞后，导致经济增长必然形成增量债务，风险过度集中于银行体系。要大力发展股票市场等资本市场，拓宽企业的直接融资渠道，优化社会融资结构；坚持市场化改革方向，着力减少不必要的行政管制，激发市场动力和内在活力，大力培育商业信用；坚持尊重市场发展客观规律，构建更具稳定性的投资者结构；坚持规范发展的理念，强化市场约束和风险分担机制，进一步提高市场运行透明度。

多渠道推动股权融资。加快建设多层次资本市场，强化主板、中小板、创业板融资功能，深化新三板改革，规范发展区域性股权市场，推动形成有机联系的股权市场体系。建立健全做市商、定向发行、并购重组等制度安排，丰富融资工具和交易品种，增强服务包括对中小企业在内的各类企业服务的能力。积极引导私募股权投资基金、风险投资基金健康发展，支持创新型、成长型企业股权融资。

发展并规范债券市场。一是要协调发展。扩大债券市场规模一方面有利于提高直接融资比重，另一方面可能增加宏观杠杆率负担。要综合考虑发展直接融资和控制宏观杠杆率的要求，稳健有序地推动债券市场平稳健康发展。二是要创新工具。信用债应更加满足补短板、优化供给的需求，发展中小企业集合债券、私募债等融资工具，拓宽企业融资渠道，控制短期信用债比重，抑制脱实向虚的倾向。三是要规范制度。加强债市托管结算基础设施整合和合理分工布局，稳中求进推动银行间市场和交易所市场两者统一协调发展。

丰富金融市场层次和产品。实施创新驱动发展战略，稳步推动金融市场机制、组织、产品和服务模式创新，形成长效创新机制，拓展金融市场发展的深度和广度，丰富金融市场层次和产品，努力建设一个品种丰富、运行高效、功能完备，具有相当规模，与社会主义市场经济体制相适应的金融市场体系。同时要始终把防范风险贯穿于金融创新的全过程，处理好创新、发展与风险之间的关系，防止以规避监管为目的和脱离经济发展需要的创新。

中国保险业的迅速发展及其国际地位的提升

保险业是我国金融业中开放时间最长、发展最为迅速的行业之一。从 1980 年至今，伴随着改革开放的不断深入和国民经济的迅速发展，保险业从无到有、从大到小、从弱到强，取得了非凡的发展成就。保险业的蓬勃发展,在保障人民群众财产和生命安全、丰富投融资渠道、优化金融资源配置等方面发挥了重要作用。同时，我国保险业国际地位也在不断提升，保费收入位居世界前列，保险深度和保险密度不断提升，保险监管的国际影响力也越来越大。

一、我国保险业从“量变”到“质变”的飞跃

自 1980 年业务恢复发展至今，伴随着国民经济和社会的快速发展，我国保险业取得了巨大成就，主要表现在以下方面。

第一，保险业资产规模不断扩大。

保险密度和深度显著提高。截至 2016 年末，我国保险业总资产达到 15.12 万亿元，约为 2002 年的 23 倍（见图 2–18），而 1980 年保险业资产规模仅为 14.52 亿元。2016 年，保费收入 3.096 万亿元，是 2002 年的约 10 倍。以保费收入衡量，现在我国已经成为全球第三大保险市场。保险业规模迅速扩大，在金融市场中的地位也不断提升，在国民经济和人民生活中的作用日益凸显。2015 年，全国保险密度为 1770 元 / 人，是 2002 年的 7.4

倍，1980 年全国保险密度仅为 0.47 元 / 人；2015 年保险深度是 3.59%，比 2002 年提高了 1.07 个百分点（见图 2-19），而 1980 年保险深度仅为 0.1%。

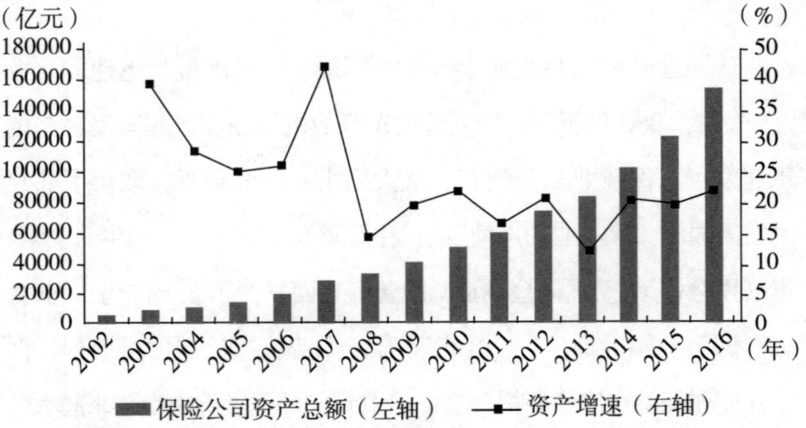

图 2-18　中国保险业总资产及其增长情况（2000—2016 年）

数据来源：中国人民银行《中国金融稳定报告（2017）》。

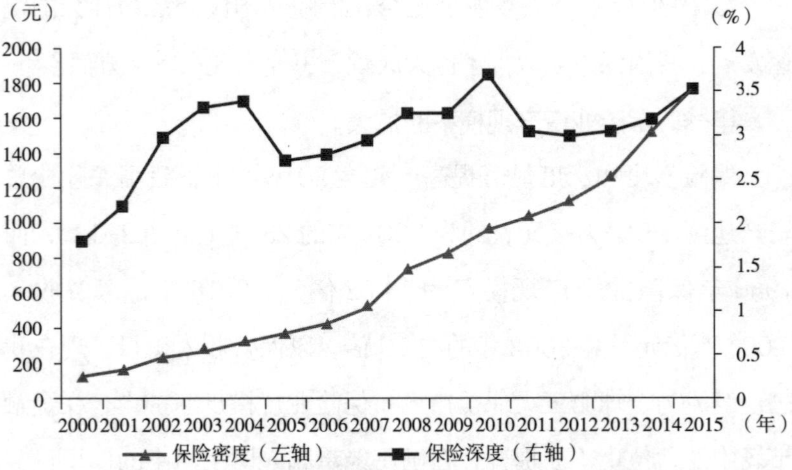

图 2-19　中国保险深度及保险密度（2000—2015 年）

数据来源：作者根据《中国金融年鉴（2015）》整理。

第二，保险业市场主体不断丰富。

1980年保险业恢复之初，保险公司数量仅为1家，到2016年末，全国共有保险机构203家。其中，保险集团公司12家，财产保险公司79家，人身保险公司77家，保险资产管理公司22家、再保险公司9家、其他机构4家。时至今日，经过近40年的发展，我国的保险业已经形成了国有控股（集团）公司、股份制公司、政策性公司（中国出口信用保险公司）、专业性公司（健康、养老、农业、责任、汽车）、外资保险公司等多种组织形式、多种所有制充分并存，公平竞争、共同发展的市场格局。

第三，保险公司赔款及给付快速增长。

2016年，保险公司赔款及给付10512.89亿元，比2004年增长10.5倍（见图2-20）。2015年，贷款保证保险支持小微企业及个人获得融资金额1015.6亿元，短期出口信用保险为6.3万家（2016年为8.22万家）出口企业提供了近3900亿美元（2016年为4167亿美元）的风险保障。同时，保险业继续发挥长期投资优势，2015年累计发起设立各类债权、股权和项目资产支持计划499项，合计备案注册规模1.3万亿元，为国家重大工程建设、棚户区改造、城镇化等提供资金支持。

第四，资金运用收益大幅增长，行业经营效益显著提升。

2015年，保险资金配置变化明显，银行存款和债券投资占资金运用余额的比率分别下降5.3个百分点和3.8个百分点，而股票和证券投资基金、其他投资（主要是另类投资）占比分别增长4.1和5个百分点。2015年全年，保险资金运用收益7804

亿元，同比增长45.6%，平均收益率7.56%，是2008年国际金融危机以来最高水平，其中上市公司股票的投资对提升资金运用收益率的贡献最大（见表2-16）。

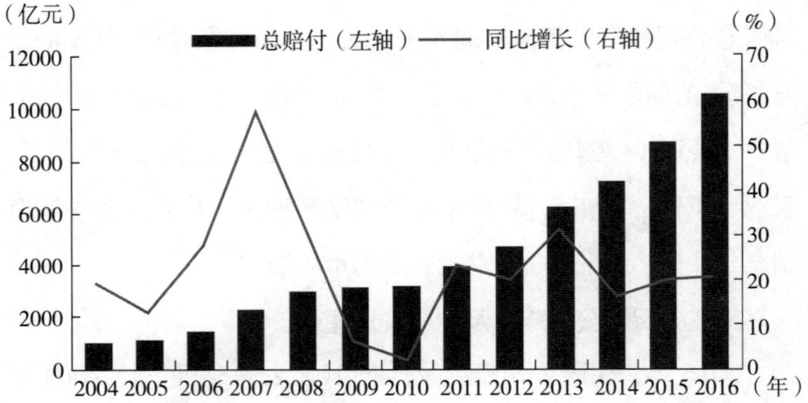

图2-20　中国保险业总赔付及增长（2004–2016年）

数据来源：中国人民银行《中国金融稳定报告（2017）》。

表2-16　保险资金运用余额

项　目	2013年			2014年			2015年		
	金额（亿元）	占比（%）	增长（%）	金额（亿元）	占比（%）	增长（%）	金额（亿元）	占比（%）	增长（%）
保险资金运用余额	76873.3		12.15	93314.4		21.39	111795.5	—	19.8
银行存款	22640.9	29.5	—	25310.7	27.1	11.8	24349.6	21.8	-3.8
债券投资	33375.4	43.4	—	35599.7	38.2	6.7	38446.4	34.4	7.8
股票和证券投资基金	7864.8	10.2	—	10325.6	11.1	31.3	16968.9	15.2	64.3
其他投资	12992.2	16.9	—	22078.4	23.7	69.9	32030.4	28.7	14.5

数据来源：中国保监会。

第五，保险改革全面突破。

近年来，我国保险市场准入和退出机制不断优化，综合性、专业性、区域性和集团化保险机构齐头并进，2011—2015 年有 8 家保险机构在境内外实现上市，自保、相互、互联网等新型主体创新发展，统一开放、协调发展、充满活力的现代保险市场体系日益完善。全面实施寿险产品费率市场化改革，稳步推进商业车险条款费率管理制度改革，市场配置资源的决定性作用得到有效发挥。保险资金运用的体制改革深入推进，保险资金配置多元化格局初步形成。

可以说，我国保险业从“零”起步，保险市场规模不断扩大，保险市场体系已经基本形成。更重要的是，在这些简单的数量增长与变化的背后，我国保险业的功能、地位及性质等都在发生着深刻的变化。

二、我国保险业的国际地位

改革开放之初，中国的保险业只有中国人民保险公司一家，规模很小，市场化程度很低，地位可以忽略不计。经过近 40 年的蓬勃发展，我国保险业在全球保险中的地位显著上升，保费收入位居世界前列，保险密度和保险深度显著增加。从国际比较来看，美国、日本和英国是多年来保费收入领先的国家，是发达保险市场的典型代表；中国、印度、巴西和俄罗斯分别是东亚、南亚、拉丁美洲和欧洲国土面积最大、人口数量最大的国家，被誉为“金砖四国”（BRIC），是新兴发展中保险市场的典型代表。

我国保险业国际地位的提升突出表现在以下方面。

一是总量发展迅速。

1995年，中国的保费收入仅为74亿美元，仅为美国6240亿美元的12%；到了2015年，中国保费收入达到3865亿美元，在全球排名第三位，增幅18.3%，是保费增长最快的经济体之一，中国保费收入占美国的比重提高到29.3%，比1995年上升了17个百分点，中国保费收入占全球保费收入的比重增加到8.49%。

二是保险密度显著增加。

1995年，中国的保险密度即人均保险仅为6.1美元，美国高达2343美元（见表2-17）；到了2015年，中国的保险密度增长到280.7美元，已经提高到美国的6.8%，为世界平均水平的45%（见表2-18）。

三是保险深度有了很大提高。

1995年，中国的保险深度仅为1%，是表2-17中深度最低的经济体；到了2015年，中国的保险深度提高到3.57%，尽管显著低于日本、英国、美国等发达国家，但与1995年相比仍有了很大提高（见表2-18）。

表2-17　1995年部分国家GDP、保费收入、保险密度和保险深度等指标

国家/地区	GDP（亿美元）	保费收入（亿美元）	保险密度（人均保费，美元）	保险深度（保费占GDP百分比）
中国	7345	74	6.1	1.00
美国	76641	6240	2343.3	8.14
日本	54491	6373	5080.2	11.69

续表

国家 / 地区	GDP（亿美元）	保费收入（亿美元）	保险密度（人均保费，美元）	保险深度（保费占 GDP 百分比）
德国	25916	1551	1898.3	5.98
法国	16099	1316	2210.8	8.18
荷兰	4465	353	2281.8	7.90
韩国	5593	600	1330.3	10.73
墨西哥	3438	37	39.3	1.08
印度	3666	60	6.3	1.64

注：中国的数据不包含港澳台地区的数据。

数据来源：根据世界银行的 GDP 和人口数据，瑞士再保险公司 Sigma（1997）的保费收入，测算得到保险密度和保险深度数据。

表 2–18　2015 年全球主要经济体 GDP、保费收入和保险密度及排名

国家 / 地区	GDP（亿美元）	保费收入（百万美元）	排名	保险密度（人均保费，美元）	保险深度（保费占 GDP 百分比）
全球	730,497	4,553,785	-	621.2	6.23
美国	180,899	1,316,271	1	4,095.8	7.28
中国（内地）	108,114	386,500	3	280.7	3.57
日本	41,561	449,707	2	3,553.8	10.82
德国	33,543	213,263	6	2,562.5	6.24
英国	28,491	320,176	4	4,358.5	9.97
法国	24,228	230,545	5	3,392.0	9.29
印度	20,868	71,776	12	54.7	3.44
意大利	18,147	165,037	7	2,580.5	8.68

续表

国家 / 地区	GDP（亿美元）	保费收入（百万美元）	排名	保险密度（人均保费，美元）	保险深度（保费占 GDP 百分比）
巴西	17,723	69,091	14	332.1	3.90
韩国	13,452	153,620	8	3,034.2	11.42
俄罗斯	12,364	16,801	31	117.1	1.41

数据来源：瑞士再保险公司 Sigma，2016 年第 3 期。

四是监管制度创新不断推进。

初步构建中国特色的保险公司治理监管制度体系，公司治理监管进入量化评级新阶段，引领国际监管规则新趋势。建成第二代偿付能力监管制度体系，对全球保险市场发展和国际保险监管规则建设产生重要影响。多边和双边国际保险监管合作不断推进，中国当选“亚洲保险监督官论坛”轮值主席，主导通过《科伦坡宣言》，我国在国际保险监管领域的话语权不断增强。

三、我国保险业发展中存在的问题

1. 发展方式依然比较粗放，保险业总体上大而不强

经过近 40 年的发展，我国可以说是一个保险大国，却仍算不上保险强国。尽管中国的保费收入在全球排名第三（美国第一，日本第二），但衡量一国保险业发达程度的标准不是保费规模的大小，而是保险深度（保费收入 /GDP）与保险密度（保费收入 / 总人口）。2015 年，这两项指标中国分别排名第 40 位和第 63 位，均未达到世界平均水平。

与发达国家相比，我国保险业的差距依然不小。一是保险远未普及。许多财产尚未投保，比如财产险里有 70% 以上是汽车保险，但写字楼等造价更高的财产投保比例较少；责任保险投保量少；发达国家的寿险保单是人均 1 件以上，而我国是 0.2 件。二是巨灾保险难以承保。我们在平时感受不到保险业的作用，但发生地震、洪水等巨大灾害时却只能得到很少的赔付。三是保险产品虽多，但同质化严重。四是保险价格总体偏高。近年来保监会推进保险费率市场化，保险价格将趋于均衡合理。

我国保险业的发展基础和外部环境已经发生了深刻变化，但沿袭下来的粗放发展模式却没有发生改变，保险行业总体上仍停留在争抢业务规模和市场份额的低层次竞争水平上。大部分保险公司主要靠“人海战术”、快速增设机构、铺摊子实现外延式扩张，而忽视了公司的内部管理和产品及服务的创新，有的公司甚至不惜违法违规，不顾成本效益，一味追求速度规模和市场份额。这种粗放型的发展模式不仅无法满足我国日益年轻化、知识化消费群体的保险保障需求，甚至会伤害消费者的利益，引发消费者的不信任。

2016 年公布的《中国保险业发展“十三五”规划纲要》提出要“努力由保险大国向保险强国转变，到 2020 年全国保险保费收入争取达到 4.5 万亿元左右，保险深度达到 5%，保险密度达到 3500 元 / 人，保险业总资产争取达到 25 万亿元左右”。上述目标可以通过努力达到，但这只是一个阶段性的目标。我国要想真正成为“保险强国”，还需要长期努力。

2. 保险的风险保障功能尚弱

非寿险只具有风险保障功能，人寿保险兼具风险保障与投资理财双重功能。正常的寿险产品，首先是要具有明显的风险保障功能。但是某些寿险产品的风险保障功能被弱化而成为投资理财工具。2016 年数据显示，我国寿险公司原保险保费收入 21692.81 亿元，同比增长 36.78%；而未计入保险合同核算的保户投资款和独立账户新增交费 12799.13 亿元，同比增长 53.86%，增速远超过计为保费的部分。从以上数据可以看出，寿险产品的投资理财功能被放大，然而保障功能被弱化，市场中甚至出现了几乎没有保障功能的单纯投资型寿险产品。

人寿保险与其他理财产品相比，其优势在于其保障功能和长期性；保障功能是其他金融产品所不具备的，而长期可以熨平经济周期、获得稳定回报。当寿险保单成为单纯投资工具时，丧失了保险的功能，其本质上不再属于保险产品，易发生现金流风险，也容易造成市场混乱。保险本质上是一种分摊损失的机制，“保险姓保”，即保险要回归到保险的本质、本原、本义。保险是投保人风险管理的手段，缴纳保费是为了转移风险；保险公司经营保险业务，给付保险金是提供风险保障。

2016 年，保监会发布了《关于规范中短存续期人身保险产品有关事项的通知》《关于进一步完善人身保险精算制度有关事项的通知》和《关于强化人身保险产品监管工作的通知》，限制中短存续期保险产品规模，强化保险产品的保障功能，引导“保险姓保”。

3. 被保险人的利益保障不足

保险公司实现利润最大化有两条路径：一个是增加承保利润，为此，就要扩大承保，多收保费，降低赔付率；另一个是增加投资利润，为此，就要扩大资产规模，提高投资回报率。在利润的诱导下，保险公司便可能以欺骗、误导手段扩大承保，提高保险费率或者拖延赔款，进行高风险投资等。从法律上说，保险公司与保险消费者双方是合同关系，地位平等，但现实中投保人却处于弱势地位。保险条款和费率是保险公司事先制定的，投保人只能表示接受；保险公司具备专业知识，保险消费者对保险了解一般不是很多；保险公司实力雄厚，有专业的法律团队，但保险消费者一旦涉及与保险公司纠纷，只能凭一己之力抗衡。“保监会姓监”便是遵循依法、公开、公正的原则，对保险业实施监督管理，维护保险市场秩序，保护投保人、被保险人和受益人的合法权益。

4. 对外开放有进展但仍然水平较低

从准入政策来看，保险业是金融业各行业中开放程度相对较高的，允许设立外资独资保险公司、外国保险公司分公司、合资保险公司。但从实际开放程度来看，目前仅有一家外资独资保险公司（友邦保险），其他合资保险公司持股上限为 50%。截至 2016 年底，有 16 个国家和地区的境外保险公司在华设立了 57 家保险公司，占全国保险公司总数的 31%。其中，财产保险公司 22 家（占全国财险公司总数 27%），人身保险公司 28 家（占全国人身保险公司总数 36%），再保险公司 6 家，资产管理公司 1 家，中外合资保险公司省级分公司机构达到 304 家。截至 2017 年 7 月，外资保险公司总资产达到10022.50亿元，而在中国加入WTO之初仅为30亿元。外资保险公司市场份额近年来有所提高，但水平仍然较低。外资保险公司保费收入占全国保费收入比重从中国加入WTO之初不足1%提高到2016年末的5.19%，资产占全国保险公司资产比重从2006年的4.4%上升至2017年7月的6.1%（见图2-21）。

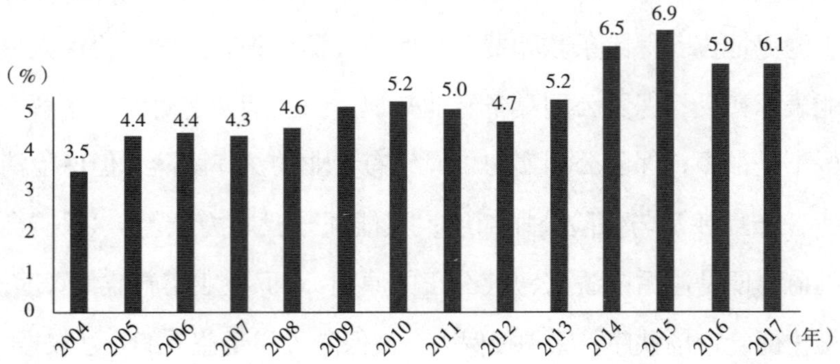

图2-21　外资保险占中国保险业资产比重

数据来源：Wind，中国保监会。

四、我国保险业监管现状

针对目前保险市场上法律体系不健全、保险公司内部控制机制弱、信息不充分、缺乏建立良好保险秩序和相关配套设施等现状，我国采用的是市场行为监管和偿付能力监管并重的监管模式，对保险业实行较为严格的监管。监管的具体内容也是围绕这两方面展开的。

1. 对保险机构的监管

实质上是对保险机构市场准入资格进行审定，对其应履行的义务及市场行为依照有关法规进行监管。目前我国对保险市场准入实行严格的审批制度，在发放保险公司许可证方面的控制比较有力，对公司设立的资本金要求、管理人员资格审查都比较严格；但由于目前监管依靠非现场检查手段对各保险机构的市场行为进行监管，很难保证保险机构的诚实度，因而对于成立后的保险公司市场行为的持续监管则显得乏力。

2. 对保单格式和费率的监管

在严格的监管模式下，所有保单条件都必须经过审批。针对目前我国保险公司内部风险控制机制不健全、保单设计能力有限、消费者对保险产品的认知程度较低等不成熟的现状，放宽对保单的监管可能引致各家保险公司在费率上进行恶性竞争，导致保费价格失真，从而给保险市场带来隐患。因此，应对保单格式和费率监管实行事先批准制度，即主要险种的基本保险条款和基本保险费率由中国保监会制订，主要险种的非基本条款和保险费率以及非主要险种的保险条款和保险费率由保险公司拟定，并报中国保监会备案。

3. 对偿付能力的监管

偿付能力关系到保险人最终能否履行合同约定对被保险人实施经济补偿，是保险公司的灵魂，因此偿付能力也是中国保险监管的另一个重要的方面。从国际保险业监管的发展趋势看，越来越多的国家都已经或者正在向以偿付能力监管为核心的模式发展。我国目前对偿付能力的监管标准使用的是最低偿付能力原则，中国保监会的干预界限是以保险公司的实际偿付能力与此标准的比较来确定。监管机构主要通过要求保险公司定期上报会计报表、现场检查或有针对性地委托中介机构审计等手段对各保险公司的资本额、保证金和保险保障基金、准备金、保险投资以及其他主要财务指标进行合规性监管，以实现对各保险公司的偿付能力监管。影响保险人偿付能力的要素既有资本金、准备金和保障金制度，又有保险人投资收益和资金运用情况，所以偿付能力本身并不是一成不变的，而是表现为一个动态的发展过程。

4. 对保险资金运用的监管

随着金融创新的发展和市场竞争的加剧，保险业的经营已从单纯依赖承保业务转变为承保业务与资金运用并重，资金运用日益成为保险业发展的重要支柱。投资监管的目的是通过对保险资金来源和保险资金运用方式与投资限额的监管，在确保投资收益稳定和安全的基础上，增强保险公司的偿付能力，以保护投保人的利益。我国的保险资金运用经历了一个从没有投资或忽视投资的阶段到无序投资、逐步规范阶段的过程。但目前保险投资监管较为欠缺，保险投资收益低下。一旦保险业务出现亏损，将很难依靠保险投资收益弥补亏损。保险资金运用的监管侧重点包括对保险投资领域进行一定的限制、规定投资比例等（见表 2-19）。

表 2–19　各国保险资金投资股票及不动产限制情况

国家	政府债券	企业债券	股票	贷款	不动产	境外投资
美国	无限制	无限制	20%	20%	25%	10%
英国	无限制	无限制	无限制	无限制	无限制	无限制
日本	无限制	无限制	30%	无限制	20%	30%
中国	无限制	30%	10%	0	5%	15%

数据来源：《中国金融稳定报告》。

五、未来我国保险业发展方向

根据《中国保险业发展“十三五”规划纲要》，未来几年中国保险业改革和发展方向是进一步解放思想，主动作为，聚焦重点领域和关键环节，提高改革效应，放大制度优势，促进行业发展方式转变和结构调整。

一是完善现代保险市场体系。深化准入机制改革，推动市场主体层次、业务结构和区域布局优化升级，统筹培育与实体经济发展和金融改革创新相适应的现代保险市场体系。

二是继续深化保险公司改革。加快建立现代保险企业制度，支持符合条件的国有资本、民营资本和境外资本投资保险公司，鼓励资本多元化和股权多元化，推进保险公司混合所有制改革。

三是加快发展再保险市场。健全再保险市场体系，适度增加再保险市场主体，发展区域再保险中心，提升我国在全球再保险市场上的定价权、话语权。

四是稳步推进保险中介市场发展。建立多层次、多成分、多形式的保险中介服务体系，培育具有专业特色和国际竞争力的龙头型中介机构，发展小微型、社区化和门店化经营的区域性专业代理机构，鼓励保险销售多元化发展，探索独立个人代理人制度。

五是全面推进保险费率市场化。全面推行商业车险条款费率管理制度改革，建立以行业纯风险保费为基准、公司自主确定附加费用率和部分费率调整系数的定价机制。

03

进一步扩大中国金融业对外开放

03

进一步扩大中国金融业对外开放

党的十八届三中全会报告提出，“完善金融市场体系，扩大金融业对内对外开放”。“十三五”规划建议进一步明确了“扩大金融业双向开放”的目标。金融业本质上是竞争性行业，只有充分竞争才能提升金融业的效率和活力。金融业开放的国际实践表明，扩大金融业开放有助于提升金融机构的竞争力，从根本上防范和化解金融风险。我国加入WTO以来，金融业对外开放取得了长足进步，金融机构开放水平不断提升，多层次、多元化的金融市场初具规模，双向开放程度不断提升，相关制度环境不断改善。但与此同时，我国金融业开放程度仍然不足。外资金融机构在我国的市场份额总体不高，远低于主要发达经济体和大多数发展中国家，我国在持股比例和业务范围等方面对外资金融机构仍有较多歧视性规定。与此同时，我国金融市场广度和深度不足，会计、审计以及税收等金融制度环境便利度仍有待提升。

从我国改革开放的历程看，对外开放推动了贸易与投资自由化、汇率市场化和减少外汇管制等改革，使市场和竞争成为普遍适用的政策机制。多年来，金融业开放、汇率市场化和减少外汇管制这“三驾马车”始终协同推进、相互配合，为中国经济增长创造了良好的金融环境（周小川，2017）。其中任何一驾马车出现问题，都会影响整个开放进程。因此，尽管三驾马车前进的速度可能有快有慢，但三者一起往前走的大方向是明确的。本书已有专门章节针对汇率和资本流动的问题进行阐述，本章将重点放在扩大金融业对外开放上。

扩大金融业开放的理论基础和现实意义

金融业开放涉及两个重要问题，一是要不要开放的问题，二是如何开放的问题。回答第一个问题，首先需要明确金融业的性质和定位。如果金融业是竞争性行业，那就意味着金融业不需要垄断经营，也不需要对投资者的身份来源有过多限制，应通过进一步扩大金融业开放，充分促进市场竞争，提升金融体系的效率和活力。

一、金融服务业的性质和定位

从理论上讲，金融服务业本质上是竞争性行业，需要在竞争中增强行业的活力和竞争力。诺贝尔经济学奖得主乔治·斯蒂格勒曾提出竞争性行业应该满足的三个要素。第一，行业内企业数量众多，企业产品具有一定的相似性和替代性。第二，企业之间“合谋”的难度较大。第三，对想要进入行业的新企业而言，长期的平均成本并不明显高于行业内原有企业。

金融业的性质符合竞争性行业的上述特征。首先，金融机构数量众多，金融服务相似度较高。以银行业为例，截至 2016 年年底，我国银行业金融机构共有法人机构 4399 家（银监会，

2017），主要金融服务涵盖结算业务、信贷业务、资金交易、投资银行业务等，同质化特征较为明显。其次，不同金融机构之间难以通过“合谋”来影响金融服务价格。由于金融机构数量众多，金融产品相似度高，消费者在选择金融服务时拥有较大的自由度，金融机构很难垄断定价。同时，随着金融创新不断深化，银行、证券、保险行业之间的壁垒逐渐被打破，不同业务之间相互交叉和渗透，金融机构的竞争对手不再局限于本行业，“合谋”难度进一步上升。最后，供水、供电、供气等自然垄断行业往往需要巨额的管道铺设等初始投资，沉没成本较大，如果多家企业提供类似服务，会造成投入成本的重复和浪费，不利于行业效率的提升。而金融业作为服务性行业，竞争力主要体现在客户关系、核心技术、金融创新等方面，更依赖于源源不断的持续投入，而非一次性巨额投入，因此，新设金融机构的平均运营成本并不明显高于现有金融机构。同时，单家金融机构进行的产品和服务创新也有助于整个金融行业的发展和金融效率的提高，并非重复和浪费。由此可见，金融服务业本质上是竞争性行业，只有竞争才能充分提升行业效率，激发行业活力。

从我国改革开放的实践来看，引入竞争有效提升了银行业的经营效率，这进一步佐证了金融服务业属于竞争性行业的属性。回顾改革开放近40年的历程，通过引入外部战略投资者、竞争性股改上市等方式，国内银行在经营效率、资产质量、公司治理水平等方面都实现了较大提高。与此同时，越来越多的金融机构开始“走出去”，在世界舞台上参与国际竞争，在风险管理、产品定价、反洗钱等各方面取得实质性改善，促进了企业自身的稳健经营和金融市场的健康发展。另外，缺乏竞争会滋生懒惰，导致高杠杆、低资本、不良贷款等现象，反而容易产生金融危机。事实上，金融机构长期缺乏竞争而产生的效率低下和风险累积问题正是亚洲金融风暴爆发的重要原因之一。

相较于一般的竞争性行业，金融服务业也有其自身的一些特点。一是金融机构的资产负债结构具有特殊性，比如天然形成的高杠杆以及期限错配导致的流动性风险。这使得金融机构在竞争中易受冲击，呈现一定脆弱性。二是金融机构的日常运营容易受到市场情绪的影响，公众信心对金融体系的稳健性至关重要。三是金融危机的传染性很强，一家金融机构出问题可能导致多家金融机构的连锁反应，甚至危及整个金融体系的稳定。因此，金融业的安全与稳定对经济健康平稳运行至关重要。充分竞争的金融服务业是资源有效配置的前提，是货币政策有效传导的基础，也是金融创新迅速发展的保障。构建更具竞争性的金融服务业体系，才能有效维护金融稳定，更好地发挥金融对实体经济的支撑作用。

二、对外开放中的国际及中国经验比较

扩大开放才能促进竞争，通过引入先进的管理模式、技术和规则，可以提升金融体系的竞争力和稳健性，从根本上降低金融风险。外资金融机构的进入促使国内金融机构在产品设计、市场建设、业务模式、管理经验等方面实现较大提高，同时，也为会计准则、监管标准等政策制定带来改革的压力（周小川，2017）。

市场竞争及淘汰机制能迫使金融机构更加重视资本充足率、杠杆率、流动性风险等方面的管理，激励其通过自我约束来防范和化解风险。此外，充分竞争也有助于缓解“大而不能倒”的道德风险问题，更好地守住不发生系统性风险的底线。

各国金融业开放的国际经验也表明，开放本身不是金融风险的根源，相反，扩大开放还可以帮助降低和化解金融风险。

首先，扩大开放可以引入先进的经营管理理念、技术和规则，促进市场竞争，提升市场效率，维护金融稳定（Levy-YeyatyandMicco，2007;Claessens，2009）。高效的金融体系是金融稳定的根本保障。以土耳其为例，外资银行的进入对土耳其金融体系产生了积极的溢出效应。20 世纪 80—90 年代，外资银行率先在土耳其采用现代的银行预算编制方法，首次实现了银行办公系统的电子化，并率先开通了环球银行金融电信协会（SWIFT）网络系统。这些先进的制度与技术随后被许多土耳其国内的银行所借鉴，金融部门的运营效率得以改善，管理标准与预算透明度也显著提升。

其次，扩大开放有利于分散风险。国际上历次金融危机的经验均表明，金融风险越集中则杀伤力越大，越分散则越容易化解。扩大开放是分散风险的一种重要方式。开放后参与主体增加，竞争更充分，风险不宜过于集中，出现问题也有更多主体分担（Goldberg，DagesandKinney，2000）。以拉美国家为例，1994—1999 年，由于经济高度依赖外债，跨境资本大进大出，财政长期赤字，本币严重高估，一些国家先后爆发了严重的金融危机。但外资银行并非此次拉美金融危机的导火索，不仅没有对危机推波助澜，反而起到了经济“稳定器”的作用。不论是在危机前还是在危机后，阿根廷、巴西等国外资银行的不良贷款率都普遍低于本国银行，贷款规模的顺周期性和波动性也小于本国银行。

再次，金融业不开放反而容易造成风险累积，威胁金融稳定。以墨西哥为例，20 世纪 80 年代末之前，墨西哥长期禁止市场对外资银行开放，20 世纪 90 年代，墨西哥向外资银行开放步伐依然迟缓。到 1994 年，墨西哥外资银行贷款规模仅占墨西哥银行贷款总量的 1%。由于长期缺乏竞争，墨西哥国内银行资源配置效率很低，风险控制不足，道德风险问题严重，潜在不良贷款水平激增。1994 年开始，在国际利率攀升的压力下，墨西哥政府被迫提高利率，企业利率负担加重，贷款违约率上升，金融风险凸显，投资者恐慌情绪升温，比索在汇率市场上被抛售，墨西哥政府为进行汇率干预，发行大量美元债务。最终，政府在巨额债务负担下不堪重负，比索大幅贬值，银行贷款违约率大幅上升，墨西哥陷入全面金融危机。危机之后，墨西哥政府总结教训，逐渐允许外资金融机构进入，以鼓励竞争，增加市场纪律，降低国内金融稳定风险。

从中国加入 WTO 的经验看，凡是对外开放比较彻底，积极参与全球资源配置的领域，都是发展较好、竞争力强、国际化程度高的领域。自 2001 年 12 月 11 日我国正式加入世贸组织以来，金融、商业、农业、汽车等行业逐步对外开放。在加入世贸组织十多年后，我国一跃成为全球第二大经济体和第一大出口国。开放促使国内各领域的改革与国际接轨，机制体制不断创新，行业竞争力和影响力不断扩大。家电行业等一些完全竞争的产业在全面开放后发展迅速，并逐渐在国内外市场上变劣势为优势。在彩电、冰箱、洗衣机等大件家电中，国内品牌已占据了中国市场销售的领导地位，并在国际上成了中国制造的代言人。

相比之下，开放相对滞后的行业发展速度较慢。更多保护和限制政策的结果只能是保护落后，保护垄断。“入世”谈判时，鉴于亚洲金融风暴影响犹存，国内对于金融开放与金融风险的关系仍有不同认识，相较于其他行业的阔步开放，金融业开放步伐相对保守。随着银行业改革的顺利完成和金融市场的不断发展，扩大金融业对外开放的条件渐趋成熟。但是受思维定式、制度惯性等因素影响，金融业开放进程仍严重滞后。尽管我国国有银行经过一系列改革，在坏账率、资本充足率等指标上明显改善，中农工建四大国有银行已经跻身全球系统重要性银行（G-sibs，见表 3-1），但从国际上看，中资金融机构在资金管理和衍生产品业务等方面仍然与国际先进水平有较大差距。金融行业开放程度与实体经济发展和整体开放程度越来越不匹配，不仅影响行业竞争力，也对人民币国际化、“走出去”战略等形成较大制约。因此，需进一步推动金融服务业对外开放，引入更多的外部竞争，为金融体制改革注入强大的外部推动力。

表 3-1　全球系统重要性银行分级

分级	全球系统重要性银行
5（3.5%）	空缺
4（2.5%）	花旗银行，摩根大通
3（2.0%）	美国银行、法国巴黎银行、德意志银行、恒生银行
2（1.5%）	巴克莱银行、瑞士信贷银行、高盛、中国工商银行、三菱日联银行、富国银行
1（1.0%）	中国农业银行、中国银行、纽约梅隆银行、中国建设银行、法国BPCE银行、法国农业信贷银行、荷兰商业银行、日本瑞穗银行、摩根士丹利、北欧银行、苏格兰皇家银行、西班牙桑坦德银行、法国兴业银行、渣打银行、美国道富银行、三井住友银行、瑞士银行、意大利联合信贷银行

注：表格中的分级方法由巴塞尔委员会文件中全球系统重要性银行制定的标准确定；括号里的数字是所在级别所需附加资本比率。

资料来源：BIS。

三、金融业进一步开放是当前形势下中国自身发展的需要

当前，国内外形势对中国金融业开放提出较高要求。从国际上看，受技术发展不平衡、生产率增长低迷、收入不平等加剧等因素影响，全球化面临较大挑战。特朗普上台后，民族主义、民粹主义和贸易保护主义调门升高，逆全球化暗流涌动，美国等发达经济体采取了一系列措施增强本国竞争力，如吸引制造业回流、酝酿减税政策、放松金融业监管等。这些政策可能对其他国家产生一定示范效应，冲击全球多年来形成的自由贸易体系和多边规则，全球治理体系可能进入分岔口。我国是大国、强国和上升中国家，也是全球化和现行多边机制的受益者，需要开放公平的国际经济环境保护国际贸易和投资。如果保护主义势头愈演愈烈，

全球贸易和投资日渐萎靡，我国自身利益也会受到冲击。因此，我国应积极释放进一步开放的明确信号，与其他主要国家共同在全球化中发挥引领作用，通过开放的国际经济环境保障贸易、资源、资金、技术和人力的跨国自由流动，更好地维护我国利益。

从国内看，我国经济发展进入新常态，经济转型升级进入攻坚期，金融发展的经济基础正在发生深刻变化，金融支持供给侧结构性改革的任务十分艰巨，各种潜在金融风险不容忽视。因此，我国亟须进一步扩大金融业开放，以开放促改革，改善国内投资和市场环境，提升金融体系的稳健性。与此同时，我国比较优势正在发生动态转移，企业“走出去”步伐加快，对金融支持体系的深度和广度提出了更高要求。但我国金融机构“走出去”步伐严重滞后，难以满足“走出去”企业的金融服务需求（商务部，2015）。因此，需进一步扩大金融业开放，加快金融机构和金融服务“走出去”步伐，形成网络化布局，以此来更有力地支撑实体经济。

与此同时，我国金融业开放程度较低也受到外界较多诟病和质疑。一些外商认为中国近年来商业环境改善程度有限，希望中国进一步推进改革开放与市场化进程，提出一系列诉求（中国美国商会，2017）。比如，进一步放宽银行、证券、保险和基金管理行业的准入和业务限制，提高外汇政策的透明度、一致性和预测性，公平对待外资企业，进一步减少许可壁垒，加大知识产权保护力度，放宽或取消数据流动限制等。在国内外多重压力相互交织、外资对我国诉求增加的背景下，改善国内投资和市场环境已成为当务之急，而其中重要措施之一就是进一步扩大金融业对外开放。

四、金融业开放利弊分析

首先，金融业开放有助于构建多元化的金融体系

从理论上看，外资金融机构进入中国市场有助于促进竞争、拓展金融服务渠道、提升金融稳定性（Clarke et al，2005，Claessens et al.，2001）。从我国金融业开放的实践来看，银行、证券、保险行业的外资金融机构为我国带来了新业态和新模式，极大丰富了我国金融体系，提升了金融业运行效率。我国的第一家村镇银行是港资金融机构（香港上海汇丰银行）设立的，无抵押信用贷款业务是渣打银行2006年首次开展的，外资银行在绿色金融、金融科技、风险定价等方面也涉足较早，其先进的技术和理念为我国相关业务的开展提供了丰富的国际经验。20世纪90年代友邦保险进入我国，带来了全新的保险销售模式——个人代理模式，这一模式之后逐渐推广到全国，成为我国寿险公司的重要销售渠道。我国证券市场的发展过程也借鉴了西方证券交易制度，伦交所、港交所的交易规则均成为上交所的重要参考。越来越多外资金融机构进入也会产生规模集聚效应，形成吸引更多新业务和新技术的向心力、真正将我国建设成为国际金融中心。

其次，金融业开放有助于更好地服务实体经济，推动供给侧结构性改革。

金融与实体经济密切联系，互促共生。我国经济结构转型升

级需要进一步扩大内需，鼓励中小企业和高科技企业迅速发展，但我国金融机构在消费信贷、小微贷款、风险投资等领域发展相对缓慢，真正服务实体经济的金融产品种类较少，投机和套利活动却层出不穷。相比之下，外资金融机构在治理结构、信贷管理、风险定价等方面的优势可对中资机构起到良好的示范作用，促进国内金融机构回归服务实体经济的本源，促进经济结构进一步优化。

再次，金融业开放有助于带动服务业开放步伐，提升服务业开放程度。

目前，我国服务业总体开放程度较低，既落后于制造业开放水平，也显著低于世界上其他国家的平均水平，与服务业对经济增长的贡献度不相匹配，也一直被外界所诟病。目前，世界各国正在抓紧制定更全面、更高的服务业开放标准，我国应抓住这一有利开放时机，主动作为。在服务业开放中，金融业开放负面影响相对较小，风险较为可控，是我国可以大有作为的重要领域。

最后，金融业开放有助于巩固人民币的储备货币地位，推动人民币国际化。

国际储备货币地位对一国经济金融长远发展具有重大意义。人民币成为国际储备货币后即享有制度性权利，人民银行与其他国家央行和货币当局签订的双边本币互换协议的国际认可度和吸引力将得到实质性提升。国际储备货币地位的确立能够大大增强国内外对货币的信心，降低发生经济金融风波的可能，受到其他国家溢出效应的影响程度也会更低。同时，储备货币发行国能够更加独立地制定货币政策，有更多手段应对经济金融危机，也可以更多使用本币进行国际交易和投资，提升自己在国际贸易和金融投资中的定价权和话语权。为巩固人民币的储备货币地位，进一步推动人民币国际化需要提高人民币“可自由使用”的程度，扩大金融业开放水平，为投资者在境内外开展人民币业务提供友好、便利的环境，提升人民币在全世界的吸引力。

一些声音担心，开放的过程也存在一定的潜在风险。比如金融业开放有可能加速国际资本流动，扩大一国金融系统潜在的不稳定因素，对宏观经济和金融稳定带来一定风险。同时，外资金融机构具有衍生品种类繁多、产品结构复杂、交易频率高等特点，一旦出现问题，有可能通过流动性、产品关联、资产价格等渠道引发跨机构、跨市场风险联动。不过，随着我国改革开放不断推进，人民币汇率弹性不断增强，资本项目可兑换取得较大进展，我国扩大金融业开放的各项条件逐渐成熟，上述潜在风险在很大程度上是可控的。实际上，开放和风险两者并不矛盾。

第一，我国在加强金融监管、有效防范风险方面已经取得较大进展。近年来，我国不断完善系统性风险的评估、防范、预警体系和金融风险处置机制，金融监管体系不断完善，监管有效性不断增强，宏观审慎管理框架相对完备，金融基础设施稳步推进，抵御金融风险的能力不断增强。在金融业开放后，这些措施是有效维护金融安全的重要屏障。

第二，近年来我国中资机构资产规模扩张迅速，实力较为雄厚，网点多而密集，已形成足够高的市场占有率和庞大的客户基础。考虑到金融业具有高度的网络经济和规模经济效应，外资银行在业务规模、网点设置、客户关系等方面并无明显优势，很难威胁到中资金融机构的发展。

第三，我国具有一些抵御外部冲击的独特优势。我国的经济体量已经很大，金融市场容量也大。目前，我国已经是全世界第二大经济体、第一大出口国，最大的外汇储备国。以债券市场为例，我国债券市场余额已居全球第三、亚洲第二（见图 3-1）。此外，我国具有后发优势。绝大多数发达国家和新兴市场国家金融业开放程度都高于我国，开放的过程中有经验也有教训，可供我国借鉴与参考。

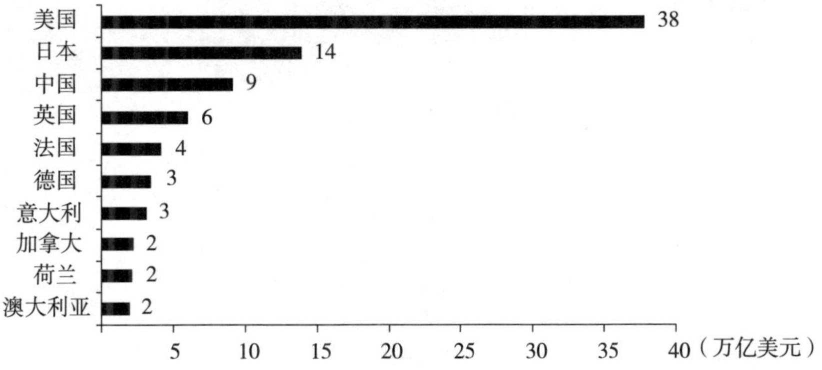

图 3-1　债券市场规模的国际比较（2016 年第三季度末）

数据来源：BIS。

还有一些观点担心，进一步扩大金融业开放会影响国家金融安全。实际上，维护国家金融安全主要依靠完善的金融制度框架，而非对外资金融机构的歧视性准入政策。有效维护国家金融安全离不开金融机构的稳健经营和风控能力的全面提高，有赖于金融政策工具更加丰富，审慎监管框架完善健全，金融市场的有效性和透明度不断提升。只有完善的金融制度框架做支撑，才能维护社会公众对金融体系的信心，守住不发生系统性金融风险的底线。

同时，对于确实威胁我国金融体系安全、稳定、完整的重大问题，我国还可以运用国家安全审查机制，维护国家金融安全。但需要注意的是，从国际上看，发达国家的市场开放程度普遍较高，套用国家安全审查的案例在外资准入总案例中占比很低。我们应准确把握开放与国家安全的关系，理性使用国家安全审查机制。对于可能威胁我国金融安全的特殊情形，应提出充分理由并详细论证，以免被外方认为我国以国家安全为名行保护主义之实而遭受诟病。

中国金融业开放取得的进展

近年来，我国金融业开放取得了较大进展，金融机构和金融市场开放程度有所提升，金融机构“走出去”步伐加快，人民币国际化取得显著成效，参与全球经济金融治理取得积极成果。

一、金融机构和金融市场

金融机构对外开放水平有所提升。加入 WTO 以来，我国金融服务业开放不断向纵深发展，在银行、证券和保险等行业推出了一系列对外开放的政策措施，按照渐进式开放原则，逐渐放宽外资金融机构设立形式限制、地域限制和业务范围限制。截至 2016 年年底，在华外资法人银行（含财务公司）共 39 家，外国银行分行 121 家，外资银行资产合计占全国银行类机构总资产的 1.3%。截至 2017 年 3 月，在华合资证券公司 13 家，占证券公司总数的 10%，占总资产比重为 4.5%。截至 2016 年年底，外资财产保险公司（含独资和合资）和合资人身保险公司共 56 家，占全国财产和人身保险公司总数的 30.4%（见图 3-2）。

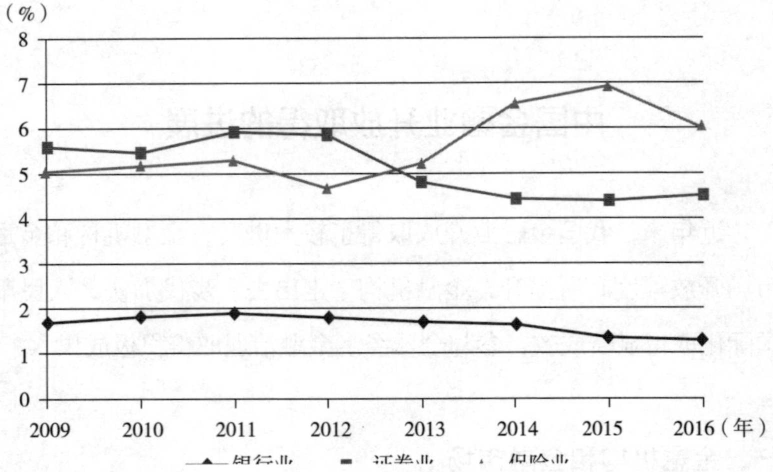

图 3-2　近年来银行、证券、保险行业外资金融机构资产占比变化

数据来源：银监会、证监会、保监会。

金融市场对外开放方面，债券市场、银行间债券投资境外主体不断扩大，截至 2017 年 2 月，共有包括境外央行或货币当局、主权财富基金、国际金融组织、人民币境外清算行和参加行、境外保险机构、QFII（合格境外机构投资者）、RQFII（人民币合格境外机构投资者）等在内的 432 家境外投资者进入银行间债券市场投资，总投资余额近 8000 亿元人民币（中国人民银行，2017）。银行间债券投资品种不断丰富，债券市场发展水平和专业化程度明显提升。银行间债券市场熊猫债的发行主体范围不断扩大，已包括境外非金融企业、境外商业银行、国际开发机构及外国政府等，截至 2016 年年底累计发行 631 亿元熊猫债（中国人民银行，2017）。此外，内地与香港债券市场实现了互联互通

（“债券通”）。股票市场，先后建立了沪港、深港股票市场交易互联互通机制，大幅提高了资本项目双向开放程度；A 股被纳入 MSCI（明晟指数）指数，国际化程度进一步提升。

二、人民币国际化

近年来，人民币国际化进展显著。为满足对外开放过程中边境地区逐渐产生的人民币结算需求，1992 年年初我国批准黑河等 13 个边境开放城市开展小额边境贸易活动。2002 年以后，越南等我国周边国家陆续允许其本币和人民币（或只是人民币）用于边境贸易结算，在推动人民币跨境使用上做了有益的尝试。2004 年港澳地区开办了跨境人民币业务，业务量增长迅猛但规模不大。2008 年国际金融危机爆发后，美元等主要国际结算货币大幅波动，境内外企业使用人民币进行跨境贸易结算的需求迅速上升。在此背景下，中国人民银行于 2009 年牵头开展了跨境贸易人民币结算试点有关工作。近年来，双边本币互换、货币直接交易、RQFII、人民币清算行、CIPS（人民币跨境支付系统）等制度安排有效降低了汇率风险，促进了贸易和投资便利化。

2015 年适逢 IMF 五年一次的 SDR（特别提款权）审查。中国人民银行会同相关部门在开放债券市场和外汇市场、提高数据透明度、加强政策沟通等方面推出了多项重要改革和开放举措，最终使人民币逐步达到 SDR 篮子货币的标准。2015 年 11 月 30 日，IMF 执董会做出人民币纳入 SDR 货币篮子的正式决定，认定人民币为可自由使用货币；2016 年 10 月 1 日，人民币正式加入 SDR。人民币在国际上的吸引力大幅上升，仅 2016 年 9 月和 10 月，通过中国人民银行代理配置的人民币资产规模就已超过百亿美元。许多国际金融组织和多边开发机构配置的人民币资产和各国外汇储备中的人民币资产也在增长。2017 年 3 月 31 日，IMF 首次对外发布单独列示人民币的官方外汇储备币种构成调查（COFER）统计数据。数据显示，截至 2016 年年底，COFER 报送国持有人民币储备规模为 845.1 亿美元（约合 5822 亿元人民币），占 COFER 报送国外汇储备总量的 1.1%，人民币储备货币地位获得进一步确认（见图 3-3）。

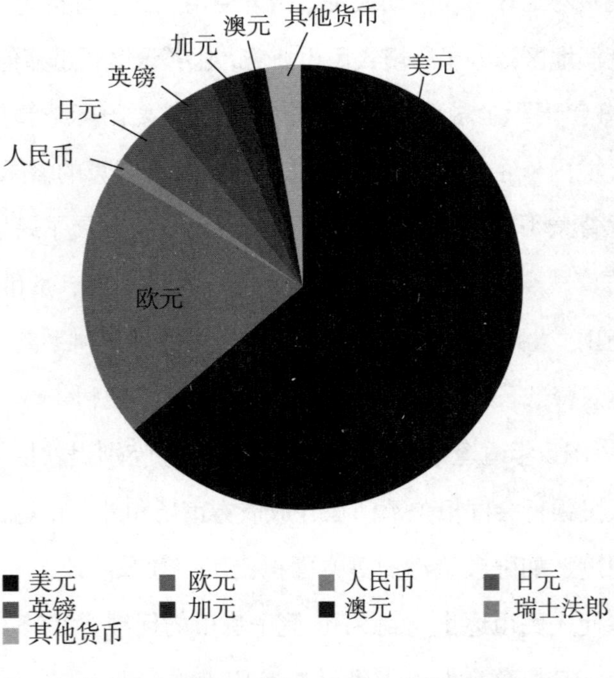

图 3-3　COFER 报送国外汇储备资产各币种占比情况

数据来源：IMF。

上述改革措施共同促进了资本项目可兑换程度实现较大提升。根据 IMF《汇兑安排与汇兑限制年报》对资本项目交易的分类标准（共 7 大类 40 项），目前我国已实现可兑换、基本可兑换、部分可兑换的项目共计 37 项，占全部交易项目的 92.5%。

具体而言，直接投资实现了完全可兑换，投资便利化程度不断提高。在 ODI（对外直接投资）方面，取消了境外直接投资外汇资金来源审查和资金汇出核准，实行登记管理，并将针对银行境外直接投资的大多数管理措施调整为事后备案。在 FDI（外商直接投资）方面，多次大幅简化流程，改为以事中和事后管理为主。同时，跨境融资可兑换程度提高，大部分项目达到基本可兑换；对外债权各项均实现基本可兑换；金融机构提供对外金融信贷在汇兑环节一直没有限制；居民与非居民之间提供商业信贷保留比例限制，取消事前管制；对外债务领域除保留个别必要环节的真实性审核外，其他有关账户、汇兑等环节的行政许可全部取消。此外，证券投资可兑换程度稳步提高，二级市场跨境证券交易的汇兑管理不断放宽。

中国金融业开放进程中仍存在问题

中国金融业开放在取得一定成绩的同时，也存在较多问题，开放程度仍滞后于国际水平，难以很好地满足实体经济发展、“一带一路”建设、人民币国际化和国际金融中心建设等需要。

一、金融机构和金融市场

加入 WTO 以来，我国外资金融机构资产占比持续偏低，近年来甚至不升反降。在华外资银行资产占比一直在 2% 左右徘徊，2016 年已降至 1.29%。而 OECD 国家的平均水平虽然在本轮金融危机后有所下降，但仍高于 10%；其他金砖国家的平均水平在 2009 年已达 15.5%，也大幅高于我国。保险业外资占比自 2005 年达到峰值（8.9%）后逐步降至 2016 年的 5.6%，远低于 OECD 国家 20%~30% 的外资占比。许多合资证券公司股权也出现更迭。

外资金融机构占比下降有一些客观原因。一些跨国金融机构在 2008 年金融危机中受冲击较大，盈利能力下降，便将经营重点集中于本土，纷纷从新兴市场经济体收缩业务。同时，危机后金融监管环境趋严，金融机构的跨境经营成本上升，也使得一些发达经济体的金融机构从新兴市场经济体大量撤资。而我国始于 2005 年的国有银行改革吸引很多外资加入，不少外资银行成为战略投资者。随着中资银行公开上市，资产规模不断发展壮大，一些外资银行为实现财务回报，选择高位抛售中资银行股，套现退出。

与此同时，外资撤资也在很大程度上反映出我国国内经营环境欠佳。尽管我国很多领域貌似开放，但外资金融机构在华发展实际上面临较多政策壁垒，如持股比例限制和业务限制。

在持股比例方面，我国是国际上为数不多的在银行、证券、保险各行业对外资均存在持股比例限制的国家。从对 24 个主要经济体（包括我国在内的 19 个二十国集团成员，以及瑞士、比利时、卢森堡、新加坡、智利）的国际比较看（见表 3-2、表 3-3、表 3-4），大多数国家[①]在银行、证券、保险领域已经取消了对内资和外资的持股比例限制，部分国家（美国、加拿大、澳大利亚、墨西哥、意大利、韩国、新加坡）即使有持股比例要求，也对内外资一视同仁，不会单独对外资持股比例加以限制；个别国家（俄罗斯）对单个外资持股无限制，仅要求外资合计持股不超过一定比例；仅印度和我国在银行、证券、保险领域均对外资有不同于内资的持股比例要求，且我国的标准更严。

① 大多数国家指英国、德国、法国、瑞士、比利时、卢森堡、日本、巴西、南非、智利、阿根廷、沙特阿拉伯、土耳其。

表 3-2　主要经济体对外资在银行业持股比例的有关规定

国别	持股比例	具体规定
英国、法国、德国、瑞士、比利时、卢森堡、日本、巴西、阿根廷、智利、南非、沙特阿拉伯	对内、外资持股比例均无限制	
加拿大	对持股比例有限制，但内外资同等适用	根据加拿大宽泛持股权要求，对资本金超过120亿加元的加国内银行，任何人或共同行动人持有的有表决权的股份不得超过20%，持有无表决权的股份不超过30%。对资本金在20~120亿加元的加国国内银行，公众持有的有表决权的股份需达到35%。但对资本金低于20亿加元的国内银行，无持股比例限制
意大利		本国或外资金融机构持有银行业金融机构股份不能超过15%
澳大利亚	内、外资持股超过一定比例，需通过特定的监管程序（如监管部门审批）	金融机构单一股东（无论内资还是外资）持股比例超过15%需经澳大利亚国库部批准；投资金额在10亿澳元以内的，由国库部授权澳大利亚审慎监管局审批
美国		任何公司（包括外资银行）收购银行或银行控股公司25%以上有投票权的股份需经美联储批准。如果外资银行在美已有分行 / 代理行、商业贷款公司或子行，则收购美国银行或银行控股公司超过5%的股份就需要得到美联储的批准

续表

<table>
<tr><th>国别</th><th>持股比例</th><th>具体规定</th></tr>
<tr><td>韩国</td><td rowspan="3">内、外资持股超过一定比例，需通过特定的监管程序（如监管部门审批）</td><td>单个个人或商业实体不能拥有或控制一家全国性商业银行超过 10%（地区性银行，超过 15%）的具有投票权的股份。特殊情况下，经金融委员会批准，国内个人或商业实体可以持有 100% 的股份；依据另一国法律设立的金融机构，在其为“国际认可的金融机构”① 时，持有依韩国法律设立的商业银行或银行控股公司股份可超过 10%，但需满足金融委员会的额外审批要求</td></tr>
<tr><td>新加坡</td><td>商业银行：单一或多个股权持有者在一家本地银行的持股比例达到 5%，必须得到新加坡金融管理局的许可；金融公司：单一或多个股权持有者购买一家金融公司的股份比例达到或超过 5%、12% 和 20%，必须得到新加坡金融管理局的许可</td></tr>
<tr><td>印度尼西亚</td><td>单一本国或外资金融机构持有银行业金融机构股份不能超过 40%，单一本国或外资非金融机构持有银行业金融机构股份不能超过 30%，本国或外国个人投资者持有银行业金融机构股份不能超过 20%，如果超过上述比例需由印尼央行批准</td></tr>
<tr><td>墨西哥</td><td>对特定银行进行限制</td><td>开发类银行机构（Development banking institution）限制外资进入</td></tr>
</table>

① 根据韩国与美国签署的《自由贸易协定附件三》中的解释，“国际认可的金融机构”指从一家国际评级机构获得一个可以被韩国监管机构接受的评级的任何金融机构，或通过其他方式向韩国监管当局展示其具有类似资质的金融机构。

续表

国别	持股比例	具体规定
俄罗斯	对单家银行外资持股比例不限制，对银行体系外资占比限制	单家银行外资额度不限制，但实行整个银行体系外资额度限制，所有外资在俄罗斯银行体系中的占比不能超过50%（2007年以前进入俄罗斯银行系统的外资以及在俄罗斯“入世”后进入俄银行私有化的外资不计入比例内）
土耳其	限制设立形式	外资在土耳其新设银行必须以合资公司或分行的形式设立，由土耳其银行监理署批准
印度	仅对外资有持股比例限制	前5年境外机构持股比例不得超过50%，之后不得超过74%
中国		单个境外机构持股比例不得超过20%，外资累计持股比例不得超过25%

资料来源：根据各主要国家监管机构资料收集。

表3–3　主要经济体对外资在保险业持股比例的有关规定

国别	持股比例	具体规定
美国、英国、法国、德国、意大利、瑞士、比利时、卢森堡、日本、韩国、沙特阿拉伯、巴西、阿根廷、智利、南非、澳大利亚、土耳其	对内、外资持股比例均无限制	

续表

<table>
<tr><th>国别</th><th>持股比例</th><th>具体规定</th></tr>
<tr><td>新加坡</td><td rowspan="2">对持股比例有限制，但对内外资同等适用</td><td>49%（指对人寿险和非人寿保险的股权比例上限为49%，且任何一个外国投资方都不能是最大的股权持有者）</td></tr>
<tr><td>加拿大</td><td>根据加拿大宽泛持股权要求，对资本金超过20亿加元的保险机构，公众持有的有表决权的股份需达到35%。但对资本金低于20亿加元的保险机构，无持股比例限制</td></tr>
<tr><td>墨西哥</td><td>外资持股超过一定比例需通过特定的监管程序，如监管部门审批</td><td>外资持股比例一般不超过49%，若超过49%，必须获得其外国投资委员会批准</td></tr>
<tr><td>俄罗斯</td><td>对单家保险公司外资持股比例不限制，对保险体系外资占比进行限制</td><td>所有外资在俄罗斯保险体系中的占比不能超过50%（2007年以前进入俄罗斯保险系统的外资以及在俄罗斯“入世”后进入俄保险公司私有化的外资不计入比例内）</td></tr>
<tr><td>印度尼西亚</td><td rowspan="3">仅对外资持股比例有限制</td><td>80%</td></tr>
<tr><td>印度</td><td>49%</td></tr>
<tr><td>中国</td><td>外国保险公司与中国公司、企业合资在中国境内设立经营人身保险业务的合资保险公司中，外资持股比例不得超过公司总股本的50%</td></tr>
</table>

资料来源：根据各主要国家监管机构资料收集。

表 3-4 主要经济体对外资在证券业持股比例的有关规定

国别	持股比例	具体规定
美国、英国、法国、德国、意大利、瑞士、比利时、卢森堡、日本、韩国、新加坡、南非、巴西、阿根廷、智利、印度、沙特阿拉伯、土耳其、澳大利亚、加拿大[①]	对内、外资持股比例均无限制	
墨西哥	外资持股超过一定比例需通过特定的监管程序（如监管部门审批）	外资持股经纪公司和债券机构（Bonding Institutions）比例一般不超过 49%；若持股符合股票和类似条件的机构（Institutions that qualify stock and similar）超过 49%，必须获得其外国投资委员会的批准
印度尼西亚		49%
俄罗斯	仅对外资有持股比例限制	外资只能以俄罗斯法人的身份才能进入证券市场。同时，证券市场的几种参与者（证券登记公司、通过贸易商实现交易记账的专门存款公司）外资占比不超过注册资本的 25%
中国		上市证券公司外资持股比例合计不超过 25%。 非上市证券公司外资持股比例合计不超过 49%

资料来源：根据各主要国家监管机构资料收集。

① 加拿大联邦对外资证券公司持股比例无统一限制，各省可根据需要对辖区内外资证券公司制定相应监管准则。

03

进一步扩大中国金融业对外开放

我国对外资金融机构的持股比例限制有一定的历史原因。改革开放初期，为吸引外资，一些经济特区和地方政府纷纷给予外资金融机构和中外合资机构“超国民待遇”，突出表现为税收优惠政策。比如，对于经济特区内的外资金融机构和中外合资金融机构，只要满足投入资本或营运资金超过 1000 万美元、经营期在 10 年以上等条件，就可以享受 15% 的企业所得税率，而中资金融机构的企业所得税率则高达 33%。同时，外资金融机构在税基、流转税等方面也享受较多优惠。在此背景下，一些中资金融机构也希望通过引入外资，“变身”为中外合资机构。而根据《中外合资经营企业法》，被认定为“中外合资机构”的条件之一是外国投资者注资比例不低于 25%。换言之，外资注资比例必须达到 25%，才有资格享受中外合资机构的税收优惠。

我国加入 WTO 以来，招商引资政策朝着更加规范化、法制化的方向发展，外资金融机构和中外合资机构的“超国民待遇”逐渐取消，但“25%”这一银行属性的临界点却一直被保留下来。根据 2003 年《中资商业银行行政许可事项实施办法》，对于多个境外金融机构对非上市中资金融机构投资入股比例合计达到或超过 25% 的，对该非上市金融机构按照外资金融机构实施管理。而在 2015 年，我国监管当局对《中资商业银行行政许可事项实施办法》进行修订，对外资持股比例提出更加严格的要求，明确规定多个境外金融机构入股比例合计不得超过 25%。目前，这一规定已构成对外资金融机构入股中资机构的实质性限制，影响了外资金融机构在治理、战略、财务等方面优势的发挥。

业务范围和牌照发放的限制也制约了外资金融机构的发展。

第一，证券业方面：外资证券机构进入我国只能通过合资证券公司的形式，且只能从事承销、外资股的经纪以及债券经纪业务等一小部分业务[①]。根据合资模式，中方控股股东必须是证券公司，由于子公司不能和母公司有同业竞争，合资证券公司业务牌照单一，业务受到严重制约，外资最擅长的先进产品和定价技术完全无法引入，限制了外资证券公司在华发展的积极性。

第二，银行业方面：（1）外资银行分行经营人民币业务需在华开业一年以上，而对国内银行则无这一要求。开展人民币业务的年限要求造成一些外资银行在华业务发展迟缓。以硅谷银行为例，2011 年，硅谷银行获准在中国成立中外合资银行——浦发硅谷银行，但由于监管限制，硅谷银行只能从事外汇业务，直到 2015 年才获准从事人民币业务。但由于浦发硅谷银行的主要客户是科技创新型中小企业，这些企业对外汇资金的需求很少，导致硅谷银行在中国的发展“水土不服”。而同在 2011 年，硅谷银行获准进入英国，在批准当天就开始从事英镑业务，为很多英国中小企业，特别是科技型中小企业提供了专业金融服务。尽管目前外资银行开展人民币业务的经营年限已从 3 年缩短至 1 年，但这一限制对于外资银行在境内的起步阶段而言仍构成较大障碍。

（2）对外国银行在华设立营业性机构的总资产规模要求过高：

---

① 证券公司主要有七项业务，包括证券经纪，证券投资咨询，与证券交易，证券投资活动有关的财务顾问，证券承销与保荐，证券自营，证券资产管理，其他证券业务。

拟设外商独资银行和合资银行的申请人提出申请前 1 年末总资产不少于 100 亿美元，拟设外国银行分行的申请人提出申请前 1 年末总资产不少于 200 亿美元。这使得我周边国家、“一带一路”沿线国家的部分银行很难满足总资产要求。从国际经验看，大多数国家对申请设立子行或分行的外国银行并未提出量化的总资产规模要求，而是更加注重监管与合规因素。

（3）牌照数量方面，据外资银行反映，实践中即使是大的外资银行一年也只能最多获得两家机构牌照，而且一般不会落户在同一个地区。这种做法虽然已逐渐取消，但外资的积极性已不复存在，吸引外资在华设立机构的黄金期已然错失。

第三，保险业方面，监管机构对外资保险公司在华设立分支机构的营业执照审批速度过慢，对合资寿险公司每年发放不到 2 个新执照。严格的执照审批和数量控制扭曲了外资在中国的地域经营计划，制约了其服务中国市场的能力。

从横向国际比较来看，我国金融业开放水平依然偏低。根据 OECD 最新公布的服务贸易限制指数 STRI 指数[①]，截至 2016 年，从外资准入限制、竞争限制、监管透明度等方面来看，我国银行业 STRI 指数为 0.41（开放度最高的拉脱维亚为 0.12），在 44 个国家（包括所有 OECD 国家和 9 个新兴经济体[②]）中排在第 41 位，仅好于巴西、印度、印度尼西亚（见图 3-4）。从外资准入限制、

① STRI 指数代表对外开放程度，STRI 指数越大，对外开放程度越低。
② 9 个新兴经济体分别为巴西、中国、哥伦比亚、哥斯达黎加、印度、印度尼西亚、立陶宛、俄罗斯、南非。

竞争限制等方面来看，我国保险业 STRI 指数为 0.46（开放度最高的韩国为 0.11），在 44 个国家中排在第 42 位，仅好于印度和印尼（见图 3-5）。

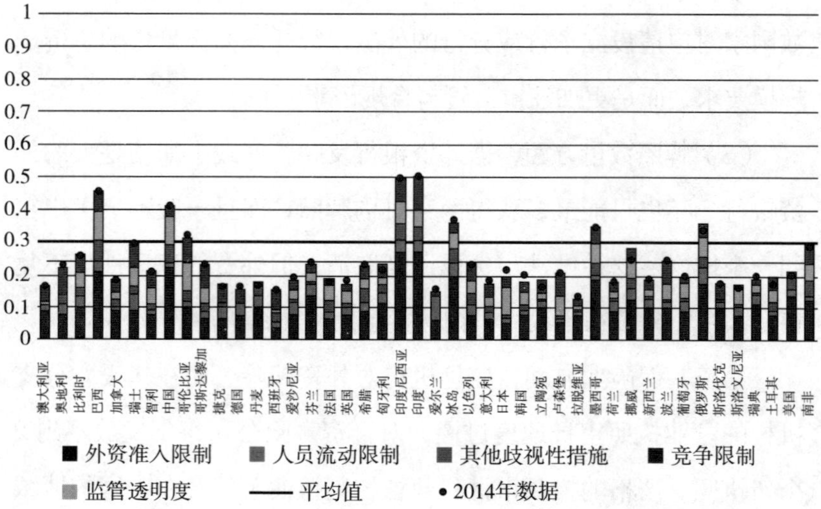

图 3-4　2016 年各国银行业对外开放程度（数值越大，开放度越低）

数据来源：OECD。

与此同时，我国金融市场开放深度不足。股票市场的开放仍以“管道式”开放为主，并未形成系统性的开放。“管道式开放”是指境外机构投资者投资国内市场需要通过 QFII 和 RQFII 的渠道，境内机构投资者投资境外市场通过 QDII 和 RQDII 的渠道，个人投资者投资境外市场通过沪港通和深港通的渠道，但在这些渠道之外，境内外股票市场仍是不连通的。这种“管道式”开放仍属起步阶段的开放模式，行政审批色彩较浓，开放程度较低。

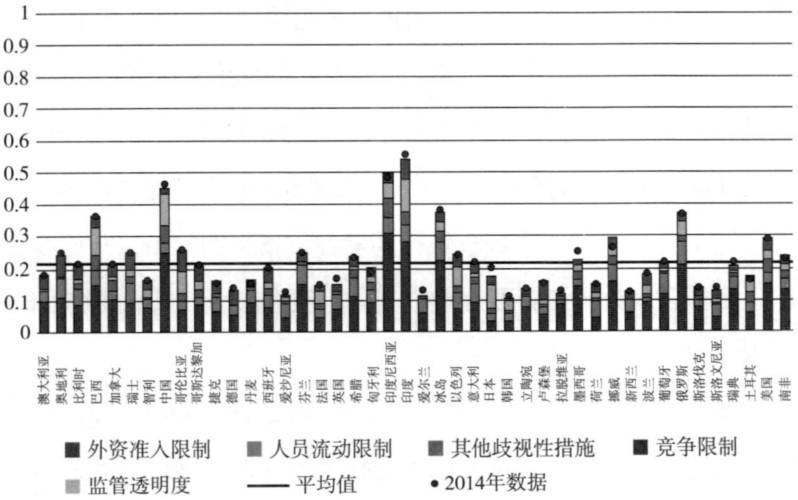

图 3-5　2016 年各国保险业对外开放程度（数值越大，开放度越低）

数据来源：OECD。

债券市场的便利性还有待提高，存在部分程序和规定繁琐、不透明，对市场参与者不友好等问题。

（1）境外投资者在不同账户（如 QFII 账户、QFDII 账户、银行间债券市场投资账户）之间的头寸无法进行转换，影响了资金使用效率。

（2）目前我国银行间债券市场采用扁平化的一级托管架构，投资者均需在中央托管机构办理开户。而国际上往往采用多级托管架构，效率更高，客户交易成本更低，交易方式更加市场化，结算方式简捷高效，市场运行机制的灵活性也更高。

（3）在银行间债券市场承销方面，目前外资机构可以参与承销，但无法开展主承销业务，导致外资机构业务不断收缩，离相关资质要求的差距越来越大，更加难以与国内金融机构竞争。

（4）目前非央行类境外机构投资者只能签署 NAFMII（中国银行间市场交易商协会）衍生品主协议，但 NAFMII 主协议和 ISDA 协议在法律条文上仍存差异，增加了境外机构投资者的法律成本。

（5）交易所债券市场较银行间债券市场更加封闭，开放度更低。目前，境外投资者要想投资交易所债券市场，只能通过 QFII 和 RQFII 这两种渠道。

此外，我国会计、审计、税收等金融基础设施尚未与国际接轨。本书会有专门章节对此部分内容进行更为详细的阐述，此处不再重复。

二、资本项目可兑换

尽管近年来资本账户开放取得了显著进展，但与发达经济体和很多新兴市场经济体相比，开放程度仍然相对较低。从国际比较看，我国资本项目可兑换程度在 G20（二十国集团）成员中偏低。按照 IMF 基于资本管制规定建立的资本项目可兑换程度衡量指标，G20 成员中，我国资本项目可兑换程度排名倒数第 2，仅高于印度①。Chinn-Ito 指数和 Quinn 指数等衡量资本项目可兑

① 基于资本管制规定建立的资本项目可兑换程度衡量指标，主要依据是 IMF 的《汇兑安排与汇兑限制年报》（AREAER）。AREAER 由各国当局填写，对各国资本项目下 7 大项 40 小项的管制情况有详细描述。根据 AREAER，可计算各国实际可兑换的项目数，或加权得出综合性的指数，如 Chinn-Ito 指数和 Quinn 指数。Chinn-Ito 指数重点关注是否存在多重汇率、经常项目是否管制、资本项目是否管制、是否限制资金汇回等方面。Quinn 指数的特点在于其不仅衡量是否存在管制，还对管制的不同程度进行打分。

换的综合性指数表明（见图 3-6），我国资本项目可兑换程度不仅远低于主要发达经济体，也低于新兴市场经济体的平均水平。尽管有些指标侧重评估法律规定，可能一定程度上低估了事实上的可兑换程度，但总体显示我国在提高资本项目可兑换程度方面还有很大的空间。

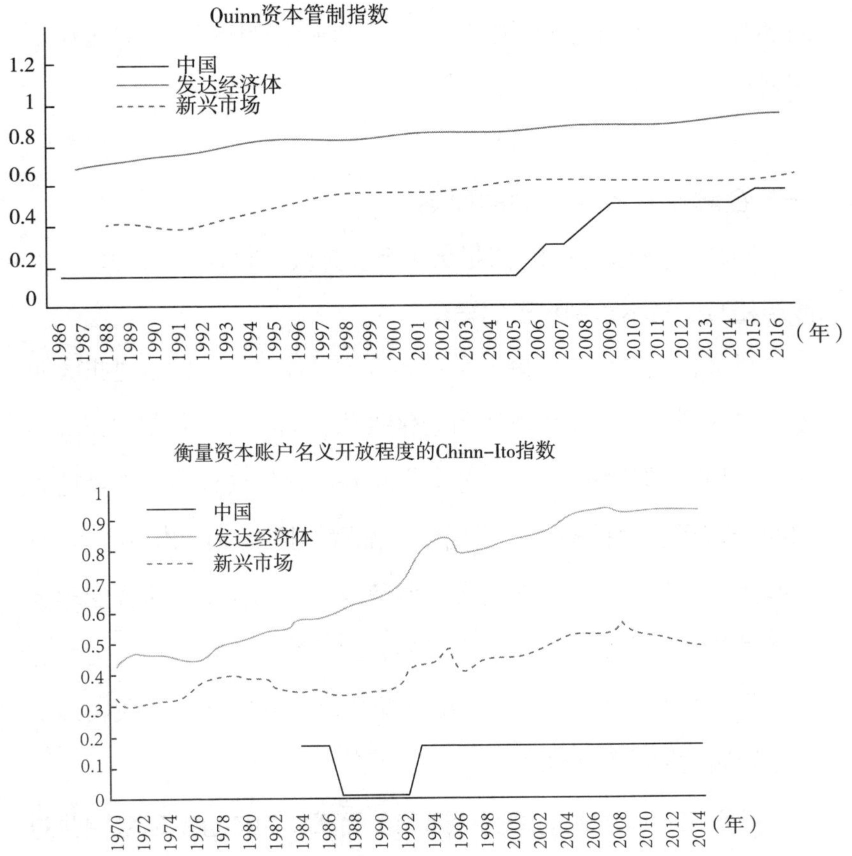

图 3-6　资本项目可兑换程度的国际比较

数据来源：IMF。

关于扩大金融业开放的下一步建议

结合我国国情并参考国际最佳实践经验，我国宜主动作为，进一步扩大金融业对外开放，以更透明、更符合国际惯例的方式，同等对待内外资金融机构，同时加快完善监管标准、会计准则等制度和安排。

一、金融业开放应遵循的原则

原则一：继续协同推进扩大金融业开放，完善汇率形成机制，改革和减少资本管制“三驾马车”。

目前，我国已深度融入全球经济金融体系。协同推进扩大金融业对外开放、人民币汇率市场化改革、减少资本管制“三驾马车”，是我们继续前进的方向。扩大金融业开放有助于更好地利用两个市场、两种资源，优化资源配置，提高金融体系竞争力；完善人民币汇率形成机制有助于调节跨境资本流动，增强宏观经济弹性和回旋余地；减少资本管制有助于稳定市场预期，为引进外资提供便利。“三驾马车”相互配合，共同发展，是我国经济持续健康发展的长久动力。

原则二：以准入前国民待遇和负面清单为核心实现金融业对外开放。

金融业作为竞争性行业，其参与主体是金融机构，应以市场化运作为原则，由金融机构自主决策，自主创新。在市场准入方面，竞争性行业往往实施负面清单制度，允许各类市场主体依法平等进入清单之外的领域，从而更好地确立企业的投资主体地位。在负面清单制度下，清单内实现透明依法，清单外实现公平开放，有助于各类市场主体形成明确预期，确保不同身份的金融机构在同一起跑线上公平竞争。

对外资市场准入实行准入前国民待遇和负面清单管理模式已是国际贸易和投资规则的发展趋势，也是我国已经明确的方向。目前，全球已有超过 100 个国家实行准入前国民待遇和负面清单管理模式，其中不乏发展中国家和新兴市场经济体，而在金砖国家中，只有中国尚未实行这一模式，在 G20 中也只有中国和沙特阿拉伯尚未实行这一模式。探索对外商投资实行准入前国民待遇和负面清单管理模式是中央十八届三中全会做出的重要部署。我国正在按负面清单模式开展中美 BIT（双边投资协定）、中欧 BIT 等谈判。上海、广东、天津、福建自贸区也正按照可复制、可推广的负面清单模式管理。未来，负面清单管理模式将在全国范围内适用。负面清单管理模式与我国金融改革开放方向基本一致，有利于我国更好地参与全球经济金融治理。

目前，自贸区金融业负面清单仍然较长，当前的主要任务是逐步缩短金融业负面清单，用审慎监管代替准入限制。根据国务院 2017 年 6 月发布的最新版《自由贸易试验区外商投资准入特别管理措施（负面清单）》，负面清单仍包括对外资金融机构的持股比例限制、股东资质要求、业务范围限制等较多条款。负面清单内予以保留的条款构成对外资金融机构的歧视性限制。过长的负面清单限制了外资进入的积极性，使得外资金融机构在治理结构、信贷管理、风险定价等方面的优势难以充分发挥。下一步，应逐步缩短负面清单，用审慎要求替代对外资金融机构不合理的准入和资质限制，激发外资金融机构参与我国金融市场的积极性，提升我国金融机构的国际竞争力。

原则三：有序推进金融业开放，在扩大开放的同时做好风险防范。

过去 40 年，我国金融业开放程度总体较低。其中一个原因是，我国“入世”谈判时，亚洲金融危机余波未平，国内对金融危机爆发与外资金融机构准入的关系仍有不同认识。因此，在其他行业大幅提高开放程度的同时，金融业开放尺度掌握较严。在开放程度低的时期，做好风险防控相对容易，但现在形势已经发生变化，要在扩大开放的过程中防范风险。这要求我们进一步加强金融监管，借鉴国际上成熟的金融监管做法，补齐制度短板，完善资本监管、行为监管、功能监管，确保监管能力和对外开放水平相适应。

总体来看，短期内，可按照内外资同等对待的原则，尽快放宽对外资机构在持股比例、设立形式和业务范围等方面的限制；在托管模式、承销资格等方面，重新审视和调整对境外投资者不友好的标准和要求；在会计和审计要求上，应尽可能与国际接轨，为境外投资者提供便利。中长期，应注重市场培育和产品创新，打造开放、包容、与国际接轨的金融市场，营造公平、透明、可预期的营商环境和法制环境。同时进一步推动人民币国际化，有序实现资本项目可兑换。

二、短期内，解绑政策约束，释放金融机构和金融市场活力

金融机构方面，按照内外资同等对待的原则，放宽对外资金融机构在持股比例、设立形式、股东资质、业务范围、牌照数量等方面的限制，为外资进入中国市场提供公平、公正的环境。

（1）按照内外资同等对待的原则，放宽银行业、证券业和保险业的外资持股比例限制，允许设立外商独资证券公司和独资寿险公司。

（2）取消对外资银行股东总资产的要求，取消对外资银行开办人民币业务的最低开业年限要求，取消对合资证券公司中方股东必须有一家是证券公司的限制。

（3）不再通过牌照数量限制合资寿险公司发展，考虑给予独资寿险公司新的区域经营牌照，同时加快牌照发放的节奏，便利外资机构开展业务。

债券市场方面：

（1）尽快解决境外投资者在不同账户之间的头寸转换问题，提升资金使用效率。

（2）引入境外机构分层托管，逐步与国际托管结算的主流做法接轨，建立多级托管模式和名义持有人账户。

（3）统筹考虑外资银行的整体实力和规模，包括全球网络、在特定产品和业务领域的专长等，在给予某些业务资格和发放某

些业务牌照时，适当考虑给予外资银行一定的差异化对待。

（4）与国际接轨，允许境外投资机构自主选择签署 NAFMII 或者 ISDA 衍生品主协议。

金融基础设施和制度建设方面，详见本书章节 06。

三、中期，着力完善金融制度环境，促进境内外资本市场深度融合

股票市场方面，完善“沪港通”“深港通”，研究通过“沪伦通”“沪新通”等方式联通境内外资本市场，最终实现股票市场全面开放。这将有助于动员全球资本市场资金服务于我国经济，扩大股市投资者基础，通过吸引更多经验更丰富、更专业、更注重长期投资的机构投资者来华投资，减少散户数量众多对资本市场产生的扰动，减少投机行为。

税收方面，尽快明确对境外机构投资银行间债券市场的税收政策细则，可考虑在一定时期内实施税收优惠政策，优惠程度尽可能向国际上较低的税率靠拢，以吸引更多的境外机构投资我国金融市场。

四、中长期，进一步推动人民币国际化，有序实现资本项目可兑换

人民币加入 SDR 为我国带来诸多现实益处。我国应抓住人民币加入 SDR 的有利机遇，巩固和加强人民币的国际储备货币地位，继续推动人民币国际化。

（1）巩固人民币支付和计价货币地位，支持人民币的国际储备功能。可考虑推动大宗商品交易用人民币计价结算，支持跨境电子商务人民币计价结算，全面放开个人经常项目跨境人民币结算业务。

（2）推动人民币对其他货币直接交易市场发展，更好地为跨境人民币结算业务发展服务。继续开展与其他国家货币当局的货币合作，支持境外央行将人民币纳入储备。

（3）支持离岸人民币市场健康发展，拓宽离岸市场人民币回流渠道，建立在岸市场、离岸市场的良性循环。

有序实现资本项目可兑换。目前，我国距离基本实现资本项目可兑换并不遥远，以下三项改革措施至为关键（周小川，2015）。一是放宽境内个人对外投资的过度管制，推出合格境内个人投资者（QDII2）制度；二是参照“负面清单 + 国民待遇”方式，加快《外汇管理条例》修订工作；三是结合股票发行注册制改革，在与现有政策和国内股票市场发展衔接基础上，允许少量符合条件的优质外国公司在境内发行股票。关于这三项改革已经进行了大量前期准备工作，相关方案也进行了仔细论证和细化，我国应顺应人民币加入 SDR 后的新形势，进一步转变理念和思维方式，择机推出上述改革措施。

采取综合措施，提高应对资本流动波动的能力。国际货币基金组织发布的《资本流动——机构观点经验回顾》报告指出，各国应主要依靠宏观经济政策应对跨境资本流动冲击，包括增加汇率灵活性，抑制外汇市场过度波动，调整货币和财政政策，建立更具包容性的金融体系，发展具有深度且受到良好监管的金融市场等，尽量避免使用资本管制措施。因此，应加快国内改革步伐，进一步完善宏观政策框架，提高经济金融体系应对资本流动的弹性；同时加快国企改革，降低由预算软约束造成的价格信号扭曲，提升资源配置效率，增强金融体系的稳健性。

04

走向浮动的人民币汇率形成机制

04

走向浮动的人民币汇率形成机制

20世纪80年代以来,人民币汇率形成机制进行了频繁调整。从双轨汇率到单一汇率并轨，在危机期间采取事实上的钉住美元汇率机制，在正常时期探索更多反映市场供求变化的汇率形成机制。

当前的人民币汇率形成机制仍处于探索期，面临的主要问题是汇率调整不能充分反映市场供求变化。当国内外经济基本面变化与汇率调整脱节的时候，会引发单方向的汇率变化预期和单方向的大规模资本流动，货币当局将被迫干预外汇市场，货币政策操作陷入被动，国内宏观经济稳定面临巨大压力。此外，长期持续干预外汇市场对优化国内经济结构、推进人民币国际化和对外投资也都带来了不利的影响。

外汇市场供求自2017年年初以来更加平衡，汇率形成机制改革面临较好的时机。从国际经验来看，给定中国的经济基本面，放松外汇市场干预不会导致人民币大幅贬值，即便大幅贬值对实体经济也是利大于弊。引入浮动汇率有两种策略，一种是自由浮动汇率，另一种是人民币对篮子货币的宽幅区间波动。后一种方案不失为走向自由浮动汇率的过渡方案。

人民币汇率形成机制改革历程与现状

改革开放以来，人民币汇率形成机制经历了较为频繁的调整。20 世纪 80 年代初到 90 年代中期经历了从汇率双轨制到单一汇率制；20 世纪 90 年代中期以后在有管理的浮动汇率机制和事实上的钉住美元机制之间反复尝试，在有管理的浮动汇率机制内部也做出了多种改革尝试。当前，货币当局通过人民币汇率中间价引导、日波幅限制、外汇市场干预和资本管制等措施保持对人民币汇率变化的主导权，其中的中间价形成机制综合考虑了外汇市场供求、篮子汇率稳定和逆周期调节因子多重因素。从形态上看，人民币对美元汇率变化是叠加了斜率项（来自市场供求和逆周期调节因子）和随机波动项（来自篮子汇率）的钉住美元汇率制度。这一章节，我们简要回顾 20 世纪 80 年代以来人民币汇率形成机制变化的历程，重点介绍当前的人民币汇率形成机制特点。

一、人民币汇率形成机制改革历程

第一阶段：1981—1984 年，官方汇率和贸易内部结算汇率并存的双重汇率制度。

目标：促进出口，增加外汇收入。

措施：根据 1979 年国务院颁发的《关于大力发展对外贸易增加外汇收入若干问题的规定》，自 1981 年 1 月 1 日起，政府在官方汇率之外同时对人民币实行贸易内部结算汇率。其一，出口贸易采用贸易内部结算价。按照1978年的测算，1美元的出口平均换汇成本为2.56元人民币，再加上10%的外贸经营利润，决定内部结算价为1美元兑换2.8元人民币；其二，进口贸易采取官方汇价，沿用旧有的一篮子货币加权平均的计算方法，1980年7月为1美元兑换1.5元人民币。

第二阶段：1985—1993年，官方汇价和外汇调剂市场汇价并存的双重汇率制度。

目标：通过市场机制确立更加合理的汇率水平，提高外汇使用效率，弥补外贸企业亏损。

措施：其一，1988年3月起，各地普遍设立了外汇调剂中心，放开外汇调剂市场汇率，通过外汇调剂来沟通外汇的供给与需求，同时也以此弥补外贸企业的亏损；同年9月，上海率先创立了外汇调剂公开市场，外汇调剂首次引入公开竞价机制，允许外汇调剂价格在一定限价内按公开市场的供求浮动。其二，官方汇率经历了数次大幅度的贬值调整，逐渐向调剂市场汇率靠拢。由于外汇调剂市场的汇率被逐渐放开，官方汇率覆盖的外汇交易份额逐渐减少。

第三阶段：1994—1996年，汇率并轨和有管理的浮动汇率制度。

目标：减少汇率双轨制当中的一系列弊端，进一步通过市场机制确立更加合理的汇率水平。

措施：1993年12月29日，中国人民银行公布了《关于进一步改革外汇管理体制的公告》，宣布从1994年1月1日起，对我国外汇体制进行重大改革。其主要措施包括：其一，人民币官方汇率与外汇调剂市场汇率并轨；其二，取消外汇留成制度，实行银行结售汇制度，允许人民币在经常项下的有条件可兑换；其三，取消强制性外汇计划，允许外汇使用者凭有效进口单据从指定银行购买外汇；其四，取消任何形式的境内外币计价结算，禁止境内外币流通和指定金融机构以外的外汇买卖，停止发行外汇券及其流通；其五，建立银行间外汇市场，形成全国统一的银行间外汇交易市场。

第四阶段：1997—2005年，人民币汇率采取事实上钉住美元的汇率制度。

目标：减少汇率波动风险，维护宏观经济稳定。

措施：在固定汇率水平上单一钉住美元。1997年亚洲发生金融危机，东亚各国纷纷将本国货币贬值，中国政府采取了稳定人民币汇率的政策。人民币对美元汇率稳定在1美元兑8.27元人民币附近，人民币汇率在事实上钉住美元，这种态势一直持续到2005年7月。

第五阶段：2005年中期至2008年中期，类似爬行钉住的有管理的浮动汇率形成机制。

目标：减少外部失衡和国际压力。

措施：2005年7月21日，中国人民银行发布了《关于完善人民币汇率形成机制改革的公告》，宣布中国开始实行以市场供求为基础、参考一篮子货币进行调节、有管理的浮动汇率制度。人民币汇率不再钉住单一美元。中国人民银行发布人民币汇率中间价引导市场参与者，并采取外汇市场干预措施保持人民币汇率市场价贴近人民币汇率中间价。货币当局保持对人民币汇率变化轨迹的控制权。从人民币汇率变化形态来看，人民币兑美元汇率波幅非常小且保持渐进升值趋势，在此期间的汇率形成机制也被视为人民币软钉住美元。

第六阶段：2008 年中期至 2010 年 6 月 19 日，人民币汇率再次采取事实上钉住美元的汇率制度。

目标：减少汇率波动风险，促进宏观经济稳定。

措施：2008 年美国次贷危机演化的国际金融危机在全球蔓延，对实体经济造成严重冲击，中国重新回归固定单一钉住美元的人民币汇率形成机制。

第七阶段：2010 年 6 月 19 日至今，形式多样的有管理的浮动汇率形成机制。

目标：探索更加市场化的汇率形成机制。

措施：采取了形式多样的有管理的浮动汇率形成机制。2010 年 6 月 19 日，中国人民银行新闻发言人表示，“进一步推进人民币汇率形成机制改革，增强人民币汇率弹性”。货币当局向市场发出重启人民币汇率改革的信号。2012 年 4 月，外汇市场人民币兑美元交易价日浮动幅度由 0.5% 扩大至 1%；2014 年 3 月，日浮动幅度由 1% 再度扩大至 2%。人民币汇率日波幅扩大之后，市场力量在人民币汇率形成中的作用逐步凸显。

2015 年 8 月 11 日，货币当局启动人民币汇率中间价形成机制改革，改革的核心内容是做市商参考上日银行间外汇市场收盘汇率，向中国外汇交易中心提供中间报价。这一调整使得人民币兑美元汇率中间价与上个交易日的收盘价保持连续，而不再是每个交易日由货币当局根据其管理目标提供新的中间价。货币当局放弃多年以来通过汇率中间价引导市场预期的做法，而让位于市场供求决定汇率。引入这项改革以后，市场供求因素对人民币汇率有了更大的决定权，人民币连续两天贬值到 2% 的日波幅临界值。

2015 年 8 月 13 日，货币当局表示 3% 的汇率波动已经让人民币贴近了合理均衡汇率水平，货币当局采取了以外汇市场干预为主的一系列措施稳定汇率，随后对汇率形成机制进行了一系列调整，包括重新引入中间价管理模式并采取了透明的中间价公式、引入逆周期调节因子等。

二、供求、篮子和逆周期因子

2017 年 5 月以来的人民币汇率形成机制有以下特点。

其一，货币当局主导人民币汇率价格。

货币当局依然通过人民币汇率中间价、日波幅限制和外汇市场干预三个关键措施主导人民币汇率价格变化。人民币汇率中间价的作用在于告诉市场货币当局希望汇率在什么位置，反映了货币当局的汇率变化意图并起着引导市场汇率变化预期的作用；日波幅限制则限制了每日人民币 / 美元的汇率波动幅度；外汇市场干预（主要是在市场上买卖外汇，以及其他影响外汇供求的措施）则吸收了给定人民币汇率中间价和波幅限制所对应的外汇市场超额供给或超额需求部分。举个例子，如果人民币/美元汇率中间价是6.5，加上2%的日波幅是6.5±0.13，如果市场供求出清对应的价格超出这个价格范围以外，则需要外汇市场干预买入/卖出超额部分。

其二，市场供求、篮子汇率和逆周期调节因子决定汇率走势。早在2005年7月21日的人民币汇率形成机制改革方案中就宣布了实行以市场供求为基础、参考一篮子货币进行调节、有管理的浮动汇率制度。2016年货币当局进一步明确了以市场供求为基础和参考一篮子货币对汇率中间价形成的具体作用。《2016年第一季度中国货币政策执行报告》对此有清晰的解释。

“假设上日人民币兑美元汇率中间价为6.5000元，收盘汇率为6.4950元，当日一篮子货币汇率变化指示人民币对美元双边汇率需升值100个基点，则做市商的中间价报价为6.4850元，较上日中间价升值150个基点，其中50个基点反映市场供求变化，100个基点反映一篮子货币汇率变化。这样，人民币兑美元汇率中间价变化就既反映了一篮子货币汇率变化，又反映了市场供求状况，以市场供求为基础、参考一篮子货币进行调节的特征更加清晰。”

2017年5月以来，货币当局在人民币对美元汇率中间价报价模型中引入“逆周期调节因子”。

新公式为：中间价变化 =（上个交易日收盘价 - 上个交易日中间价）+（保持人民币对篮子货币汇率稳定所需的汇率变化）+

（逆周期调节因子）。《2017年第二季度中国货币政策执行报告》对逆周期因子做出了如下说明。

"在计算逆周期因子时，可先从上一日收盘价较中间价的波幅中剔除篮子货币变动的影响，由此得到主要反映市场供求的汇率变化，再通过逆周期系数调整得到'逆周期因子'。逆周期系数由各报价行根据经济基本面变化、外汇市场顺周期程度等自行设定。"

其三，借助资本管制措施缓解外汇市场供求压力。

在难以通过汇率变化自发调节外汇市场供求的背景下，如果外汇市场供求压力大，维持人民币汇率在目标范围以内的外汇市场干预的压力也大。大规模的外汇市场干预，无论是买入还是卖出外汇，都会导致人民币基础货币投放的相应变化，给国内宏观经济稳定带来压力。货币当局面临着稳定汇率还是保持货币政策独立性的两难冲突，缓解这种冲突的关键手段是资本管制措施。

2014年中期以后，中国面临着持续的资本流出和人民币贬值压力，资本管制措施有所加强。加强资本管制的主要内容并非对资本流动增加新的限制措施，而更多是严格实施此前规定的资本管制措施，加强资本流动的真实性审核。在具体操作当中，有较多企业反映外汇的可获得性和便利程度较以前有所下降。

从形态上看，当前汇率形成机制下，人民币/美元汇率变化是带有斜率的人民币钉住美元加上由于篮子汇率变化引入的随机项。决定人民币对美元汇率走势的"上个交易日收盘价-上个交易日中间价”“保持人民币对篮子货币汇率稳定所需的汇率变化”“逆周期调节因子”三项内容当中,分别对应带有斜率的钉住、随机波动以及对钉住斜率的修正。

第一项是“上个交易日收盘价-上个交易日中间价”。

考虑到货币当局会买入或者卖出外汇，收盘价亦会受到外汇市场干预的影响，因此收盘价减去中间价只是部分反映了市场供求（见图4-1)。图4-1是2016年4月以来仅考虑（上个交易日收盘价-上个交易日中间价）带来的人民币汇率变化。仅考虑这项因素的人民币汇率呈现持续渐进贬值走势，每个交易日的贬值幅度接近。人民币对美元汇率从走势上看是带有斜率的钉住汇率。

维系相对稳定的人民币对美元汇率，需要不稳定的外汇市场干预，外汇市场干预压力时松时紧。在2017年以前两年多的时间里面，外汇市场干预压力较大，货币当局被迫大量使用外汇储备，中国外汇储备规模从2015年年初的3.81万亿美元下降到2016年年末的3.01万亿美元。进入2017年以后，外汇市场供不应求的压力得到缓解，维系渐进变化汇率所需的外汇市场干预大幅下降，外汇储备因估值效应甚至有小幅回升。

第二项是“保持人民币对篮子货币汇率稳定所需的汇率变化”。

举例而言，假设篮子货币共有美元、欧元、日元3种货币，3种货币的权重分别是0.5、0.3和0.2，BSK代表篮子汇率，有公式：

$$BSK=0.5\times usd/rmb + 0.3\times euro/rmb + 0.2\times yen/rmb$$
$$= usd/rmb\ (0.5 + 0.3\times euro/usd + 0.2\ yen/usd)$$

图 4–1 仅考虑（上个交易日收盘价–上个交易日中间价）的人民币 / 美元汇率变化

数据来源：Wind，作者计算。

“保持人民币对篮子货币汇率稳定所需的汇率变化”是指给定 euro/usd、yen/usd 的汇率变化，为了保持 BSK 不变，所需要的 usd/rmb 汇率变化。实际操作当中，篮子汇率涵盖的货币更多[①]，这里只是举例说明。从中可以看到，篮子汇率不变所需的汇率调整，取决于美元对篮子内部其他货币的汇率变化，与国内经济和外汇市场供求没有关系。

① 最新版篮子货币涵盖的币种及其权重参见专栏一。

|专栏一|
新版 CFETS 货币篮子和权重

CFETS 人民币汇率指数参考 CFETS 货币篮子，具体包括中国外汇交易中心挂牌的各人民币对外汇交易币种，样本货币权重采用考虑转口贸易因素的贸易权重法计算而得。指数基期是 2014 年 12 月 31 日，基期指数是 100 点。2017 年 1 月 1 日起，CFETS 货币篮子新增 11 种，2016 年挂牌人民币对外汇交易币种，CFETS 篮子货币数量由 13 种变为 24 种。

币 种	权 重
USD	0.2240
EUR	0.1634
JPY	0.1153
HKD	0.0428
GBP	0.0316
AUD	0.0440
NZD	0.0044
SGD	0.0321
CHF	0.0171
CAD	0.0215
MYR	0.0375
RUB	0.0263
THB	0.0291
ZAR	0.0178
KRW	0.1077

续表

币　种	权　重
AED	0.0187
SAR	0.0199
HUF	0.0031
PLN	0.0066
DKK	0.0040
SEK	0.0052
NOK	0.0027
TRY	0.0083
MXN	0.0169

图 4-2 是 2016 年 4 月以来仅考虑篮子汇率稳定带来的人民币对美元汇率变化。在此期间，随着美元对篮子其他货币先升值（2016 年 4 月到 12 月）后贬值（2017 年 1 月到 8 月），为保持篮子汇率不变，需要人民币对美元先贬值后升值。篮子货币当中的美元对其他主要货币欧元、日元、澳元、英镑等都是浮动汇率体制，美元对这些货币的汇率变化随机波动，这使得为保持篮子汇率不变，需要人民币对美元汇率的变化也是随机波动。引入篮子汇率因素实质上是引入了人民币对美元汇率变化的随机波动项。

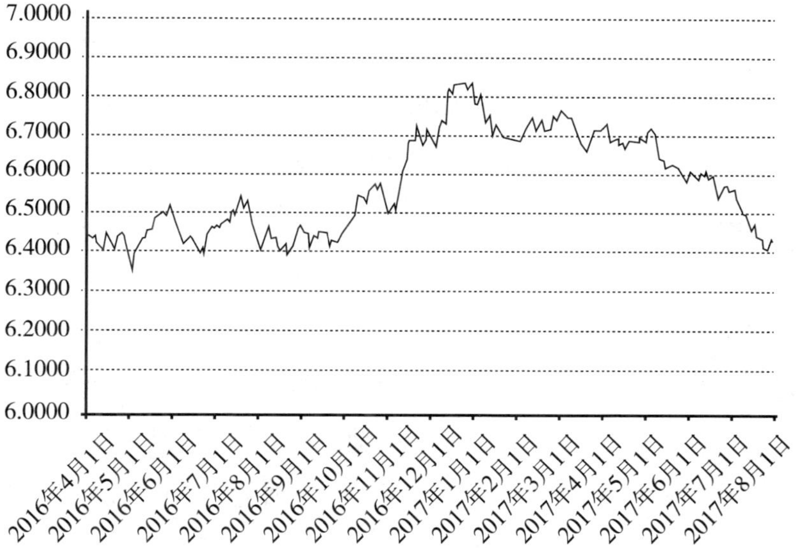

图 4–2　仅考虑篮子汇率稳定的人民币 / 美元汇率变化

数据来源：Wind，作者计算。

第三项是逆周期调节因子。

按照官方对逆周期因子的解释，引入逆周期因子是对市场供求（即“上个交易日收盘价 - 上个交易日中间价”）加上一个逆周期系数。这个系数决定了“上个交易日收盘价 - 上个交易日中间价”多大程度上会反映出当前交易日的中间价。

如果逆周期系数等于“–1”，则“上个交易日收盘价 - 上个交易日中间价”将被完全抵消，不影响下一个交易日的中间价，市场供求引发的人民币兑美元汇率变化斜率为零，人民币汇率形成机制从形态上看是固定钉住美元，再加上维持篮子汇率不变所需的人民币 / 美元汇率变化。

如果这个系数等于“0”，则“上个交易日收盘价-上个交易日中间价”和“保持人民币对篮子货币汇率稳定所需的汇率变化”共同决定下一个交易日的中间价，人民币汇率形成机制从形态上看是带有斜率地钉住美元，再加上维持篮子汇率不变所需的人民币/美元汇率变化。

如果这个系数介于“0”和“1”之间，则部分“上个交易日收盘价-上个交易日中间价”和“保持人民币对篮子货币汇率稳定所需的汇率变化”共同决定下一个交易日的中间价，人民币汇率形成机制从形态上看是带有斜率地钉住美元，这时人民币对美元汇率变化的斜率低于逆周期系数等于0时的斜率，再加上篮子汇率因素引起的人民币/美元汇率变化。

观察图4-3，“上个交易日收盘价-上个交易日中间价”对于人民币汇率的影响好像在减弱，这也可能是引入逆周期调节因子的缘故。

通过简单的回归，[①]可以检验各项因素对人民币汇率中间价影响的作用大小。将每日中间价变化（D（mid））作为被解释变量，“上个交易日收盘价-上个交易日中间价”和“维系篮子汇率不变所需的人民币/美元汇率调整”作为解释变量。样本期为2016年4月5日至2017年8月8日。整个回归中，“上个交易日收盘价-上个交易日中间价”和“维系篮子汇率不变所需的人民币/美元汇率调整”的系数分别为0.96和0.5，两者共同解释了72%的中间价变化。

① 回归方程参见专栏二。

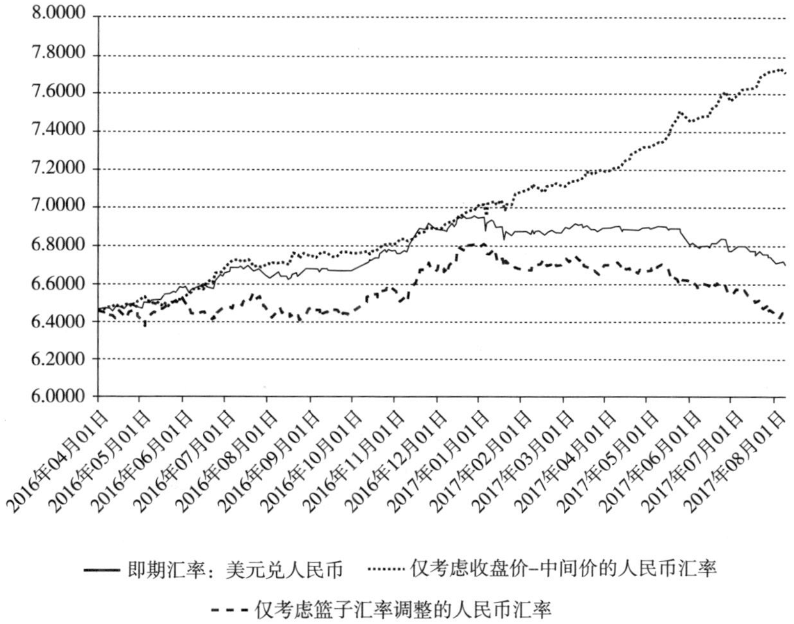

图 4-3　即期汇率和决定中间价汇率的组成部分

数据来源：Wind，作者计算。

上述回归的残差项自 2017 年以后系统性地向下偏离，不能被模型所解释的部分不再是上下随机分布，而更多的是人民币对美元的升值。这其中可能的原因是“上个交易日收盘价-上个交易日中间价”对中间价的影响系数发生了变化，即引入了逆周期调节因子。通过对模型展开断点检验，发现 2017 年 1 月 19 日是模型的断点。我们对断点前后的两个子样本（即 2016 年 4 月 5 日至 2017 年 1 月 19 日，2017 年 1 月 20 日至 2017 年 8 月 8 日）分别作同样的回归。结果发现，前一个样本中，“上个交易日收盘价－上个交易日中间价”和“维系篮子汇率不变所需的人民币/美元汇率调整”的系数分别为 1.13 和 0.46，后一个样本中二者的系数分别为 0.77 和 0.54。两个区间相比较，“上个交易日收盘价－上个交易日中间价”对人民币汇率中间价定价的影响显著下降。

| 专栏二 |
中间价及其解释变量

1. 全样本回归方程

被解释变量为中间价变化（D（MID）），解释变量为（上个交易日的收盘价减去上个交易日中间价，CLOSE（−1）− MID（−1））、（保持篮子汇率不变所需的人民币/美元汇率变化，D（BSK））。下同。

Dependent Variable: D（MID）

Sample : 4/05/2016 8/08/2017

Included observations: 330 after adjustments

Variable	Co efficient	Std. Error	t-Statistic	Prob.
CLOSE（−1）−MID（−1）	0.959534	0.043452	22.08242	0.0000
D（BSK）	0.498339	0.028272	17.62631	0.0000
C	−0.002882	0.000482	−5.978667	0.0000
R-squared	0.718572	Mean dependent var	0.000788	
Adjusted R-squared	0.716851	S.D. dependent var	0.015434	
S.E. of regression	0.008213	Akaike info criterion	−6.757225	
Sum squared resid	0.022056	Schwarz criterion	−6.722688	
Log likelihood	1117.942	Hannan-Quinn criter.	−6.743448	
F-statistic	417.4660	Durbin-Watson stat	2.102728	
Prob（F-statistic）	0.000000			

2. 全样本回归方程的残差项

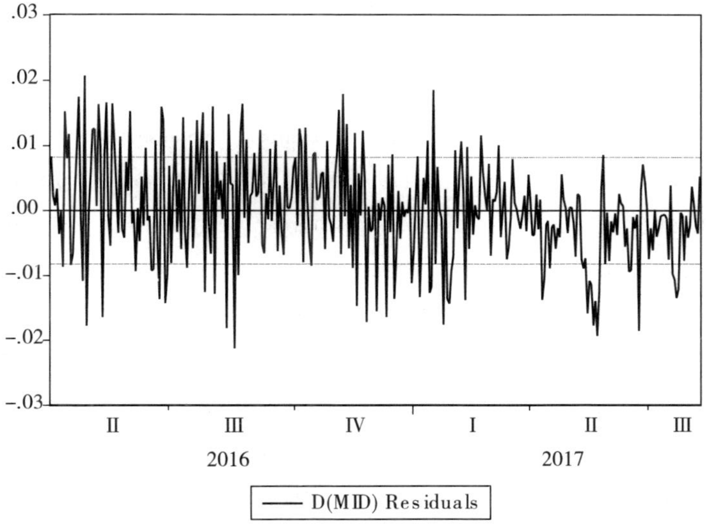

3. 断点之前的回归方程

Dependent Variable: D（MID）

Sample （adjusted）: 4/05/2016 1/19/2017

Included observations: 197 after adjustments

Variable	Coeffi cient	Std. Error	t-Statistic	Prob.
C	−0.001625	0.000638	−2.544542	0.0117
CLOSE（−1）−MID（−1）	1.127450	0.058927	19.13298	0.0000
D（BSK01）	0.455855	0.034447	13.23341	0.0000
R-squared	0.755179		Mean dependent var	0.002022
Adjusted R-squared	0.752655		S.D. dependent var	0.017435
S.E. of regression	0.008671		Akaike info criterion	−6.642570
Sum squared resid	0.014586		Schwarz criterion	−6.592572
Log likelihood	657.2931		Hannan-Quinn criter.	−6.622330
F-statistic	299.2072		Durbin-Watson stat	2.229122
Prob（F-statistic）	0.000000			

4. 断点之后的回归方程

Dependent Variable: D（MID）

Sample: 1/20/2017 8/08/2017

Included observations: 133

Variable	Coeffi cient	Std. Error	t-Statistic	Prob.
C	−0.004173	0.000614	−6.797155	0.0000
CLOSE（-1）-MID（-1）	0.766417	0.053334	14.37004	0.0000
D（BSK01）	0.543422	0.043856	12.39113	0.0000
R-squared	0.728125		Mean dependent var	−0.001041
Adjusted R-squared	0.723942		S.D. dependent var	0.011693
S.E. of regression	0.006144		Akaike info criterion	−7.324501
Sum squared resid	0.004907		Schwarz criterion	−7.259306
Log likelihood	490.0793		Hannan-Quinn criter.	−7.298008
F-statistic	174.0805		Durbin-Watson stat	2.058797
Prob（F-statistic）	0.000000			

人民币汇率形成机制面临的挑战

认清人民币汇率形成机制面临的主要挑战，首先需要确定评价人民币汇率形成机制的恰当框架。汇率是开放经济体系中最重要的价格之一，汇率变化牵动着经济的方方面面，从不同主体或角度对汇率形成机制的评价可能会大相径庭。关于汇率形成机制，有一句名言是“没有在何时何地都适合的汇率形成机制”①，这句话并非说选择什么样的汇率制度都可以，而是说要结合具体的国情和时机才能确定与之相匹配的合意汇率制度。

从宏观经济管理的角度来看，评价汇率制度是否合意应该立足于三个评价标准：其一，是否有利于宏观经济稳定；其二，是否有利于经济结构调整和经济可持续增长；此外，给定中国依然面临着资本项目开放、人民币国际化等中长期目标，还要考虑什么样的汇率制度与之相匹配。第一个标准是主流文献评价汇率制度的传统标准，后面两个标准则结合了中国特定的发展阶段和政策环境。

一、宏观经济稳定视角

长期以来，我国的货币政策独立性饱受汇率政策牵制。

① Frankel, J. A. “No single currency regime is right for all countries or at all times (No. w7338)”, *National Bureau of Economic Research*, 1999.

2003—2014年的多数时间里，为了维持汇率目标，货币当局持续大规模干预外汇市场并因此带来基础货币投放的大幅增加。由于外汇市场干预带来的基础货币增长远超出了维持物价稳定所需的基础货币增长，货币政策独立性受到严重威胁。货币当局不得不通过发行央票、提高商业银行准备金率等措施对冲外汇市场干预带来的过多基础货币投放。即便如此，货币当局面对规模巨大且变动不拘的外汇市场干预（被动基础货币投放）规模，很难做到完美的数量对冲。此外，持续干预外汇市场还带来了单边升值预期，对资产价格也带来了影响，这些冲击则难以通过数量措施有效对冲。服务于国内宏观经济稳定的利率政策调整在于汇率政策目标相冲突时也不得不做出权衡甚至是让步。

进入2014年中期以后，人民币单边升值预期转化为单边贬值预期，货币当局面临截然相反的压力，外汇市场干预从买入外汇转向卖出外汇，从被动增加基础货币转向被动减少基础货币。货币当局不得不尽快发掘新的货币投放渠道对冲，但同样难以做到完美对冲。利率政策调整亦不得不做出权衡甚至是让步（详细内容参见专栏三）。

| 专栏三 |
2014—2016年的资本大量外流和人民币贬值预期

这个专栏解释了2014年中后期到2016年末，人民币为何面临持续的贬值预期，资本外流为何大幅增加。从中可以看到汇率形成机制的缺陷。

1. 前定格局——外债大幅增加，货币错配风险

根据张斌等（2012）[1]、张明等（2012）[2]，开展进出口人民币贸易结算以及实施进一步的人民币国际化战略以来，利用当时的人民币单边升值预期和中美利差的套利活动大量增加，中国开始快速积累海外负债。黄毅等（2016）[3]结合Deallogic（迪罗基，全球信息技术服务公司）、BIS（国际清算银行）和中国人民银行多方发布的数据研究发现，中国企业在2012—2014年大举增持海外负债，套利利差与外债增长高度相关，举债企业集中在石油和天然气、房地产等部门。缪延亮等（2016）[4]也有类似的发现，他们认为是国内外利差变化，以及宏观当局对房地产、钢铁等产能过剩行业的信贷受限等因素激发企业转向海外借债。2014年下半年之前的1~2年的时间里中国企业大量增加外债，且这些企业当中的相当一部分并没有外汇收入与外债相匹配。外债积累的重要动机是获取利差和谋取人民币单边升值带来的收益。这为以后大规模的外债去杠杆埋下了伏笔。

2. 冲击——中美经济走势分化和货币条件分叉

对外汇市场形成冲击的国内外因素非常多。比较而言，市场关注度较高且相对重要的冲击因素是国内外货币和信贷政策变化。2014年下半年前后，国内外货币政策环境发生了显著变化。一方面是美联储加息的酝酿，另一方面是国内货币政策条件的相对放松。国内银行间市场利率自2013年末以来有趋势性下降，从2013年第四季度的4.78%下降到目前的2.49%，期间虽然经历了2015年第一季度的短暂反弹，但未改变

2013年第四季度以来的下降趋势。2013年第四季度以来的中美利差也大致由中国银行间市场利率变化所主导。利差变化的方向与资本流动方向符合预期。

中美利差与资本流动具有很高的相关性（见图4-4）。简单地看是利差驱动资本流动，更进一步看是中美经济基本面变化驱动资本流动，利差变化反映了经济基本面变化和政策应对的综合信息。2014年中期以后，中国周期性行业持续下行，同时还面临着结构转型调整带来的趋势性去产能压力，企业投资收益低，而与此同时货币当局为了维护经济增长而采取了宽松货币政策。国内企业总体上有较充裕的流动性和较低的资金成本，而苦于没有好的投资项目。与此形成对照的是同期的美国经济复苏情况不断好转，企业盈利改善，股票市场屡创新高。在这样经济基本面变化的鲜明对比下，资本流出亦属正常。

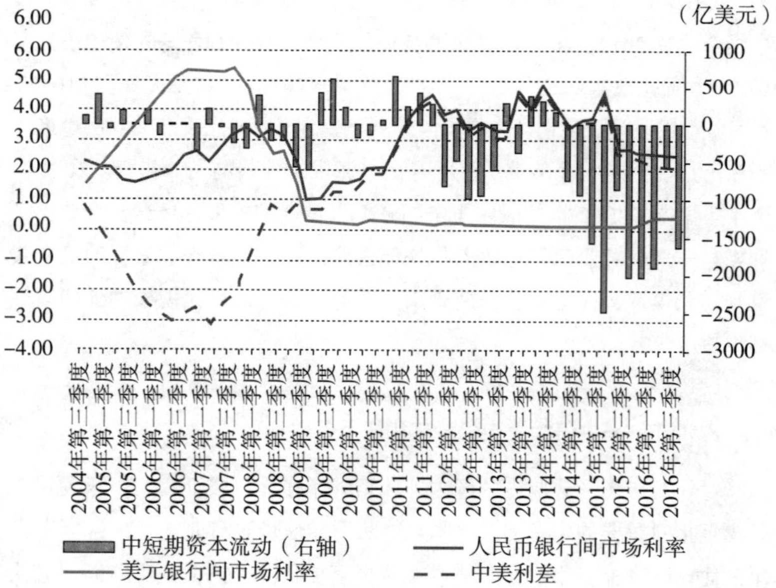

图4-4 中美息差与短期资本流动

3. 对应措施——供求、篮子与稳定三原则下的阶段性贬值

给定外部或者内部不可避免的冲击下，外汇市场进入供不应求局面。按照市场供求原则，人民币对美元贬值。按照篮子货币原则，人民币对美元汇率变化取决于美元对其他主要货币汇率的变化。以上两个原则合并在一起的结果是，美元强势的时候人民币对美元贬值，美元弱势的时候人民币对美元稳定，最终结果是人民币对美元阶段性贬值（见图 4-5）。2016 年 2～4 月，美元走弱，篮子汇率稳定原则下人民币应该对美元升值，外汇市场供求原则下人民币对美元贬值，两个原则合并在一起是人民币对美元相对稳定，这同时也兼顾了稳定原则。2016 年 10 月以后，美元走强，外汇市场供求原则下人民币贬值，美元走强也要求人民币贬值，两者共同作用导致的结果是人民币贬值，但是在稳定原则下不能贬值太多。

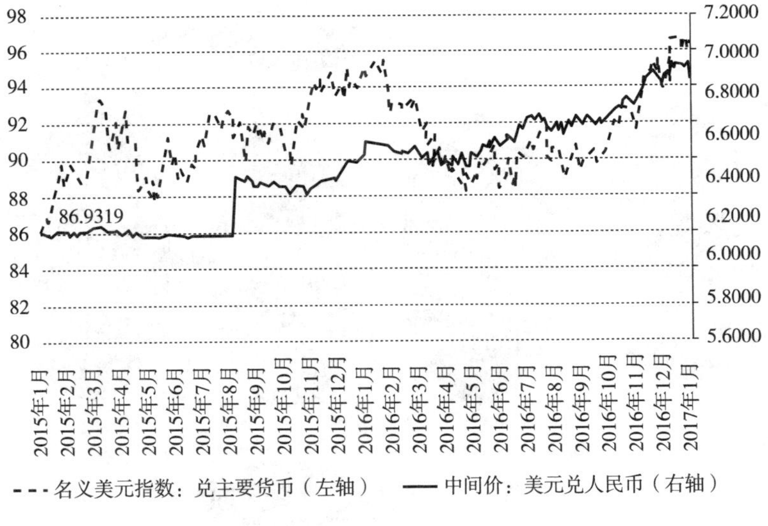

图 4-5　美元指数与人民币汇率

数据来源：国家外汇管理局、Wind 数据库。

4. 旋涡——汇率机制带来的贬值与资本流出恶性循环

不同的汇率形成机制下，冲击所带来的净短期资本流动变化大相径

庭。浮动汇率下，内部或外部冲击所引发的资本流动压力会导致汇率调整，也因此会改变国内外金融资产的相对价格，汇率价格浮动自发地平抑资本流入或者流出。固定汇率下，内部或者外部冲击所引发的资本流动对汇率形成压力，货币当局不得不调整利率，也因此改变国内外金融资产价格相对价格，平抑资本流动并维持固定汇率水平。

当时的人民币汇率形成机制下，汇率价格变化不能平抑短期资本流动，反而陷入放大资本流出与人民币贬值的循环（见图 4-6）。具体逻辑如下：给定的前定格局下，内部或者外部冲击导致了外汇市场供不应求的局面→按照当前的人民币汇率形成机制，人民币对美元汇率会呈现阶段性贬值→人民币的阶段性贬值强化了人民币贬值预期→人民币贬值预期催生新的资本流出→资本流出又会加剧外汇市场供不应求的局面→……

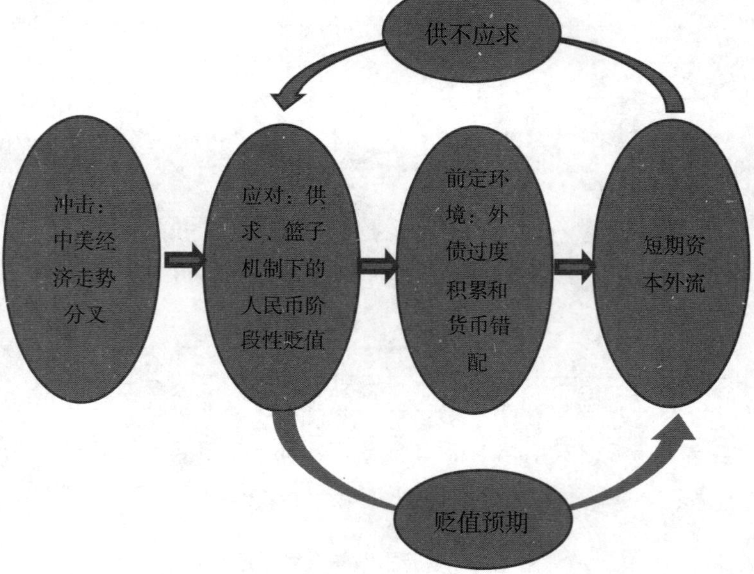

图 4-6　人民币阶段性贬值与短期资本流动的恶性循环

参考文献

[1] 张斌，徐奇渊．汇率与资本项目管制下的人民币国际化［J］．

国际经济评论，2012, 4: 007.

[2] 张明，何帆．人民币国际化进程中在岸离岸套利现象研究 [J]. 国际金融研究，2012, 10: 47–54.

[3] Yi Huang, Richard Ports. “Your Dollar, Our problem? Evidence From Dollar Bond Issuance by Chinese Non–financial Firms”. CEPR working paper 2017.

[4] 缪延亮，饶璨．中国企业外债知多少：一个更新．中国金融四十人论坛工作论文，2016.

货币当局认识到汇率形成机制中存在的问题，并采取了对中间价的修改措施。CFETS（中国外汇交易中心）自律机制秘书处在答记者问中表示，中国确实考虑在人民币对美元汇率中间价报价模型中引入“逆周期调节因子”，主要目的是适度对冲市场情绪的顺周期波动，缓解外汇市场可能存在的“羊群效应”。

加入逆周期调节因子以后，人民币对美元的单边贬值/升值预期弱化，资本流出/流入压力会间接性放缓，但从汇率形成机制上看，汇率仍不能反映市场供求/经济基本面变化，人民币仍难以摆脱单边升值或者贬值预期，货币当局独立性和宏观经济稳定仍面临挑战。加入逆周期调节因子以后，“上个交易日收盘价–上个交易日中间价”对人民币汇率中间价的影响下降。如果仅考虑这个因素而不考虑篮子汇率因素，人民币对美元双边汇率变化斜率将会非常低，甚至是持平（逆周期调节系数为 -1）。加上篮子汇率因素以后，也不过是对非常低斜率的人民币对美元汇率变化加上随机波动项。

与没有考虑逆周期调节因子的汇率形成机制相比，人民币单边贬值/升值的单边预期间歇性缓解，资本流动压力也因此得到间歇性缓解。但是这个机制本质上类似于固定汇率，人民币汇率变化对外汇市场供求基本面不能做出充分反应。一旦国内外经济基本面发生重要变化，所要求的汇率调整压力不能释放，汇率贬值/升值预期和资本流出/流入压力就会卷土重来，仍需要大量外汇市场干预才能维持目标汇率价格。

二、结构调整视角

对汇率形成机制的评价，主流文献是以宏观稳定视角为标准的，一般不涉及经济结构视角。但是在中国特定背景下，基于这个标准的讨论非常有必要。主流文献不从这个角度展开讨论，主要依据是无论采取什么样的汇率制度，货币当局都无法控制真实汇率。采取固定汇率体制，给定冲击下，名义汇率不变但是价格会变，真实汇率最终会充分调整；采取浮动汇率体制，给定冲击下，名义汇率调整带动真实汇率调整。然而在中国特定背景下，货币当局干预外汇市场导致过度的基础货币投放变化，同时还采取发行央票、提高准备金、资本管制以及信贷管制等众多政策工具对冲过度基础货币投放对价格水平的影响。这样一来，货币当局同时对名义汇率和物价保持了较强的影响力，真实汇率在这些措施干预下短期内难以充分调整。如果货币当局只是短期的干预并采取充分的冲销措施，短期的真实汇率扭曲会逐渐被纠正；但是如果货币当局实施长期、持续的干预并采取冲销措施，上一期的真实汇率扭曲尚未被纠正就迎来了新的真实汇率扭曲，真实汇率扭曲将会长期持续并导致资源配置扭曲。

茅锐和张斌在其尚未公开发表的《外汇市场干预、内部失衡与外部失衡》工作论文中，在跨期一般均衡模型中加入资本项目管制和外汇市场干预，回答了持续外汇市场如何影响资源配置的机制和结果。模型假定政府有一个稳定名义汇率的目标。如果外部需求更高，国内贸易品部门的技术进步更快，或者是名义汇率目标水平越低，需要稳定名义汇率的外汇市场干预规模就越大。同时模型还假定资本管制措施下的资本项目平衡，外汇市场干预规模等于经常项目余额。基于上述假定，模型主要发现如下。（1）大规模外汇市场干预行为所带来的经常项目顺差，减少了国内可用资本，致使实际利率提高，遏制了国内投资。（2）外汇市场干预政策具有刺激工业部门而抑制非工业部门的非对称性，因而工业部门相对非工业部门的规模上升，形成内部的经济结构失衡。（3）国内消费受到的抑制相对更大，致使私人部门储蓄率和总储蓄率均上升。上述是货币当局持续买入外汇对实体经济的影响，货币当局持续卖出外汇对实体经济的影响则相反。

上述模型主要目的是在于说明外汇市场干预确实存在影响实体经济资源配置的机制，造成一国经济的外部失衡和内部失衡。从数值模拟的结果来看，外汇市场干预对实体经济资源配置的影响显著。

三、金融开放视角

这也是主流文献不涉及，具有中国特色的评价视角。作为一个发展中大国，中国还面临着众多的改革和制度建设问题。这些改革和制度建设无法在同一时间推进，需要有合理的排序才能有序推进。汇率制度改革是改革排序中的重要内容之一。

当前汇率形成机制不利于推进人民币国际化进程。推进人民币国际化需要进一步的资本项目开放。在对外汇市场持续干预、人民币汇率不时面临持续单边升值或者贬值的背景下，放松资本流动管制会招致资本过度流入或者流出，严重威胁宏观经济稳定，最终不得不重新加强资本项目管制。2010—2013 年面临的问题是人民币单边升值预期，再加上人民币贸易结算政策开放，大量资金通过在岸市场和离岸市场之间的套利获利，海外人民币存款快速上升。这种套利活动加大了当时资本流入和货币当局对冲压力，威胁到宏观经济稳定。同样是因为持续的外汇市场干预和市场难以出清，2014—2016 年出现的问题是人民币面临单边贬值预期，海外人民币存款快速下降，资本从大幅流入转为大幅流出，威胁到宏观经济稳定。这个过程中，离岸人民币市场大起大落，货币当局不得不对离岸市场采取干预措施，采取更严厉的资本管制措施，这些举措放慢了离岸人民币市场发展和人民币国际化步伐。

当前汇率形成机制下对企业海外投资也带来拖累。由于未能在机制上摆脱人民币单边升值或者贬值预期，企业海外投资会受到拖累。其一，如果是面临持续的升值预期，企业海外投资将面临额外的汇率风险，企业会选择延后投资。其二，如果是面临持续的贬值预期，企业有强有力的海外投资动机，但是宏观当局会采取严厉的资本管制措施限制资本流出，企业还是不得不延后投资。

走向浮动汇率

通过浮动汇率化解资本流动压力是越来越多经济体的选择。浮动汇率体制是大多数发达经济体使用的汇率体制。中国以外的大型经济体都采取了浮动汇率体制。即便是对于新兴市场经济体而言，过去20年来采取浮动汇率体制的经济体占比越来越大。二元悖论提出者海伦·芮[①]认为，给定当前国际金融市场高度一体化的局面，即便采取浮动汇率，也未必能充分保障货币政策独立性。前任IMF首席经济学家奥伯斯费尔德[②]指出，浮动汇率虽然不足以完全化解资本流动对国内宏观经济的冲击，但是与不能浮动的汇率体制相比，浮动汇率对于平抑资本流动冲击发挥了重要作用，给国内货币政策也留下了更大空间。浮动汇率下，内部或外部冲击所引发的资本流动压力带来汇率调整，也因此改变国内外金融资产的相对价格，浮动的汇率价格自发地平抑资本流入或者流出。

国内官方的各种表态和众多学者都认同人民币汇率形成机制改革的方向是浮动汇率体制，但是普遍担心采取浮动汇率过程中会引起剧烈的汇率调整并伤害实体经济。这样的担心在从固定或

① Rey H. Dilemma not trilemma: the global financial cycle and monetary policy independence[R]. National Bureau of Economic Research, 2015.

② Obstfeld M. Trilemmas and trade-offs: living with financial globalization [J]. 2015.

者中间汇率体制向浮动汇率体制的转轨过程中很常见。很多新兴市场经济体都是在丧失外汇市场干预能力以后，被迫放弃管理汇率体制而转向浮动汇率体制。被迫放弃是局面已经难以收拾的背景下的被动选择。接下来的内容将会讨论中国能不能尽快主动地引入浮动汇率形成机制。

从中长期来看，引入浮动汇率体制有利于宏观经济稳定，有利于充分利用汇率价格杠杆优化资源配置格局，同时给人民币国际化和金融市场开放奠定更好的基础。暂将这些好处放在一边，本着底线思维的考虑，下文将讨论的重点是近期如果放开人民币会不会大幅贬值，贬值对经济的影响、浮动汇率的具体方式等。

一、资本流动的力量对比显著变化

尽管当前短期资本净流出规模较高，但是净流出的规模已经在不断收窄。以下几方面的力量正在改变资本流动的力量对比。

净外债变化导致的资本流动已经由负转正。2016 年中期以来，外债相关的资本流动由净流出转为净流入，可能来自以下原因：（1）给定相对于中国经济体量原本就不大的外债规模，企业过去两年已经去外债三千多亿美元，进一步去外债的压力下降。（2）地方政府融资平台和国企增加外债。（3）2016 年中期以来，国内银行间市场利率止住跌势并有轻微上升势头，监管当局对金融风险更加重视并导致国内融资条件收紧，企业增加外债的动力增强。（4）相对于中国经济体量而言，外债存量低，海外投资者对持有人民币资产的潜力很大，大规模去外债不应该是常态，外债增长才是常态。

增持海外净资产的力量同样在减弱。（1）很多从事国际贸易的企业为了规避人民币汇率贬值带来的风险，过去两年大举增持美元，考虑到人民币贬值预期弱化且持有美元成本较高，企业进一步增持美元的意愿下降。（2）国内利率上升和金融监管条件收紧，企业在资金相对紧张的环境下增持海外资产的意愿下降。家庭部门的理财产品收益率近期显著上升，家庭部门持有美元资产机会成本上升。（3）外汇使用管理措施加强，不合规的增持海外资产受到更严格的管制。

中国基础项目余额规模较大，中国金融资产收益率不低于美国。浮动汇率会带来汇率波动的双向预期。没有了人民币单边贬值预期，中国的金融资产收益率，至少是以国债利率为代表的安全资产收益率与美国国债收益率相比不处于劣势，资本流动不会增加海外净资产和减少海外净负债的一边倒局面。

即便如此，采取浮动汇率后人民币究竟会有多大程度的贬值仍难以准确判断。通过观察国际经验可以获得一些可供参考的证据。

二、放弃干预不会大幅贬值

将一年累计贬值超过 15% 定义为大贬值，我们统计了布雷顿森林体系解体以来 IMF 数据库中的大贬值案例。在历时接近 40 年的历史当中，27 个发达国家样本中累计发生大贬值 72 次，25

个非发达国家中累计发生大贬值 85 次。全部 52 个样本国家当中发生 157 次大贬值。

绝大部分的大贬值发生在通胀或者贸易赤字背景下。所有以上 157 次大贬值的案例当中，148 次大贬值背后都有较高的通货膨胀或者贸易赤字，或者二者兼具。只有 9 次大贬值发生在低通胀和贸易顺差的背景之下。表 4–1 列出了这 9 次低通胀和贸易顺差背景下的大贬值，及其大贬值的背景。这 9 次大贬值可以分为几类：①外向型经济体遭遇严重外部危机：韩国（2008–2009）、马耳他（1993）；②大幅放松货币条件，主动引导货币贬值：瑞典（2009）、日本（2013）；③货币体制变革：丹麦（2000）、瑞士（1997）；④前期币值高估：日本（1996）、荷兰（1997）；⑤过度信贷和过度外债：印度尼西亚（2001）。

表 4–1　大贬值案例

国家	年份	贬值幅度	大贬值背景
发达国家			
丹麦	2000	47.84	使用欧元
日本	1996	15.65	前期大幅升值（前两年升值 56.8%）
日本	2013	22.31	安倍经济学，货币大幅增发
马耳他	1993	19.87	欧洲经济危机
荷兰	1997	15.74	钉住马克，马克贬值带动荷兰盾贬值
瑞典	2009	16.12	货币当局降低利率引导贬值

续表

国家	年份	贬值幅度	大贬值背景
瑞士	1997	17.42	每一个瑞士法郎的黄金含金量由40%降低到25%
非发达国家			
印尼	2001	21.84	银行危机+外债危机
韩国	2008—2009	37.41	全球金融危机

数据来源：IMF。

以上国际经验说明，外汇市场并非很多人担心的那样无效。历史上发生的大贬值，绝大多数是在经济基本面出现严重问题、货币体制或者货币政策突变，或者严重外部危机的背景下才会发生。中国经济目前所处的背景是中速增长，低通胀，巨额贸易顺差，没有严重的外部经济危机，国内金融体系风险总体可控，外债已经下降到较低规模。从国际经验来看，这种背景下货币出现大贬值的概率非常低。

三、货币贬值对实体经济的影响利大于弊

理论上关于货币贬值、经济增速和物价关系的结论是贬值会提高总需求、提高经济增速并抬高物价水平。现实情况如何呢？大贬值案例中，有41次大贬值当年的经济增速高于贬值前一年，95次大贬值当年的经济增速小于贬值前一年。75次大贬值当年的通胀大于前一年，52次低于前一年。这个样本表面上看是贬值伴随大概率事件的经济增速下降和通胀抬升。但这不是因果

关系。大贬值本身是个结果，这个结果背后的推动因素往往是经济下行和通胀上行的力量。与其说贬值带来经济增速下降和通胀上升，不如说共同的负面因素带来了货币贬值、经济增速下降和通胀上升。

货币贬值与经济增速、通胀之间的关系更有说服力的证据是控制了共同其他因素的影响之后，检验贬值本身与经济增速和通胀的关系。贬值前没有严重通胀和贸易赤字的经济体预示着这些经济体之前没有严重的负面因素冲击，发生了大贬值之后的经济增速和通胀变化可能更多反映了贬值的影响。在 9 个低通胀和贸易顺差的大贬值样本中，6 个样本的贬值当年经济增速高于前一年增速，3 个样本低于前一年增速。这 3 个样本分别是马耳他（1993）、瑞典（2009）和韩国（2008—2009）。这三个大贬值样本也很难将经济增速下降归咎于贬值，因为它们贬值当年都遭遇了严重的外部经济危机，外部危机可能是贬值和经济增速下降的共同驱动因素。9 个大贬值样本中多数国家在大贬值时出现了通胀抬升，但是抬升幅度很有限，只有印度尼西亚（2001）的通胀抬升幅度很大。印度尼西亚在大贬值背景下通胀压力较大的原因是需求面猛烈上升后，相对单一和落后的经济结构使其供给弹性较低，带来了较大的价格上升压力。

余永定等（2016）[①] 基于国际经验考虑了大幅贬值可能带来的

① 余永定，张斌，张明．尽快引入人民币兑篮子汇率宽幅区间波动 [J]. 国际经济评论，2016（1）：9-19.

负面后果，除了通胀压力，还包括外债过多以及严重货币错配风险背景下大幅贬值带来的债务危机，甚至是银行业危机和主权债务危机。结合中国对外负债总体规模、行业分布格局以及最新进展的讨论以后，货币贬值通过外债渠道带来的风险在非常有限的范围。一方面，中国短期外债规模有限且经历了前期大幅去外债的过程；另一方面，借外债较多的房地产、钢铁、煤炭等周期性行业在 2016 年以来的盈利状况大幅好转，对抗风险的能力增强。

四、两种备选的浮动汇率策略

方案一是采取类似美国、欧元区或者其他众多发达国家那样的自由浮动的汇率形成机制。采取浮动汇率体制，并不意味着货币当局完全放弃外汇市场干预，货币当局可以在极端情况下采取措施干预，但干预不应成为常态。

尽管自由浮动具有种种优点，考虑到国人对自由浮动汇率体制缺少信心，总是担心过渡期会出现意想不到的问题，当局还可以考虑采用类似于浮动汇率体制的人民币汇率宽幅波动制度。

方案二是人民币宽幅区间浮动的汇率形成机制。宽幅波动方案的主要内容是钉住一篮子货币，同时设定宽幅年度汇率波动区间。例如，以今天的人民币篮子汇率水平为 100，未来 1 年内汇率在 100±7.5 以内波动时由市场自己定，触及上下限自动转化为钉住篮子货币。中心汇率调整不应过于频繁，可以考虑在半年或一年中维持不变。

人民币对篮子汇率每年上下 7.5% 的年度波幅的选择有一定

的任意性。选择7.5%的波幅主要是基于以下两方面的考虑：一是如果波幅太小，给市场留下的空间太小，不能真正发挥市场供求的作用、会消耗过多的外汇储备。二是如果波幅太大，可能带来国人难以接受的汇率波幅。参照欧洲汇率机制的经验，也可以考虑将汇率浮动区间再扩大1倍到15%。波幅越大，越接近浮动汇率，在未来保卫下限的干预中，央行的弹药就越充足。

这个方案中没有日中间价和日波幅，人民币对美元的汇率变动取决于所选择的汇率波幅，以及美元对货币篮子中的其他货币的汇率变动，人民币对美元可能升值也可能贬值。克鲁格曼（1991）的汇率目标区研究发现[①]，如果货币当局具有足够的市场公信力，且汇率水平没有严重大幅偏离基本面水平，那么市场汇率会在波幅区间内波动。即便是面临较大的贬值或升值压力，由于有着货币当局的公信力保障——而这种公信力的保障是有充足的外汇储备，汇率将在贴近上下限附近小幅波动。

与当前汇率形成机制的做法相比其优点是：其一，市场供求力量得到较充分的释放，投机人民币贬值的风险增加；其二，外汇储备的消耗得到最大限度地降低；其三，相对稳定的篮子汇率有利于稳定对外贸易；其四，随时会因为市场环境变化自发转为双向浮动的人民币汇率形成机制。

相对于完全自由浮动汇率体制，人民币篮子汇率宽幅波动是

① Krugman P. R. “Target Zones and Exchange Rate Dynamics ”. *Quarterly Journal of Economics*, *1991*, 106（3）:669-682.

个折中方案。在这个汇率制度下，特别是在波动幅度不够宽的情况下，货币政策的独立性依然会受到一定限制，外汇储备可能还会被动用。但这个方案避免了汇率贬值幅度过大对经济的冲击，兼顾了短期宏观经济稳定和浮动汇率的好处。随着波动幅度的放宽，这个方案与自由浮动方案的区别将归于消失。

从钉住到浮动的汇率体制转轨过程中，还有一些细节措施很重要。其一，货币当局必须对引入浮动汇率以后的外汇市场异常波动有容忍度，不轻易再度干预外汇市场，这关系到货币当局信誉和市场预期。其二，提高外汇相关数据的透明度并加强分析，用事实和逻辑打消各种恐慌性言论。其三，确保金融机构充裕的外汇流动性，做好国际协调和沟通。人民币贬值对一些小规模贸易伙伴的冲击甚至要远大于对中国的冲击，中国可以利用各种多边和双边协议降低汇率体制转轨对国际市场的冲击。其四，保持适当的资本管制措施，这在汇率形成机制改革过渡期内尤其重要。

05

中国的跨境资本流动管理

进入21世纪，特别是2008年国际金融危机以来，我国资本账户开放和人民币国际化进程开始提速，金融开放程度明显提升，但近两年来面对资本集中流出的压力，政策上是汇率政策对市场干预和资本流动管理组合使用。跨境资本流动的开放和管理是紧密联系、相互统一的。基于我国跨境资本流动管理的趋势，未来应有意识地区分宏观管理和微观监管职能，构建双支柱的跨境资本流动管理框架。另外，跨境资本流动管理尤其是资本管制应该是临时性的措施，合理利用可以为其他改革和调整争取时间。

中国跨境资本流动的影响逐渐加大

一、国际收支正从“双顺差”转为“一顺一逆”的新格局

1994年汇率并轨改革以来，直到2013年之前，除1998和2012年个别年份外，中国经常项目和资本项目连年为正，国际收支持续“双顺差”（见图5-1）。自2014年第二季度起，国际收支转为经常项目顺差、资本项目逆差（见图5-2）。

从理论上讲，一国合理的国际收支结构应该是经常项目与资本项目形成镜像关系，即经常项目顺差则资本项目逆差（如日本、德国），经常项目逆差则资本项目顺差（如美国、英国），国际收支总体平衡。中国国际收支持续“双顺差”，其实是一种顺差形

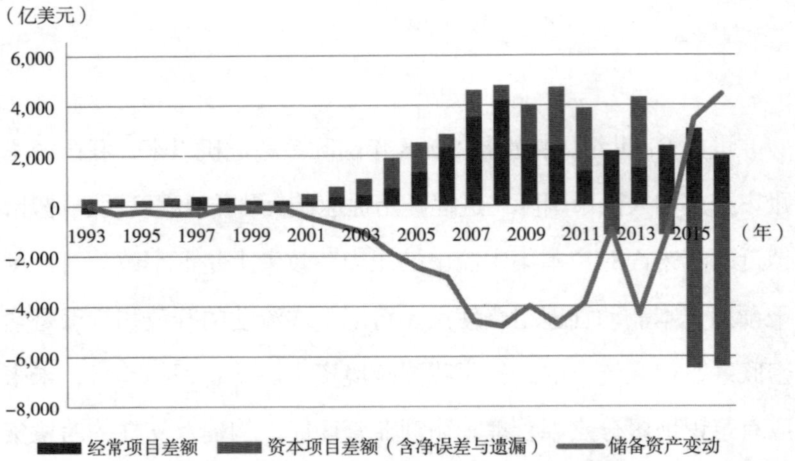

图 5-1　中国国际收支长期“双顺差”

数据来源：国家外汇管理局，中国金融四十人论坛。

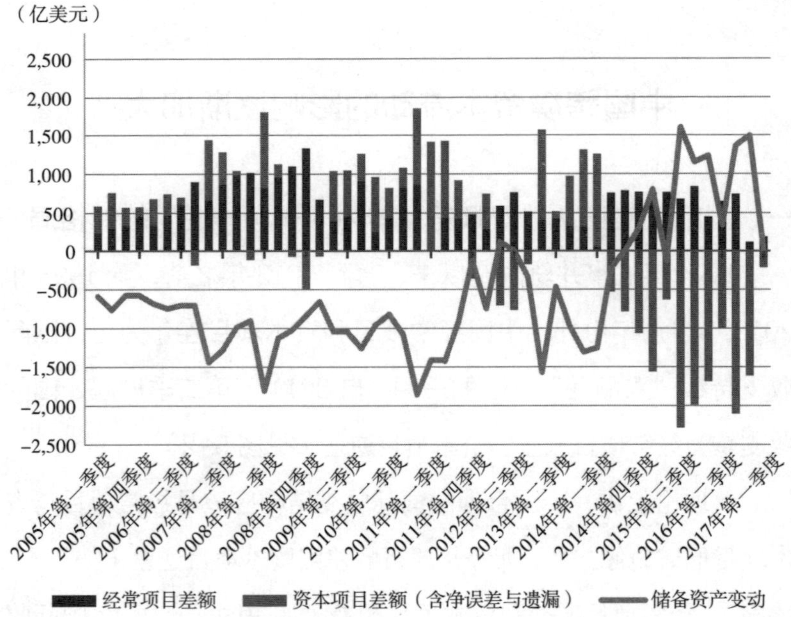

图 5-2　中国正从资本大量流入逐渐演变成资本集中流出

数据来源：国家外汇管理局，中国金融四十人论坛。

式的对外经济失衡，理想状态反而应该是贸易顺差越大、资本流出越多。但是，资本项目逆差并不意味着人民币汇率必然贬值，正如我们不能简单地用贸易赤字来解释或预测美元贬值，用资本流入来解释或预测美元升值一样。

二、国际收支平衡逐渐由经常项目收支主导转为跨境资本流动主导

自 1993 年最后一次年度逆差以来，中国经常项目一直保持盈余。加入世界贸易组织以后，中国经常项目顺差规模不断增加，并在国际收支顺差中占主导地位。经常项目顺差与 GDP 之比，2007 年最高达到 9.9%。2008 年全球金融海啸爆发后，经常项目差额占比回落，自 2010 年起回落至 GDP ± 4% 以内的国际合理标准以内，目前基本维持在 2% 左右的水平（见图 5-3）。

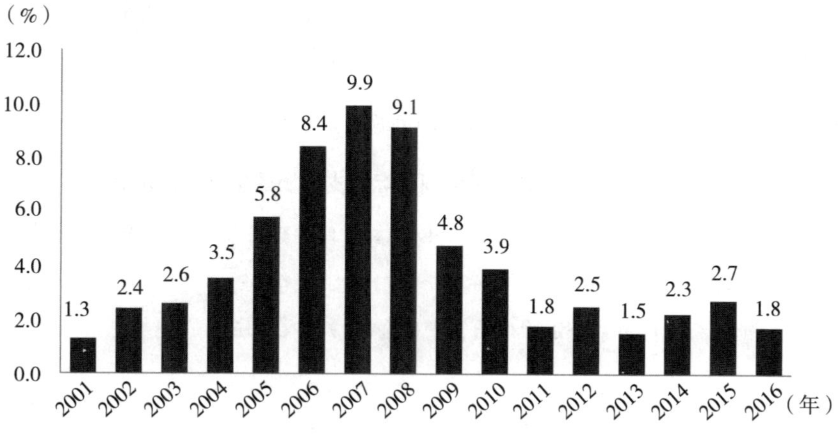

图 5-3　中国经常项目顺差与 GDP 之比逐渐趋向基本平衡

数据来源：国家外汇管理局，国家统计局，中国金融四十人论坛。

相反，后危机时代，在发达经济体宽流动性低利率、中国经济保持高速增长的情况下，资本项目在中国国际收支中的比重增加并开始占据主导地位。具体而言，2005—2009 年，经常项目顺差与资本项目（含净误差与遗漏，下同）顺差对中国外汇储备资产增加的平均贡献率分别为 72% 和 28%，而 2010 年、2011 年和 2013 年三年平均贡献率分别是 40% 和 60%（2012 年资本项目为净流出，故予以剔除）（见图 5-4）。

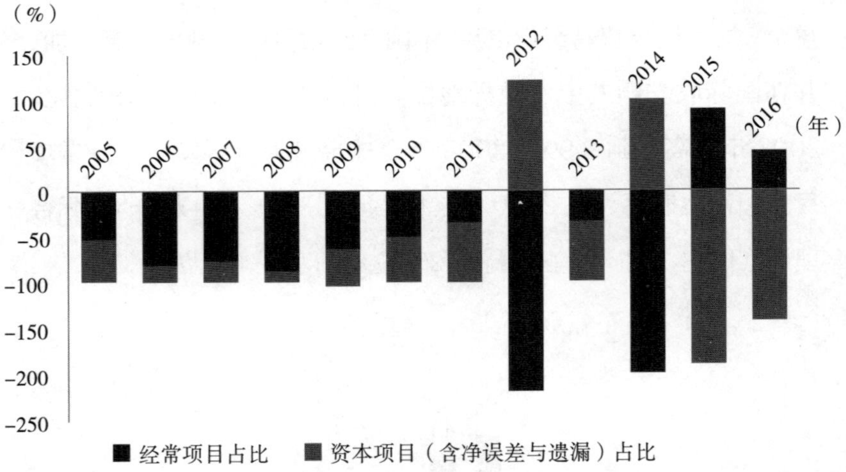

图 5-4　跨境资本流动对中国国际收支平衡的影响逐渐加大

注：图中占比分别为经常项目和资本项目差额与外汇储备资产（不含外汇储备的估值效应）变动相比。

数据来源：国家外汇管理局，中国金融四十人论坛。

从 2014 年第二季度开始，中国国际收支经常项目依然顺差，但资本项目由净流入转为净流出（见图 5-2）。2015 年“8·11”

汇改后，资本外流的趋势日益明显。2015 年，中国经常项目顺差虽然高达 3042 亿美元，但资本项目逆差 6475 亿美元，外汇储备资产减少 3423 亿美元;2016 年,国际收支继续较大逆差,其中,经常项目顺差 1964 亿美元，资本项目逆差 6397 亿美元，外汇储备资产减少 4487 亿美元,降幅比 2015 年增加了 1064 亿美元（见图 5-1）。

资本净流出超越经常项目顺差，成为当前外汇储备资产下降，影响国际收支基本平衡的主要原因，表明人民币汇率已经不是由贸易收支决定的商品价格，而是由资本流动驱使的资产价格。而资产价格有别于商品价格的一个重要特点，就是容易相对于均衡汇率水平出现过度升值或者贬值的汇率超调（overshooting）。

三、从期限结构看短期资本流动是当前中国资本外流的主要原因

理论上，通常用国际收支口径的证券投资、其他投资以及净误差与遗漏三项合计来衡量短期资本流动，即非直接投资形式的资本流动（non-FDI capital flows）。而经常项目与直接投资合计，则构成基础国际收支差额，是影响国际收支平衡的主要因素。实证分析表明，随着中国经济外向型程度提高，跨境短期资本流动对于宏观经济和金融稳定的冲击越来越显著（李力等，2016）。2005 年汇改以来，中国跨境资本流动出现了以下变化。

一方面，从短期资本流动对整个跨境资本流动的影响看，2005 年年初至 2010 年年底的 24 个季度中，中国短期资本流动

出现了 13 次净流出，而整个资本项目仅出现了 5 次净流出，这 5 次净流出都对应着短期资本的净流出；2011 年初至 2016 年底的 24 个季度中，中国短期资本流动出现了 17 次净流出，而整个资本项目净流出次数增至 15 次，这 15 次净流出也都对应着短期资本的净流出（见图 5-5）。当时，正是因为短期资本净流出规模超过了当期跨境直接投资顺差，以致整个资本项目呈现净流出。

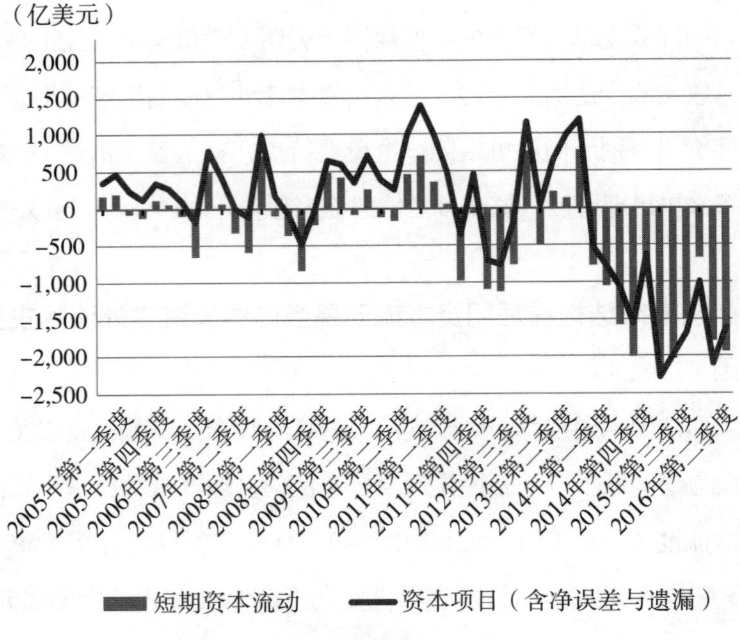

图 5-5 中国跨境资本流入到集中流出

数据来源：国家外汇管理局，中国金融四十人论坛。

从 2005 年年初到 2013 年年底，人民币汇率总体长期面临单边升值压力，国际资本持续大量净流入，外汇储备连年大幅增加，但 2011 年以来，中国跨境资本流动呈现双向震荡格局。其中，2011 年第四季度和 2012 年第二、三季度，受欧美主权债务危机影响，市场避险情绪增强，人民币贬值预期强化，利差交易平仓，短期资本集中流出。之后，又重现短期资本净流入，人民币汇率面临升值压力。所以，2011—2013 年，当讨论中国是面临资本流入还是流出威胁，汇率面临升值还是贬值压力时，一定要说明是什么时间发生的事情。

另一方面，从短期资本流动对国际收支平衡的影响看，2005 年年初至 2010 年年底的 24 个季度中，从未出现过短期资本流动超过基础国际收支差额的状况，但在 2011—2016 年的 24 个季度中，却有 13 个季度占比超过了 100%（见图 5-6）。特别是 2014 年以后，短期资本呈现持续的净流出。从年度数据看，2014 年，短期资本流动净流出与基础国际收支差额之比为 -69%，2015 年为 -192%，2016 年更是达到了 -396%。短期资本净流出超过了基础国际收支顺差，成为当前中国外汇储备下降、货币汇率贬值的主要原因。

短期资本流动容易受到市场情绪波动的影响而偏离其基本面，这使得当前国内外汇市场处于多重均衡状态。[①] 多重均衡状

① 如同 Obstfeld（1994，1996）和 Krugman（1999）所论述的，存在超越基本面因素，由市场预期决定结果的外汇市场的多重均衡状态。Obstfeld 认为，在宏观经济基础稳定的情况下，政府和市场的行为可以用动态博弈模型来理解。由于政府的目的方程中包含多个政策目标，博弈过程会受到不同市场预期影响而出现多重均衡。Krugman 也承认此种多重均衡的存在，并尝试以基于企业资产负债表的模型来解释亚洲金融危机。

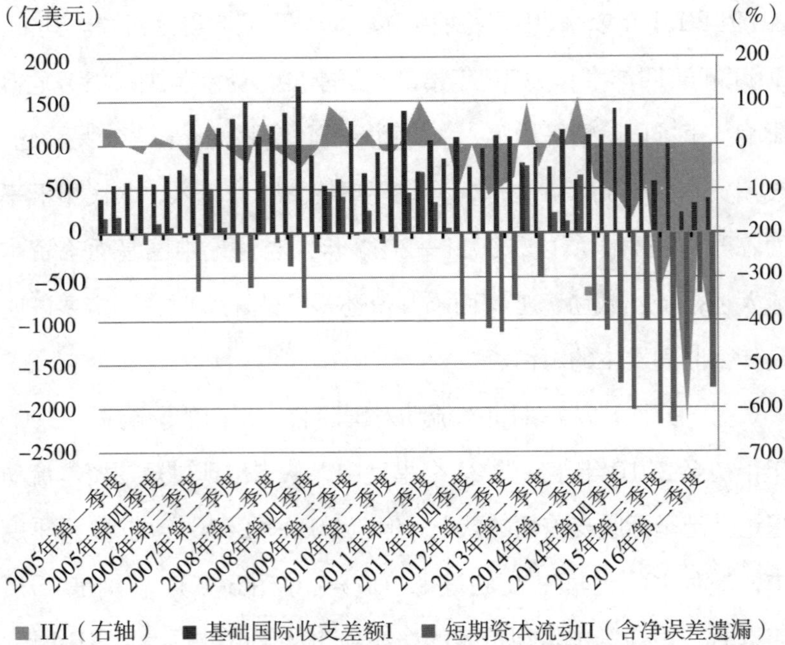

图 5–6 当前中国外汇市场步入多重均衡状态

数据来源：国家外汇管理局，中国金融四十人论坛。

态意味着，在贸易顺差趋于稳定、经济成长不差、外汇储备依然充裕的给定基本面情况下，资本流入抑或流出、人民币汇率升值抑或贬值的状况均有可能发生。这就是中国当前汇率调控所面临的现实约束，即不论人民币汇率是否处于均衡合理水平，市场汇率都不可能自动稳定均衡汇率水平上。而是，当市场普遍看多时，市场选择性地相信利好消息，这时人民币市场汇率可能会相对均衡汇率出现过度升值，以致汇率高估；当市场普遍看空时，市场选择性地相信利空消息，这时人民币市场汇率可能会相对均衡汇率出现过度贬值，以致汇率低估。

四、资产多元化配置是当前中国资本外流的重要渠道

国际收支口径的资本项目可分为资产方和负债方。其中，“资产方”是指对外投资，包括对外直接投资、证券投资（如QDII、港股通）和其他投资（如对外放款、出口延期收汇）；“负债方”是指利用外资，包括外来直接投资、证券投资（如QFII、RQFII、沪股通、深股通）和其他投资（如对外借款、进口延期付汇、境外持有人民币资产）。

从“资产方”看，2005年年初起，除两个季度外，中国其他季度一直是净流出。只是在2014年第二季度之前，其中有些是政策性的境外资金运用，如设立主权财富基金、运用委托贷款和货币掉期支持海外收购等。2014年第二季度之后，随着市场环境的变化，境内主体自发性地增加了境外资产运用，到2016年年底的11个季度里，“资产方”一直是净流出（见图5-7）。

从“负债方”看，从2005年年初到2014年第一季度，除两个季度外，其他季度均为净流入。其中，从2014年第二季度到2016年第四季度，跨境资本持续净流出的11个季度里，受“偿还外债”影响，“负债方”也只有4个季度是净流出，其他季度仍为净流入（见图5-7）。特别是从2016年第二季度起，随着境内机构重新对外借债，以及境外主体重新增加人民币资产配置，“负债方”又恢复了净流入。

从年度数据看，2014—2016年，中国资产项下分别净流出4629亿美元、3335亿美元和6611亿美元，负债项下分别为净流入4115亿美元、-1010亿美元和2441亿美元。这表明，负

债端的资本流出压力已经基本释放，目前中国资本外流的压力主要来自资产端境内机构和家庭增加外汇资产或境外资产配置的需求。在这种情况下，稳定境内主体对于人民币资产的信心，对于稳定跨境资本流动至关重要。

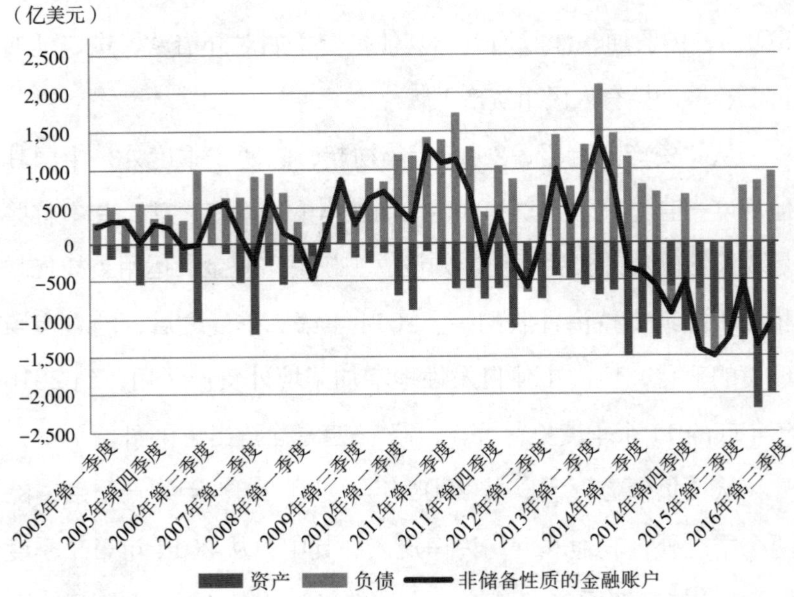

图 5–7　“藏汇于民”是当前中国资本外流的主要动因

数据来源：国家外汇管理局，中国金融四十人论坛。

国际社会对跨境资本流动管理的立场趋于软化

一、IMF 对跨境资本流动管理的立场是动态演变的

1.IMF 的立场变化

从布雷顿森林体系建立一直到目前，国际社会对资本流动的态度经历了“从管制到放松再到倾向管制”的历史轮回，这种态度的转变与当时特定的经济环境、经济思潮，以及重要国家的立场密切相关（见表 5-1）。

表 5-1　资本管制的 3 个阶段

历史时期	政府理念	经济思想	美国态度	IMF 态度
布雷顿森林体系	嵌入自由主义	不可能三角	对资本管制态度宽松	支持资本管制
1970—2000 年	新自由主义	新古典主义	反对资本管制	对资本管制态度冷淡
全球金融危机	自由主义变体	宏观审慎管理	一些情况下允许资本管制	支持资本管制

资料来源：IMF，中国金融四十人论坛。

第一阶段，IMF 对于资本管制保持支持态度。

有以下四个方面主要原因。一是主要经济思想的影响。在布雷顿森林体系时期，内嵌自由主义是主流的国际经济活动观念，内嵌自由主义更强调多边框架下的国内干预（Ruggie，1982）。

二是特殊时期的经济使命。20 世纪 50 年代正处于“二战”后国际货币制度恢复时期，完成充分就业和促进国际收支平衡是各个经济体的主要目标，为了快速达成这两个目标（Gilpin，2003），对资本施加管制是必然的举措。三是布雷顿森林体系固定汇率制的实施。布雷顿森林体系的各个成员国均采取了固定汇率制，根据三元悖论，在固定汇率下如果不施加资本管制，货币政策的独立性是无法做到的（Krugman，1995）。为了保证固定汇率制的实施，经济体则必须对跨境资本流动加以管制。四是对于国际资本流动的看法。IMF 认为“二战”前混乱的国际资本市场是由于对资本流动不加管制造成的。这个阶段，IMF 对于资本流动管理的态度直接反应到了政策的制定上，比如《国际货币基金组织协定》（IMF）只赋予了 IMF 对于成员货币经常项目可兑换的管辖权，而第六条款规定，IMF 成员在一定条件下可实施适当管制。

第二阶段，直至 20 世纪 70 年代，IMF 对于资本管制的态度发生松动，开始认为不应该对跨境资本流动加以管制。

IMF 态度发生转变的原因有三：一是主要经济思潮的改变。这一时期，新自由主义替代内嵌自由主义成为经济活动的指导法则。新自由主义强调发挥市场的作用，减少政府对于市场的干预。二是新的经济治理使命。在基本完成充分就业和实现国际收支平衡的目标后，各个经济体开始追求更大的利益，即“促进贸易自由、资本流动和跨国公司进入世界市场的自由”。在这一原则的指导下，各国逐步放松资本管制，具体表现是一些发达国家和发展中国家开始推行资本账户自由化（Corker，1991）。三是美国的态度。美国作为世界第一经济强国，其态度一直都是左右 IMF 等国际组织的重要因素。在这一时期，美国对于资本管制持反对态度，IMF 深受其影响也开始加大对于资本账户自由化的推动。

在这个历史阶段，IMF 为促进跨境资本流动做出了许多努力，包括：1978 年，IMF 完成第二次《基金组织协定》的修订，并在第四条中明确指出要将促进国家之间的资本流动纳入其关注目标（Kose，2010）；1997 年，IMF 临时委员会甚至还提出要将促进资本流动的自由化列入基金组织的宗旨之中，要求成员国除非得到基金组织的允许，否则将被禁止对任何类型的国际资本流动施加管制。然而，由于亚洲金融危机的爆发，很多关键成员都不愿放弃跨境资本流动管理的主动权，该项改革议题被搁置。

第三阶段，金融危机频发最终使得 IMF 在国际资本流动问题上的态度再次倾向于资本管制。

原因有以下四个方面：一是金融危机的爆发。亚洲金融危机、美国次贷危机的爆发使得世界开始重新审视资本流动，根据 IMF 的报告，经济危机后，各个经济体都开始意识到资本流动正为全球经济稳定带来严峻的挑战，而其中重要的原因之一是缺少一个管理和监督国际资本流动的全球性框架。二是发展中国家模式取得成功。发展中国家（如中国、印度、巴西等）不愿推行资本账户开放，甚至还会施加暂时或永久性的资本管制，但是都无一例外地实现了强劲的经济增长。这些成功的发展案例使得其他经济体开始思考放弃资本流动管理到底是不是发展经济的必然选择。三是经济思潮的转变。新古典主义过分相信市场，但市场被证明也会造成经济的不稳定性，而逐渐让位于宏观审慎管理思想，宏观审慎管理强调需要政府对经济进行调控。四是关于资本流动的实证研究。IMF 研究处通过对 2008 年全球金融危机的实证研究发现，一国流入的债务类资本和金融类直接投资越多，在本轮金融危机中经济状况表现就越差，说明这两类资本流动的风险性很大。而在资本管制方面，实证结果显示总体上有管制的国家比没有管制的国家经济表现要好。

在这一段阶段，IMF 先于 2005 年提出了建立统一的资本自由流动管理框架，2009 年在《全球金融稳定报告》中对跨境资本流动管理的具体框架进行了详细阐述（Masciandaro，2009）。但是，IMF 这一态度的转变并非支持各国不加节制地实施资本管制，而是仍然强调了相应的资本流动管理措施不得影响与贸易相关的资本流动。在《基金组织协定》的第六条第三款中即有所体现："成员国可以采取必要的管制，以调节国际资本流动，但这种管制……不得限制经常性交易的支付或者不适当地阻滞清偿债务的资金转移"（IMF，2011）[①]。

IMF 希望建立统一的资本自由流动管理模型，但在这个过程中同样遇到了很多阻力。发展中国家不希望 IMF 介入一国的资本流动管理，而发达经济体对资本管制仍有疑虑，认为维持资本管制的成本太高。当然，这也使得 IMF 在资本流动立场上必须更加灵活。与此同时，IMF 还颇有心机地对相关术语进行了修正，使

① IMF, Agreement of the International Monetary Fund.IMF,2011.

用“资本流动自由化”来代替“资本账户自由化”，使用“资本流动管理措施”来涵盖“资本管制”等。前者的使用有利于消除发展中国家对相关词汇的不愉快回忆，而后者的使用则可以在一定程度上缓解发达经济体对资本管制的担忧。

2. 经常项目可兑换与跨境资本流动管理

跨境资本流动管理包括了资本项目可兑换和经常项目可兑换。经常项目是指一国与外国进行经济交易中经常发生的不以转移资产为目的的支付，包括贸易收支、服务收支、单方面转移等。根据《国际货币基金组织协定》第八条条款，经常项目可兑换包含了3层含义：一是对经常项目对外支付和转移不采取汇兑限制；二是不从事歧视性货币安排，包括双重或者多重的汇率安排，以及排他性的双边清算协议；三是承诺兑回近期非居民在与本国居民经常性交易中获得的本币收入。自1996年12月1日起，中国接受了IMF第八条款义务，实现了经常项目可兑换。

根据相关规定，经常项目可兑换仅仅针对资金流出，并未对资金流入做出要求，只要不对对外支付经常性交易所需外汇的获得或者使用采取直接的限制措施，都不算违反可兑换承诺。所以在很多发展中国家，即便是其成为“第八条款国”之后，政府依然会采取一定的资本流动性管理措施，常见的管理措施包括了限制结算方式、外汇收入强制调回和结汇要求、真实性审核要求、出于统计监测和分析目的的登记等。

而从中国资本流动管理的实际操作情况来看，不管是此前对外汇收入要求强制调回和强制结汇，还是当下要求对经常项目下对外支付进行严格的真实性审核，均不违反 IMF 的相关规定。经常项目可兑换与跨境资本流动管理并非相互冲突的两个概念，在经常账户开放的前提下对跨境资本流动进行管理，具备合理性与必要性。

3. 资本管制与宏观审慎

根据 IMF 的意见，资本管制、宏观审慎监管政策和宏观经济政策共同构成了 IMF 资本流动管理的政策操作框架（Coats，2011）[①]。这三种工具各有使用的范围，针对不同的资本流动情况，IMF 建议使用相对应的工具，规则如下：一是当资本流动通过宏观经济渠道影响本国经济时，应首先考虑通过宏观经济政策操作来降低资本流动对本国经济的影响；二是当资本流动通过金融渠道影响本国经济时，应考虑使用宏观审慎监管政策或者资本管制。

对于资本管制与宏观审慎监管政策之间的差异，IMF 的一篇工作论文（Korinek，2015）为我们提供了思路。

首先，两者的作用对象有所不同。宏观审慎监管政策（Macro-prudential Policy）和资本管制（Capital Control）都是应对资本通过金融渠道快速流动的方法，但二者影响资本流动的方式又有些不同（见表 5-2）。“宏观审慎监管”着眼于“控源头”，即限制境内市场主体的借款能力，监管借款人和贷款人，而不区分贷款来源于境内银行或者境外银行。实施宏观审慎监管政策会增加境内借款人和所有其他贷款人的资金融通成本，导致

① Coats, W., Time for a New Global Currency.IMF,2011.

境内借款人和其他所有贷款人的利率出现差异，从而遏制境内市场主体过度借贷的冲动。“资本管制”是指有区分性地对一国居民和非居民的金融交易进行限制性管理。资本管制会区分哪些资本是真正的“国际资本”，并对其实施数量上（如限制交易数量）和价格（如征税）方面的管制，政策的结果是使得国内和国际市场的借贷利率出现差异。

其次，两者的实施时点有所不同。在一个开放经济体中，当资本流动突然中断时，可能会导致汇率的贬值，进而诱发资本流出，若加强资本管制，则境内资本会因为向外放贷的成本升高而减少资本外流情况；若加强宏观审慎监管，则可增加投机成本。宏观审慎监管政策可以用于打击资产价格投机，防范金融风险的累积，有一定的前瞻性；而资本管制政策可以打破资本流动和汇率贬值形成恶性循环，可以作为跨境资本流动管理的最后防线。

表 5-2　常用宏观审慎监管工具

工具类型	具体名称	简要说明
托宾税	无息准备金	要求跨境流动的资本按比例缴纳存款，且银行在一定期限内不支付利息
	预扣税	针对本国居民对外借款，在获得资金环节预扣一定比例的资金
	外汇交易税 / 金融交易税	对外汇交易征收一定比例的交易税
	资本利得税 / 所得税	对外国投资者投资本国证券市场的收益征税
	撤资税	跨境资本撤离本国时，对本金部分征税
	宏观审慎稳定税	对金融机构的外债按照时间长短分别收税

续表

工具类型	具体名称	简要说明
外汇头寸限额管理		防止通过外汇现货、远期以及衍生工具过多地借外债，发放外币贷款
不属于行政措施的窗口指导措施	真实性审查	要求出示某些单据以表明对外支付和转移的真实性，不构成限制
	限制结算方式	规定特定的支付形式或者固定的支付渠道
	出于统计监测和分析目的的登记	这种登记措施并非以限制支付为目的，因而也不构成限制措施

资料来源：笔者自行整理，中国金融四十人论坛。

资本管制以及宏观审慎监管的区别，从传统的视角进行区分，是依据相关政策工具具备直接性（如数量型工具）还是间接性（如价格型工具）的特征，事实上这个做法并不合理，如通常被视为资本管制的数量型管制工具，同样可以作为宏观审慎监管的工具加以使用。更通俗地讲，宏观审慎与资本管制之间的差异实际上可以归结于相关政策工具在制定与实施时的政策动机有所不同。

4. 宏观审慎与托宾税

在实践中，针对跨境资本征税有显性和隐形两种形式。显性税包括了托宾税、所得税、预扣税，隐形税包括无息准备金等。

狭义的托宾税是指对所有外汇交易征收一定比例的外汇交易税，能起到降低短期资本流动、缓解汇率不稳定的作用。但因为托宾税无法甄别“扰乱性交易”与“正常交易”，长期来看会打击资本流入的积极性，所以现在也有人提出了“两级托宾税”的构想，指在对所有的金融资本流动施加低税率的同时，针对异常的资本流动施加临时性、惩罚性的高税率。

广义的托宾税泛指一切能增加跨境资本流动成本的工具，上述的所得税、预扣税、撤资税、无息准备金等都属于广义托宾税。具体而言：所得税是指对非居民持有本国资产获得的收益征税，以达到抑制某类资本流动的目标，如大多数国家和地区均对外国投资者投资本国证券市场的收益征税；预扣税指在获得资金的初始环节预扣一定比例的资金，一般针对本国居民对外借款的部分收税；撤资税指在跨境资本撤离本国时，对本金部分征税，税率与资本在境内停留时间成反比，有助于打击境外游资；无息准备金（URR）指要求跨境投资按照投资额的一定比例，向中央银行缴纳外币或本币无息存款，主要是通过冻结部分资金，间接地提高跨境资金的流动成本。

托宾税的实行一般具有如下效用：一是抑制短期资本流动，维护汇率稳定；二是增加货币政策操作的独立性，托宾税在理论上可以有效阻隔国内市场和国际市场，为货币政策的实施创造空间；三是增加政府财政收入来源。

值得注意的是，虽然托宾税和宏观审慎监管工具都是跨境资本流动管理的常用工具，但是施行托宾税和施行宏观审慎监管的监管目标并不完全相同。托宾税的目标主要是限制资本流动，影响资本流动的规模和结构；审慎管理工具则主要用于防范金融风险的累积，维护金融体系稳定，不论风险源自国内还是国外。

同时，我们也必须意识到，托宾税并非从提出之日起就受到国际社会的关注。事实上，IMF 等国际组织对于托宾税的看法变化与对资本流动管理的看法变化路径一致，历史上经历了多次反复。

托宾税被首次提出是在20世纪70年代初，当时布雷顿森林体系几近解体，有效促进国际资本流动成了各个经济体的目标之一。美国著名经济学家詹姆斯·托宾在此时提出了“往飞速运转的国际金融市场这一车轮中掷些沙子”的建议（Tobin，1998），即实施“托宾税”。但遗憾的是，因为当时国际社会和IMF对于跨境资本流动都持有宽容、乐观的看法，跨境资本流动管理没有得到重视，托宾税作为管理工具之一也并没有引发足够的讨论。

20世纪90年代初，接连发生的金融危机揭示了不加管制的资本流动给国际金融体系和各个经济体带来的风险，IMF也开始改变其对资本管制的态度，并提出要构建跨境资本流动管理框架。“托宾税”被一些经济学家包括托宾本人所提及并再次进入公众视野。但随着提出者托宾去世以及进入21世纪之后国际金融市场的相对稳定，托宾税再次失去了关注度。

直到2008年国际金融危机全面爆发，全球经济陷入危机，托宾税才又一次引发热议。托宾税被欧洲国家普遍接受，德国、法国等11个欧盟成员国甚至受托宾税的启发，开始主张对股票、债券和衍生品交易征收FTT（金融交易税）。虽然2014年欧盟开征金融交易税遭遇挫折，但欧洲关于托宾税及其升级版的思考和实践已经获得了很多共识。托宾税概念在历史上的3次浮现，都与当时的金融危机有关。可以说，托宾税是人们对金融危机进行反思的结果之一。

二、跨境资本流动管理的国际经验及效果评估

表 5–3　部分国家实施跨境资本流动管理实例

国家（地区）	时间（年）	目的	措施	具体政策
智利	1991—1998	控流入	URR	URR 定期为 20%（时间长度不同），后 URR 提高到 30%（1 年）
哥伦比亚	1993—1998	控流入	URR	将 URR 的缴存期设定为 18 个月，随后将范围扩大到贸易信贷
	2007—2008	控流入	审慎管理	URR 定为 40%（6 个月），后上升至 50%
巴西	1993—1997	控流入	税收	收取资本流入税
	2008	控流入		资本流入税由 1.5% 逐渐上调至 6%
	2011	控流入	审慎管理	银行超过一定限度的美元负债向央行缴纳无偿付准备金
马来西亚	1994	控流入	审慎管理	设定银行净负债上限，实行无息存款规定
	1998	控流出	行政管理	非居民购买马来西亚股票必须持股满 12 个月才能购汇汇出
泰国	1995—1996	控流入	URR	对非居民泰铢账户实施 URR
	2006	控流入		金融机构兑换的外币实行 30% 的 URR（1 年）
	2010	控流入	税收	对外资在泰国债券的利息及资本利得征收 15% 的预扣税
克罗地亚	2004—2008	控流入	审慎管理	对银行外国融资实行审慎的边际准备金规定
俄罗斯	2004	控流入	URR	实行不同的 URR 制度，如外国借款 3%（1 年），国债交易 20%（1 年）

续表

国家（地区）	时间（年）	目的	措施	具体政策
冰岛	2008	控流出	行政管理	强制出口企业汇回外汇收益，限制国内市场金融衍生品交易
乌克兰	2008	控流出	行政管理	非居民投资所得的格里夫转换为外币需要等待5天
韩国	2011	控流入	税收	对外资在韩国债券的利息及转移支付征收14%的预扣税
印度尼西亚	2011	控流入	URR	URR（6个月）从1%逐步提高到8%
以色列	2011	控流入	审慎管理	银行与非居民的外汇互换和外汇远期交易收10%的存款准备金
塞浦路斯	2013	控流出	行政管理	居民每日取现不超过300欧元；部分限制进口企业资金汇出境外

资料来源：IMF，中国金融四十人论坛。

1. 成功案例1：1998年马来西亚应对资本外流

在20世纪70年代到20世纪80年代，马来西亚一直加速进行资本账户开放，开放的同时也催生了潜在的宏观经济风险与金融风险，包括外汇储备不足、金融体系脆弱性增加以及实际汇率失调等。1994年，马来西亚实施对资本流入的管制，在短时间内取得了成效，阻止了过度资本流入，消除了部分经济泡沫。但是，这次资本管制并没有有效改进资本流动的结构。因此，1998年当马来西亚遭受政治动荡时，许多投资者对于马来西亚未来发展依然持不乐观的看法，而潜在的宏观经济风险的暴露使得外国资本迅速撤离，最终导致了汇率的大幅波动。

政府随即展开了新一轮的资本管制，主要包括取缔所有林吉特离岸交易市场，规定非居民卖出本国证券 12 个月后才能将收益转换为外币。

在实施外汇管制后，马来西亚的汇率保持稳定，外汇储备上升。资本流动限制政策为马来西亚政府稳定汇率、累积外汇储备、降低利率、重振国内经济等提供了政策空间。

马来西亚的跨境资本流动管理能够成功的原因有二：一是马来西亚在此前已经实施过一次跨境资本流动管理，在跨境资本流动上具备实践经验，境外资本对于马来西亚政府能够成功应对此次资本外流持有一定的信心；二是马来西亚在实行金融管制获得货币政策独立性的同时，也刺激经济，采取了金融业和企业重组的方式。马来西亚政府的资本流动管理政策着眼于短期资本流动，并着重阻碍短期证券投资持有者抛售本国证券，防止离岸对冲基金进行投机活动加速本币贬值。同时，政府也对贸易开放和投资开放许下了长期承诺，甚至进一步鼓励外国直接投资，大大增加了外国投资者对于本国经济的信心。

1998 年出现的资本外逃事件在很大程度上是由于外资对马来西亚政局的怀疑和对马来西亚未来宏观经济的悲观看法引起的。马来西亚政府采取短期控制境外资本流动和长期支持外来投资的“组合拳”，稳定了境外投资者的心态，减轻了他们的担忧，可以说是从源头上解决了问题。

2. 成功案例 2：2008 年冰岛应对资本外流

2008 年爆发的全球金融危机导致冰岛最大的三家商业银行破产，三家银行持有巨量短期外债，共计约 6 倍于冰岛全国的 GDP。

在此情况下，冰岛政府果断采取如下措施应对随之而来的资本流出：一是全面禁止跨境资本流动；二是禁止离岸市场外汇兑换；三是强制出口企业汇回外汇收益；四是限制国内市场金融衍生品交易。

在冰岛政府的果断干预之下，资本外流现象被迅速遏制，冰岛克朗汇率迅速恢复稳定，资本流出管理措施取得初步成效。限制政策为冰岛政府降低利率，重振国内经济提供了空间。2015年6月，冰岛推出“稳定税”，以解除长达7年的限制政策。

3. 失败案例1：2008年乌克兰应对资本外流

2008年国际金融危机前，乌克兰经历了大规模的国际资本流入，并引发了国内信贷繁荣和资产价格上涨，贷存比一度超过150%，经济过热迹象明显。金融危机爆发后，在经常项目逆差以及国际资本流出的双重冲击下，乌克兰陷入了严重的银行和货币危机。

银行危机容易引发系统性的金融危机，此时国内银行存款下降已超过20%，政府将许多银行的资本充足率降至监管最低要求之下。与此同时，乌克兰长期实施的钉住汇率制无法再维持，在国内外汇储备损失大概25%的代价下，本国货币仍被迫贬值35%左右。

为应对货币危机，乌克兰央行采取了以下措施：一是重新修订银行将不良外汇贷款移出资本负债表和外汇头寸的办法，这一措施使得许多银行（特别是外资银行）向外汇市场卖出大量的外汇现金；二是执行更加严格的银行业务规范，如限制提前支取定期存款，禁止提前偿还外汇贷款，禁止非国内银行兑换货币等；三是央行暂停征收银行短期国外借款的存款准备金；四是对国外投资实施资本管制，特别是对非居民将本国货币兑换为外币实施五天的强制等待时间；五是其他措施，包括在法律上禁止对未采取对冲措施借款人的外币贷款，对自然人每月外汇兑换额度的最高限制等。

遗憾的是，乌克兰的一系列措施仅起到短暂的宽慰效果。政策实施的结果是格里夫纳两个月内贬值 50%，外汇储备 6 个月内减少 30%，同时名义利率飙升 4 倍。政策失效的主要原因是上述管制措施的有效性被各政策之间内在的矛盾所削弱，措施一和措施二、四、五前后不一致的货币政策阻碍了金融体系的信心重塑，措施三对银行机构注入大规模流动性资金反而助推了资本外逃。

4. 失败案例 2：泰国 1997 年抵御资本外流

泰国从 1984 年起实行钉住美元的汇率制度。从 1984 年到 1994 年，由于美元对主要货币持续贬值，而泰铢钉住美元，所以泰铢也随美元一起贬值，这提高了泰国的出口竞争力。同时，泰国较早放开资本账户，到 1996 年时其资本项目可兑换已基本实现。这不仅为泰国带来了大量活跃的国际资本，也有大量的短期国际资金以贷款的形式进入了泰国的房地产和股票市场，形成了大量的资产泡沫，为日后的货币危机埋下了隐患。

到了 1995 年，美元开始持续升值，钉住美元的泰铢也随着美元走强而不断走强，大大削弱了泰国的出口竞争力，出口下降导致泰国贸易逆差迅速扩大。同时，由于美元升值，大量短期资本撤离泰国资本市场，泰国的资产价格开始下跌。1996年，泰国房地产市场的泡沫破裂造成商业银行和金融公司经营状况恶化，银行体系积累大量因房地产贷款形成的不良贷款。随后的一年中，泰国股指跌幅超过60%，金融市场动荡和实体经济恶化，加剧了市场对泰铢的贬值预期。

更为糟糕的是，泰国此时不仅受到国内金融风暴的打击，还受到了以索罗斯为代表的国际游资的冲击，大量外资开始逃离泰国。泰国政府一方面要抵御资本外流，一方面又因为担忧加息会伤害国内经济，于1997年初采取了一系列资本流动管理措施，包括限制远期交易、限制出口电放，以及要求卖出证券所得收入按照在岸汇率兑换。

虽然政府积极应对，但跨境资本流动管理并没有带来预期的效果。泰铢在6个月内贬值50%，外汇储备减少20%；国内利率持续攀升；在岸汇率与离岸汇率形成巨大价差，诱发规避管制的行为。

泰国实施跨境资本流动管理失败的原因有三个：一是泰国央行为了维持对美元的固定汇率，提高利率，而高利率进一步抑制了投资和消费的需求，加速经济的衰退。企业由于银行的高利率，被迫向国际金融市场寻求低利息资本，从而进一步扩大外债规模，形成恶性循环。直到1997年7月，泰国政府才被迫选择放弃固定汇率制。二是1997年，泰国外债达到900亿美元，相当于GDP的50%，其中60%为短期外债，这大大加剧了泰国经济所面对的外来风险，特别是泰国政府缺乏阻止资本外流的有效工具。三是 1997 年 6 月，泰国的外汇储备有 320 亿美元，但其中 300 亿美元为外汇掉期交易所得，并且有 250 亿美元的外汇掉期交易必须在一年内还清，加上利息和外债，泰国其实已经没有充足外汇进行支付。即便泰国政府及时暂停外汇远期交易，但大量存量外汇掉期交易依然将使政府难以应对。

三、主要结论

第一，加强跨境资本流动管理是维护货币政策独立性的需要。自 2008 年金融危机以来，主要发达经济体实行量化宽松的货币政策，并向国际市场释放了巨大的流动性。孙国峰（2017）认为，释放的这些流动性没有全部进入实体经济，其中有一部分通过跨境资本流动进入了全球金融市场，这些资金规模大、流动性强且非常不稳定，导致了“资本流动—固定汇率—独立货币政策”这个不可能三角中资本流动的重要性提升，而汇率制度和货币政策独立性的重要性则相对下降。以往可以放弃固定汇率制而实现资本自由流动及独立的货币政策，在当下资本流动量级上升的情况下，即便政府放弃了固定汇率制，也可能已不足以保证独立的货币政策。为保证本国货币政策的独立性，政府不仅要在固定汇率制上做出一定的让步，同时还要积极实现跨境资本流动的有效管理，减轻跨境资本对于经济体的冲击作用。也正是由于跨国资本流动越发频繁与快速、流动规模愈发庞大，IMF 等国际组织以及各个经济体都意识到了实施资本流动管理的合理性和必要性，对于跨境资本流动管理这个话题，在未来很长一段时间内都可能被提及和广泛讨论。

第二，实施跨境资本流动管理有利于平抑汇率短期波动对国内经济的负面冲击。资本流动管理与宏观审慎事实上是一脉相承的，两者均注重平抑波动、避免风险，以达到减轻资本流动剧烈波动对经济体产生冲击的目的。特别是对发展中国家而言，国内普遍存在着金融市场不发达、货币错配严重等“原罪”，贸然开放资本流动，将增大爆发货币危机与金融危机的概率，这对中国而言无疑具有现实的意义。如果想在加速对外开放的同时保证宏观经济和金融系统稳定，就一定要综合合理地运用资本流动管理工具。

第三，跨境资本流动（特别是资本流出）管理需要遵循一定的原则（Vinals，2011）。这包括：（1）一个国家一旦资本账户开放后，某种程度的资本流出及波动属于正常的经济金融现象，对此并不需要使用专门的资本流动管理措施；（2）应主要通过宏观经济金融政策的调整来影响资本流出；（3）为缓和资本流出所带来的前后反差，可遵照IMF资本流入政策框架，提前对资本流入实行管理；（4）在危机到来或临近危机之时，当面对资本大量集中流出所引发的本币大幅贬值及国际储备耗尽的危险形势时，有必要临时重启对资本流出的管理，以赢得调整财政政策和稳定金融部门的时间；（5）应优先使用不依据居住地而实行差别对待的管制措施，如依据币种实施差别对待的措施；（6）在制定管理措施时，应考虑具体国情，如行政和监管能力，以及先前已有的资本流动开放程度；（7）资本流动管理措施只能作为应对危机一系列政策中的补充，当宏观经济渐趋稳定、市场信心日渐恢复、国际储备开始回升时，应取消这些管制措施。此外，在具体政策工具的使用上，政府必须遵循非歧视性、透明化、暂时性的原则（Brockmeijer，2012），避免以资本流动管理之名行资本管制之实。同时，必须意识到，资本流动管理并非解决跨境资本流动冲击的根本办法，只能为国内结构性改革，以及宏观经济的恢复提供时间与空间，不可能在根本上解决问题。

第四，对跨境资本流出实施有效管理需要满足一些充分条件。IMF 提出了三个关键的充分条件，即良好的经济基本面、良好的制度环境、原先已有较为完善的资本流动管理措施（Saborowski，2014）。资本流出限制政策发挥作用至少需要满足以上三个条件之一，如果以上三个条件均无法满足，资本流出限制政策将是无效的。

近年来中国的对外金融开放呈现波浪式前进

一、21世纪以来中国资本账户开放和人民币国际化的回顾与总结

1. 资本账户开放

第一阶段：2003年之前，改革步伐相对谨慎。这一时期开放领域主要集中于直接投资。此外，还改革了外汇贷款管理方式，并允许QFII投资境内证券市场等。

第二阶段：2003—2009年，改革步伐逐渐加快。2003年，中央十六届三中全会首次明确提出关于“逐步实现资本项目可兑换”的要求。此后，中国资本账户开放提速：一是全方位开放，即开放重点从直接投资逐步扩展至对外债权债务、证券投资等跨境资本和金融交易；二是双向均衡推进，即在外汇资金大规模流入背景下，从“宽进严出”逐渐转变为“双向均衡”管理；三是根据国内外经济金融状况适时调整开放速度。这一时期，中国共出台资本账户改革措施40项左右，包括完善外债管理、启动QDII境外投资管理、放松QFII境内投资管理以及保险资金境外投资管理等。

第三阶段：2009年以后，改革进一步深化。这一时期的特点是有“破”有“立”。所谓“破”，即减少对跨境资本和金融交易的汇兑限制，直接投资项下实现了基本可兑换，同时通过通道

开放的方式稳步推进证券投资项下可兑换，包括QFII、RQFII、QDII、RQDII、沪港通、深港通等（潘功胜，2017）。所谓“立”，即探索资本项目外汇管理新手段，将跨境资金流动纳入宏观审慎管理范畴（详见后文）。

2. 人民币国际化

2003—2009年：试水阶段。为适应市场需求、规范业务发展，2003年底，央行发布公告，为在香港办理个人人民币存款、兑换、银行卡和汇款业务的银行提供清算安排，这开启了人民币国际化进程的新阶段；2004年，央行正式为澳门银行开办个人人民币业务提供清算安排。但这一阶段的港澳人民币业务主要集中于个人用汇领域，零星涉及资本项目业务，贸易投资等项目仍未放开（田俊荣，2003）。

2009—2015年8月：快速发展阶段。2009年，经国务院批准，央行以人民币跨境贸易结算为起点，拉开了人民币国际化的大幕。一是人民币经常项目跨境使用扩大到全国，交易项目从货物贸易扩展到服务贸易和其他经常项目；二是资本项目跨境使用大幅放开，在直接投资、证券投资、其他投资等领域均出台多项改革措施；三是以香港为代表的人民币离岸中心快速发展；四是人民币承担国际货币的职能实现突破，不仅双边本币互换取得实质进展，人民币还被有关国家纳入外汇储备，加重了作为“锚货币”的角色和分量（中国人民银行，2016）。

2015年8月至今：新起点。2015年11月，IMF宣布将人民币以10.92%的权重纳入SDR货币篮子；2016年10月1日，

IMF正式宣布人民币成为SDR篮子中除美元、欧元、英镑、日元之外的第五种货币。但人民币加入SDR后也面临新的挑战，能否把这一利好转化为对实体经济发展的政策红利是其中最为重要的考验（程婕，2016）。

3. 金融开放遵循的重要原则

一是稳步开放原则。在风险可控的前提下，总体上依照循序渐进、统筹规划、先易后难、留有余地的原则，分阶段、有选择地放松资本项目外汇管理，逐步推进人民币国际化，使得开放进程与经济发展阶段、金融市场状况、金融稳定性相适应。

二是便利化原则。顺应市场需求简政放权，明确管理边界，取消不必要的行政审核，促进贸易投资便利化。

三是国民待遇原则。逐步取消在外资领域长期存在的超国民待遇，同时逐步取消针对外资存在的不合理行业壁垒，探索准入前国民待遇和负面清单，为各种所有制企业营造公平的经营环境。

四是均衡管理原则。将“引进来”和“走出去”相结合，从管理政策上鼓励跨境资本流入和流出的双向有序流动。

4. 金融开放程度明显提升

截至2016年年底，中国实现部分资本项目可兑换①以上的项目由2012年的34项增加至37项，占全部交易项目的比例由85%提高至92.5%，不可兑换项目仅剩3项（见表5-4）。而

① 根据IMF《汇兑安排与汇兑限制年报》对资本项目交易的分类，将7大类40项资本项目交易分为“不可兑换”“部分可兑换”“基本可兑换”和“可兑换”四种程度。

且，随着开放的持续深入，不仅贸易投资便利化大大提升，中国还从重事前审批转变为加强事中事后管理，不断完善宏观审慎管理手段，让市场发挥更大的作用。经过多年发展，人民币使用范围从传统的人民币区域化（即主要用于跨境贸易）扩展到金融投资领域，流通区域拓展到全球，流通规模持续增长（见图 5-8）。2015 年年底，人民币被批准加入 SDR 篮子货币，是对人民币可自由使用程度的认可，对人民币成为国际化货币的背书。据 IMF 披露，截至 2016 年年底，全球共持有人民币外汇储备资产 845 亿美元，占 1.0%，人民币已成为第七大国际储备货币。

表 5-4　中国资本账户可兑换程度（基于 IMF 分类标准）

<table>
<tr><th colspan="4">项　目</th><th>2012 年</th><th>2016 年</th></tr>
<tr><td rowspan="4">一、资本和货币市场工具</td><td rowspan="4">（一）资本市场证券</td><td rowspan="4">A. 买卖股票或有参股性质的其他证券</td><td>1. 非居民在境内购买</td><td>部分可兑换</td><td>部分可兑换</td></tr>
<tr><td>2. 非居民在境内出售或发行</td><td>不可兑换</td><td>不可兑换</td></tr>
<tr><td>3. 居民在境外购买</td><td>部分可兑换</td><td>部分可兑换</td></tr>
<tr><td>4. 居民在境外出售或发行</td><td>基本可兑换</td><td>基本可兑换</td></tr>
</table>

续表

<table>
<tr><th colspan="4">项　目</th><th>2012 年</th><th>2016 年</th></tr>
<tr><td rowspan="12">一、资本和货币市场工具</td><td rowspan="4">（一）资本市场证券</td><td rowspan="4">B. 债券和其他债务性证券</td><td>5. 非居民在境内购买</td><td>部分可兑换</td><td>部分可兑换</td></tr>
<tr><td>6. 非居民在境内出售或发行</td><td>部分可兑换</td><td>部分可兑换</td></tr>
<tr><td>7. 居民在境外购买</td><td>部分可兑换</td><td>部分可兑换</td></tr>
<tr><td>8. 居民在境外出售或发行</td><td>部分可兑换</td><td>部分可兑换</td></tr>
<tr><td colspan="2" rowspan="4">（二）货币市场工具</td><td>9. 非居民在境内购买</td><td>部分可兑换</td><td>部分可兑换</td></tr>
<tr><td>10. 非居民在境内出售或发行</td><td>不可兑换</td><td>不可兑换</td></tr>
<tr><td>11. 居民在境外购买</td><td>部分可兑换</td><td>部分可兑换</td></tr>
<tr><td>12. 居民在境外出售或发行</td><td>部分可兑换</td><td>部分可兑换</td></tr>
<tr><td colspan="2" rowspan="4">（三）集体投资类证券</td><td>13. 非居民在境内购买</td><td>部分可兑换</td><td>部分可兑换</td></tr>
<tr><td>14. 非居民在境内出售或发行</td><td>不可兑换</td><td>部分可兑换</td></tr>
<tr><td>15. 居民在境外购买</td><td>部分可兑换</td><td>部分可兑换</td></tr>
<tr><td>16. 居民在境外出售或发行</td><td>不可兑换</td><td>部分可兑换</td></tr>
</table>

续表

项　　目			2012年	2016年
二、衍生工具和其他工具		17. 非居民在境内购买	部分可兑换	部分可兑换
		18. 非居民在境内出售或发行	不可兑换	不可兑换
		19. 居民在境外购买	部分可兑换	部分可兑换
		20. 居民在境外出售或发行	部分可兑换	部分可兑换
三、信贷业务	（一）商业信贷	21. 居民向非居民提供	基本可兑换	基本可兑换
		22. 非居民向居民提供	基本可兑换	基本可兑换
	（二）金融信贷	23. 居民向非居民提供	可兑换	可兑换
		24. 非居民向居民提供	部分可兑换	部分可兑换
	（三）担保、保证和备用融资便利	25. 居民向非居民提供	部分可兑换	基本可兑换
		26. 非居民向居民提供	部分可兑换	基本可兑换
四、直接投资		27. 对外直接投资	可兑换	可兑换
		28. 对内直接投资	基本可兑换	可兑换
五、直接投资清盘		29. 直接投资清盘	可兑换	可兑换
六、不动产交易		30. 居民在境外购买	部分可兑换	部分可兑换
		31. 非居民在境内购买	基本可兑换	基本可兑换
		32. 非居民在境内出售	可兑换	可兑换

续表

<table>
<tr><th colspan="3">项　目</th><th>2012 年</th><th>2016 年</th></tr>
<tr><td rowspan="9">七、个人资本流动</td><td rowspan="2">（一）贷款</td><td>33. 居民向非居民提供</td><td>部分可兑换</td><td>部分可兑换</td></tr>
<tr><td>34. 非居民向居民提供</td><td>不可兑换</td><td>部分可兑换</td></tr>
<tr><td rowspan="2">（二）礼品、捐赠、遗赠和遗产</td><td>35. 居民向非居民提供</td><td>基本可兑换</td><td>基本可兑换</td></tr>
<tr><td>36. 非居民向居民提供</td><td>可兑换</td><td>可兑换</td></tr>
<tr><td>（三）外国移民在境外的债务结算</td><td>37. 外国移民境外债务的结算</td><td>可兑换</td><td>可兑换</td></tr>
<tr><td rowspan="2">（四）资产的转移</td><td>38. 移民向国外的转移</td><td>基本可兑换</td><td>基本可兑换</td></tr>
<tr><td>39. 移民向国内的转移</td><td>可兑换</td><td>可兑换</td></tr>
<tr><td>（五）博彩收入的转移</td><td>40. 博彩和中奖收入的转移</td><td>基本可兑换</td><td>基本可兑换</td></tr>
<tr><td colspan="2" rowspan="4"></td><td>不可兑换</td><td>6</td><td>3</td></tr>
<tr><td>部分可兑换</td><td>19</td><td>20</td></tr>
<tr><td>基本可兑换</td><td>8</td><td>9</td></tr>
<tr><td>可兑换</td><td>7</td><td>8</td></tr>
</table>

数据来源：金融安全协同创新中心、西南财经大学（2016），中国金融四十人论坛。

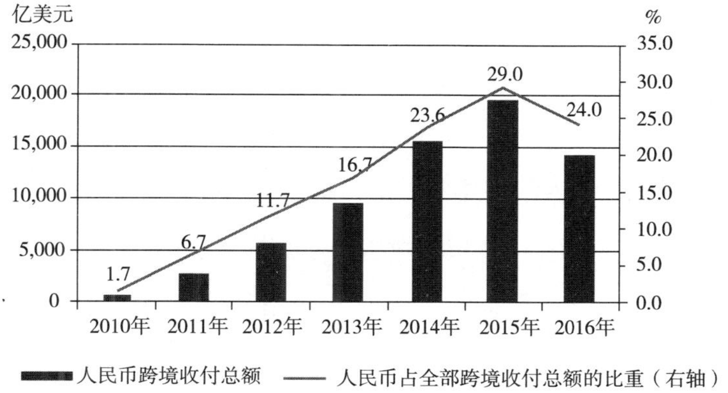

图 5-8　2010—2016 年人民币跨境收付规模

数据来源：国家外汇管理局，中国金融四十人论坛。

5. 近年来中国金融开放呈现出波浪式发展

关于中国资本账户开放与人民币国际化的时机和速度问题一直存在争论。有观点认为，中国综合国力不断增强、财政状况和金融体系基本稳健、汇率和利率市场化改革稳步推进、国际清偿能力充裕、宏观调控能力显著增强，尤其是金融危机后世界经济金融格局的深刻变化，为推进人民币资本项目可兑换提供了难得的机遇，因此应加快开放资本账户，推进人民币国际化。2012年，人民银行发布报告认为“中国加快资本账户开放的条件基本成熟”（中国人民银行调查统计司课题组，2012）。但也有学者如林毅夫（2013）、余永定（2016）认为，中国进一步推进金融开放的条件还不成熟，中国金融市场深度与发达国家尚有差距，财政隐性债务较大，宏观调控和金融监管有待进一步完善，内外部环境不确定性较大，跨境资本流出风险有所增加等，贸然加快资本账户开放和人民币国际化无异于饮鸩止渴，可能会增加中国金融体系脆弱性，并引发跨市场套利行为。

从最近的情况看，中国金融开放确实出现了一定的反复。尤其是“8·11”汇改后，中国金融市场发生剧烈震荡，人民币国际化指标也出现波动。SWIFT 数据显示，截至 2016 年年末，人民币在国际支付货币的排名由 2015 年的第五位下滑到第六位，占比从 2015 年 12 月的 2.31% 降至 2016 年 12 月的 1.67%。当前，跨境资本流动管理重新转向了鼓励流入、规范流出。其教训之一是，前期加快对外金融开放没有倒逼出汇率市场化改革，而汇率市场化不到位又反过来制约了对外金融开放的步伐。未来在推进资本账户开放的过程中，应充分考虑内外部多重因素的影响，在不同阶段找准开放的重点、节奏和步骤，有序推进改革，加强政策配套，确保开放过程中风险基本可控。2017 年 7 月召开的全国金融工作会议部署“扩大金融对外开放”工作时，在推进人民币资本项目可兑换和人民币国际化方面重申了稳中求进的立场，并特别强调了合理安排开放顺序。

二、当前加强跨境资本流动管理的政策措施

开放经济条件下，应对资本过度流入或者集中流出的冲击，有一个“不可能三角”，即要么用价格工具（汇率浮动），要么用数量工具（外汇干预和资本流动管理），不可能一个工具都不用（管涛，2016）。亚洲金融危机的 1998—2000 年，中国通过加强和改进外汇管理实现了汇率不跌、储备不降。当前，再次面对资本

流出冲击，中国的外汇政策是汇率、干预和管理组合使用。从跨境资本流动管理的具体政策来看，一方面进一步推进国内金融市场开放，鼓励资本流入和放松结汇限制；另一方面将跨境资金流动纳入宏观审慎管理范畴；再一方面加强了跨境资金流出的真实性、合规性审核和管理。

1. 继续推进国内金融市场对外开放并放松结汇限制

进一步开放国内债券市场，允许境外依法注册成立的各类金融机构及其发行的投资产品，以及养老基金等中长期机构投资者，通过备案方式投资银行间债券市场，并自主决定投资规模，同时对境外机构投资者的投资行为实施宏观审慎管理。放松资本项下结汇管理，全面实施企业外债资金意愿结汇管理，统一境内机构资本项目外汇收入意愿结汇政策，对资本项目收入的使用实施统一的负面清单管理模式。简化合格境外机构投资者汇兑管理，取消对单家机构设置统一的投资额度上限，对基础额度内的额度申请采取备案管理，取消 QFII 投资本金的汇入期限要求，并将锁定期从一年缩短为三个月。大幅放宽服务业、制造业、采矿业领域的外资准入限制，促进内外资公平竞争。开通“深港通”并完善“沪港通”政策,取消总额度限制,目前仅保留每日额度限制。启动北向债券通。

2. 引入并完善跨境资本流动的宏观审慎管理

全国实施跨境融资宏观审慎管理政策，将市场主体借债空间与资本实力和偿债能力挂钩，通过调节宏观审慎参数控制杠杆率和货币错配风险。改进非居民人民币存款准备金制度，建立对跨境人民币资金流动进行逆周期调节的长效机制，引导境外金融机构加强人民币流动性管理。建立外汇市场自律机制，规范中间价报价行为，制定并督促落实银行间市场及柜台结售汇与跨境人民币业务行为准则，处理成员之间的交易纠纷等，促进“他律”与“自律”并重，提高外汇市场规范化水平（陈四清，2016）。实施远期售汇的外汇风险准备金政策，要求金融机构按其远期售汇（含期权和掉期）签约额的20%交存外汇风险准备金，抑制了短期套利活动。①

3. 加强跨境资金流出的真实性、合规性管理

督促银行、企业严格落实经常项下真实性合规性审核责任，要求企业出口及时收汇，继续执行直接投资外汇利润汇出管理政策，进一步明确境内机构办理境外直接投资登记和资金汇出手续要求，要求境内机构出口或服务贸易收入留存境外的加强信息报送。加强对外直接投资管理，四部门以发布答记者问的形式，强调要防范对外投资风险，尤其是密切关注房地产、酒店、娱乐业等领域的一些非理性对外投资倾向，以及大额非主业投资、有限合伙企业对外投资、“母小子大”、“快设快出”等对外投资中存在的风险隐患。改进个人购汇信息申报管理，细化申报内容，在保持年度个人购汇总额不变的同时，重申个人购汇只能用于经常性项目，不能用于资本项目。加强跨境人民币流出管理，规范境内企业人民币境外放款行为并要求去外汇局登记。

① 该项措施已于2017年9月11日起取消。

三、当前跨境资本流动管理的成绩与问题

金融开放的方向没有改变，但重点和内容有所调整。在逐步使人民币成为可兑换、可自由使用货币的改革方向不变的情况下，近年来，随着外汇形势的发展变化，金融开放从流出流入均衡管理转向侧重鼓励流入，进一步加快了国内金融市场开放，放松了对外筹资管理。通过沪港通、深港通机制推动股票市场双向开放，支持 A 股市场化、国际化，2017 年 6 月 A 股被有条件纳入明晟指数（MSCI）。同时，加快人民币跨境支付系统（CIPs）、增加境外人民币清算行、扩大人民币货币互换范围等基础设施建设，进一步便利境外人民币的持有和使用。

跨境资金流出政策收紧，但未突破现有政策框架。总体看，近年出台的各项措施主要是要求市场主体遵守现行规定，履行行业自律要求，并未对汇兑和跨境收付等环节采取新的管制措施。例如，在改进个人购汇信息申报管理方面，个人年度购汇便利化额度没有变，而且与个人日常生活息息相关的留学、旅游等用汇政策也没变。在境内居民境外买保险方面，经常项下的（如在外旅行人身意外险等）没有限制，而个人资本项下的投资分红险等目前中国还未开放。近两年部分境外保险公司通过各种手段向内地居民推销大额投资性保险产品，既严重干扰境内外汇市场秩序，也催生了境外保险市场的泡沫和地下钱庄的活跃。外汇局重申了 2003 年开始实施的银行卡管理政策，加强了对境外使用银行卡购买保险的类别码管理和额度管理，以确保监管政策和业务规则的执行效果。

短期内平衡跨境资金流出入的作用初步显现。进一步开放境内银行间债券市场、实施全口径跨境融资宏观审慎管理等，都起到了一定的“扩流入”作用。2016 年全年，境外机构增持人民币债券规模达 1513 亿元。2016 年第二至第四季度，中国全口径外债余额累计增加 892 亿美元，逆转了 2015 年以来外债整体下降的态势。在防风险方面，严格真实性、合规性的要求和责任，加强跨境资金流动监测预警，完善银行自律机制等措施，也抑制了部分过度甚至违规的外汇需求。2017 年上半年，国际收支口径的跨境直接投资净流入 139 亿美元，上年同期净流出为 494 亿美元。2017 年上半年，资本流出缓解、外汇储备止跌回升，央行外汇储备余额增加 463 亿美元，上年同期减少为 1252 亿美元，剔除估值影响后的外汇储备资产增加 294 亿美元，上年同期减少为 1636 亿美元。这既稳定了市场预期，又为放松跨境资本流动管理创造了条件。

跨境资本流动管理的效果仍有待进一步提高。一是依然过分依赖行政手段，易出现“一刀切”现象，有时还会限制正常合理投资，降低市场效率。窗口指导等部分行政管制措施公开性和透明度不够，不易被有效监督。另外，过分依靠行政手段易出现政策反复，如对跨境对外直接投资的管理就经历了从鼓励企业“走出去”到政策收紧的较大变化。二是存在政策失灵的可能。例如，通过金融开放吸引资金流入，难在如何引导市场主体多收汇多结汇，毕竟企业的收结汇更多属于市场行为；随着时间的推移，真实性合规性管理的边际效应可能递减。三是鼓励和促使资本流入并非没有后遗症。资本集中流出都是从前期资本流入开始的，鼓励海外融资、开放债券市场、便利外来证券投资都有可能加剧金融市场波动性甚至脆弱性。

构建双支柱的中国跨境资本流动管理框架

一、未来中国跨境资本流动管理的大趋势

2017年7月全国金融工作会议提出，坚持稳中求进工作总基调，遵循金融发展规律，紧紧围绕服务实体经济、防控金融风险、深化金融改革三项任务，加快转变金融发展方式，健全金融法治，保障国家金融安全，促进经济和金融良性循环、健康发展。未来，中国跨境资本流动管理，一方面应该促进跨境贸易投资便利化，全面提高外汇管理服务实体经济的效率和水平，另一方面要加强事中事后监管，防范化解跨境资本流动风险，维护国家经济与金融安全。未来中国跨境资本流动管理框架将发生趋势性的变化。

1. 趋势一：跨境资本流动管理的宏观调控功能重要性将不断下降

当前中国跨境资本流动管理最为主要的功能是服务宏观调控，着力点在维护国际收支平衡。从政策选择角度，跨境资本流动管理是货币政策独立性和汇率市场化的函数。货币政策独立性是中国不可动摇的优先目标，视同于外生变量。因此，汇率市场化程度越高，政府对跨境资本流动管理的需求就越小。我们对跨境资本流动管理的依赖程度到底有多大，很大程度上不是由跨境资本流动管理自身决定的，而是由人民币汇率市场化程度决定的。

跨境资本流动管理只是在为人民币汇率清洁浮动赢得时间和空间。未来，只有在 Rey（2013）所谓的全球避险情绪超出临界状态时，即在弹性汇率制度不足以调节外部失衡或汇率波动幅度过大的极端情况下，才有临时性采用跨境资本流动管理（国际收支保障条款）的需要，否则，跨境资本流动管理宏观调控功能将主要由政府交给市场。

2. 趋势二：跨境资本流动的微观监管职能将与宏观调控功能脱钩

现阶段，中国跨境资本流动管理宏观调控功能是用微观监管的方式实现的。微观监管职能宏观化，不仅造成了跨境资本流动管理的“丁伯根难题”（即跨境资本流动管理工具难以同时满足货币可兑换和维护国际收支平衡两个目标），同时微观监管政策来回“翻烧饼”，扭曲了资源配置，增加了微观主体的成本，降低了政策公信力，损害了国家形象。未来，随着汇率市场化到位，跨境资本流动管理的职能将回归本源，致力于在微观领域推进人民币资本项目可兑换，大力发展外汇市场，提高人民币汇率市场化的基础，同时强化微观领域的监管，构建基于国际惯例的反洗钱、反恐融资、反避税的新机制，建立以真实性合规性原则为基础的国家安全交易审查、审慎监管和行为监管新体制。

3. 趋势三：多元化、分散化将是未来跨境资本流动管理的改革方向

一是从单一目标转向多元目标为主。伴随着从维护国际收支平衡的单一目标到多元化的目标体系，跨境资本流动管理宏观领

域的目标不仅包括维护国际收支平衡，还包括防范系统性金融风险、防范国际金融危机的外部冲击；微观领域不仅包含涉及跨境资本流动的真实性和合规性管理，也包括反洗钱、反避税、反恐融资以及基于国家经济安全对外资并购活动等审查。

二是从汇兑管理为主转向交易管理为主。跨境资本流动管理包括汇兑和交易两个环节。由于国际收支平衡关注的是跨境资金流，跨境资本流动管理的重点是汇兑和支付环节。未来，随着跨境资本流动管理微观目标的多元化，管理的重点将基于管理的目标、对象及特点，分散到交易和汇兑的各个环节，更加突出前置的交易环节监管。

三是从以集中化为主转向分散化为主。现阶段，中国采用的是集中式的跨境资本流动管理，集中在货币当局（包括人民银行和外汇局）。未来，随着跨境资本流动监管职能的多元化，监管部门多元化、分散化将是改革的方向：货币当局专注于反洗钱职能，税务部门专注于反避税职能，国家安全部门专注于反恐融资职能，商务和发改委等跨部门专注于外资安全审查，货币当局、银监会、证监会、保监会等跨部门专注于审慎监管。这有利于形成分工协作的监管合力。

二、构建跨境资本流动管理的双支柱框架

基于中国跨境资本流动管理的大趋势，未来的管理框架将是宏观功能与微观监管相对分离的体系：跨境资本流动的宏观管理工具，实现国际收支平衡、防范跨境系统性金融风险的目标；跨

境资本流动的微观管理工具，实现推进资本项目可兑换、汇率市场化以及多元化的监管目标。两者既相对独立，又密切联系，构成了跨境资本流动管理的双支柱。

1. 支柱一：双维度的跨境资本流动宏观管理框架

未来的跨境资本流动宏观管理框架是两个维度的体系：第一个维度是服务国际收支平衡目标的跨境资本流动管理政策传导机制（资本管制），第二个维度是服务防范跨境系统性金融风险的跨境资本流动管理政策传导机制（宏观审慎）。

两个维度的跨境资本流动宏观管理框架，可以借鉴货币政策传导机制思路进行设计。其基本逻辑是：政府部门通过运用某些类型的跨境资本流动管理工具，对操作目标进行适时适度的宏观逆周期调节或风险拨备，通过观察中间目标（国际收支平衡、跨境系统性金融风险）的变化，进而判断对最终目标（促进经济增长、充分就业和物价稳定）的政策效果。双维度的跨境资本流动宏观管理框架的核心是，明确最终目标、中间目标、操作目标和操作工具。

在资本管制和宏观审慎两个维度下，跨境资本流动宏观管理框架的最终目标是一致的——促进实体经济增长，维持物价稳定和充分就业。换句话说，对内平衡是跨境资本流动宏观管理框架的最终目标。之所以没有把国际收支平衡作为最终目标是因为：一是从宏观理论看，国际收支平衡的重要性体现在汇率不能自由浮动的时期，国际收支平衡将决定外汇市场能不能出清的问题。在汇率自由浮动和资本自由流动的环境下，除非危机时期，国际收支是自动平衡的。这是萨缪尔森等西方主流学者不提宏观调控四大目标的原因。二是从中国实践看，中国是一个开放性的大国，对内目标总是优于对外目标的，货币政策独立性（主权）是优先级最高的政策目标，过分强调国际收支平衡的重要性并不符合中国的大国地位。

反映国际收支平衡状态的总量指标是资本管制维度下的中间目标。在开放经济条件下，国际收支总量差额会直接影响外汇市场供求，改变货币当局外汇占款和基础货币投放规模，从而对货币供给产生显著影响。这是国际收支总量指标与经济增长、物价稳定等最终目标建立起紧密且直接关系的关键。

反映跨境系统性金融风险的结构指标是宏观审慎维度下的中间目标。宏观审慎跨境资本流动管理主要解决的是防范跨境资本流动相关的系统性金融风险，从政策着力点看，金融领域的风险是关键，而企业和个人的跨境资本流动风险往往不是宏观审慎的关注重点。目前，宏观审慎管理刚刚起步，许多不同的指标都被纳入宏观审慎的指标体系下。到底哪种比较适合作为宏观审慎的跨境资本流动管理中间目标还有待进一步研究。

跨境资本流动管理工具是倒树形结构。从顶部跨境资本流动管理工具的“主干”上，逐级分叉形成跨境资本流动管理工具的“枝干”（见图5-9）。其中，真正服务于跨境资本流动宏观管理框架的只有区域Ⅰ的宏观审慎（见表5-5）、区域Ⅱ以及区域Ⅲ的资本管制（见表5-6）。

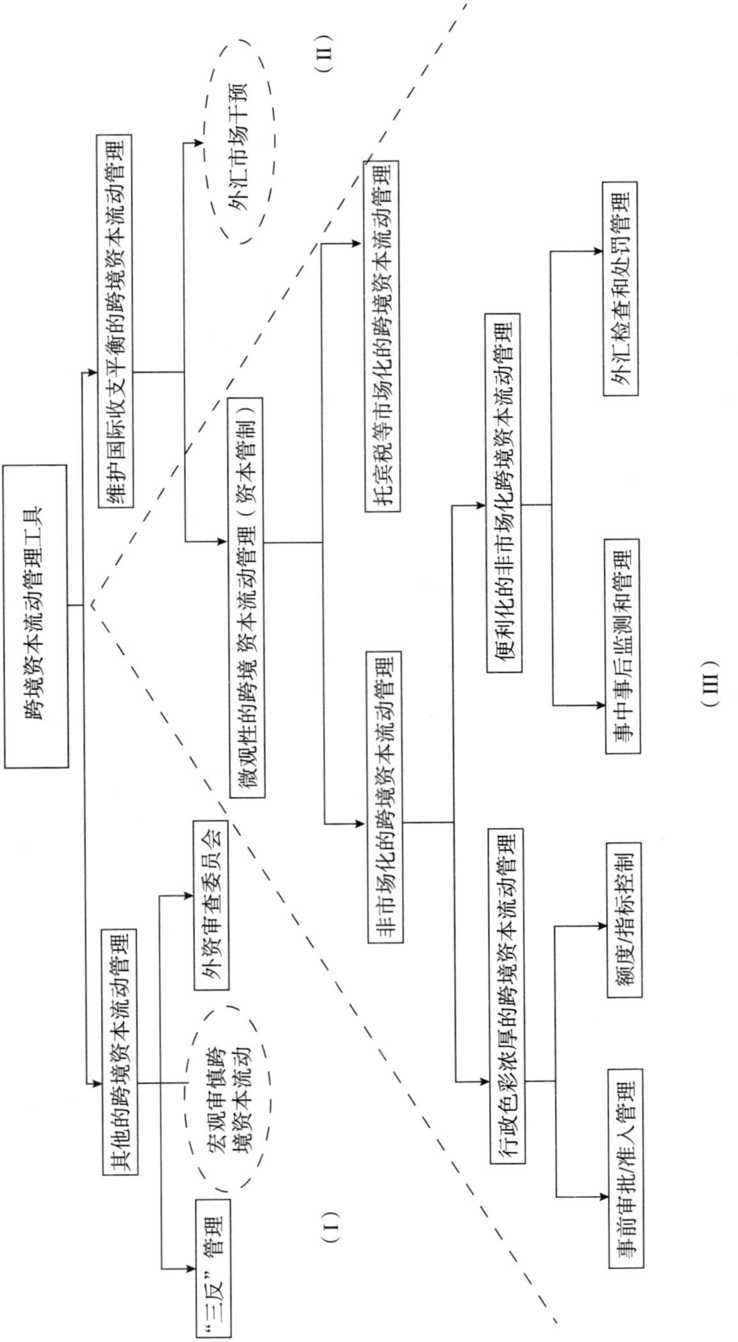

图 5-9 跨境资本流动管理工具体系

表 5-5　宏观审慎跨境资本流动管理工具谱系

资产类	负债类	资本类	市场类
外币贷款价值比上限	非存款类外债征税	外汇贷款资本金要求	短期资本流动征税
外汇流动性覆盖率	外债收入比上限	外汇逆周期资本缓冲	外汇金融交易税
外汇净稳定融资比率	无息准备金	外汇贷款超额留存	收益所得税
外汇流动性比率	核心外债依存度	外汇杠杆率	外汇金融交易保证金
外汇贷款拨备率 外汇拨备覆盖率	跨境融资宏观审慎管理		银行间外汇市场交易手续费
外汇贷款集中度	对非居民境内人民币存款征收存款准备金		结售汇头寸限额管理
外汇流动性缺口			外汇衍生品风险准备
外汇贷款损失准备			外汇风险敞口管理
外汇不良资产率			
外汇资产利润率			

注：表中涂灰部分中国已经实施。

数据来源：Bruno， Shim and Shin （2015）。

表 5-6 跨境资本流动管理工具的特点

概念名称	资本管制	外汇市场干预	宏观审慎	三反政策	外资审查
目标	国际收支平衡	国际收支平衡	防范金融风险	防止金融犯罪	维护国家安全
对象	非居民	非居民	外币	没有限制	非居民
主体	所有主体	所有主体	金融机构	所有主体	外资企业
特征	相机抉择	相机抉择	规则监管为主	规则监管	规则监管
频率	临时性措施	临时性措施	长期使用	长期使用	长期使用

数据来源：中国金融四十人论坛。

2. 支柱二：跨境资本流动微观管理框架

基于宏观功能和微观职能相对分离的思路，未来跨境资本流动微观管理框架不再承担国际收支平衡的宏观调控功能，专注于资本项目可兑换改革，可以避免来回“翻烧饼”，为市场提供稳定的政策环境，提高政策的透明度和可信度。

逐步实现人民币资本项目可兑换。在现有资本项目开放的基础上，继续推进尚未开放项目的可兑换进程。鉴于上述项目存在较高的潜在风险，开放要循序渐进，结合国内外经济形势变化稳慎推进。可按照既有利于当前，又有利于长远的思想，优先考虑扩大流入端的资本项目开放。可借鉴 OECD 成员国的做法，在实现可兑换的同时，保留对部分高风险项目的审慎监管或资本管制要求。

增加外汇市场的深度和广度。完善远期、掉期、期权等外汇衍生品，进一步满足市场主体外汇资产负债管理需求。增加外汇期权产品类型，适时推出外汇期货，满足市场主体对交易工具的多样化选择需要。发展汇率 ETF（交易型开放式指数基金）、外汇保证金等交易型业务，增加外汇市场深度。支持境内个人有序参与境内外汇市场，满足投资者多样化配置和汇率风险管理需求。放松证券、基金等非银行金融机构在银行间外汇市场的交易限制。允许合格境外主体进入境内外汇市场。

构建以负面清单为基础的微观管理新体制。一方面，做好汇兑改革的“减法”，对现有存量的行政管理体系进行便利化改革，按照准入前国民待遇和负面清单的管理原则，取消大部分事前审批等行政性管理，逐步取消跨境投融资的汇兑限制，逐渐缩短负面清单。另一方面，做好留痕管理的“加法”，加强事中事后监管，保留跨境资本与金融交易的登记环节，强化合同信息的登记，动态掌握微观主体偿付能力信息。未来，负面清单管理主要集中在：①金融机构外汇业务准入管理。基于风险业务划分，对风险程度较低的业务，按负面清单予以事前准入便利；对风险程度较高的创新业务，设定必要的准入门槛。②对高风险跨境项目的管理。将外债、衍生品交易等风险较大、杠杆率较高的交易项目或领域，作为负面清单的保留内容。③完善市场主体分类管理。对合规程度高的企业，给予用汇便利；对合规程度较差的可疑或违规企业实施更加严格的审慎监管。

加强微观管理的能力建设。通过完善事中事后监管框架，强化对异常和可疑跨境资本流动的监测预警，实施严格的监管和处罚，提高违反真实合规性的成本。为此，未来微观监管要着重提高四个方面的能力建设。①基础能力：统计申报、流程管理、考核评价等基本职能建设。②数据分析能力：构建以跨境全口径数据平台＋大数据分析工具为基础的异常信息筛查能力，及时发现异常交易主体、交易项目和交易地区。③合规性监管能力：前端以银行自律为基础，中后端以约谈和窗口指导为落脚点。④掌握系统重要性机构经营状况的能力：从监管者的角度，落实“了解客户、了解业务、尽职调查”的展业原则，对系统重要性的银行或大型跨国公司实行派驻监管，全面掌握业务信息。

三、主要结论和建议

第一，跨境资本流动开放和管理是一枚硬币的两面，两者是紧密联系、相互统一的关系。“十三五”规划对此进行了全面总结。从开放的角度看，就是要“扩大金融业双向开放，有序实现人民币资本项目可兑换，提高可兑换、可自由使用程度”；从管理的角度看，就是要“加强国际收支监测”，“健全本外币全口径外债和资本流动审慎管理框架体系”。

第二，随着汇率市场化改革逐步到位，跨境资本流动宏观管理功能的重要性将大大下降，有意识地区分宏观管理和微观监管职能，构建双支柱的跨境资本流动管理框架是未来的改革方向。未来，要借助构建双支柱的跨境资本流动管理框架改革的契机，加快完善政策传导机制、充实政策工具箱。

第三，在宏观层面，要构建资本管制和宏观审慎两个维度的跨境资本流动宏观管理框架（见图 5-10），同时加快完善服务宏观目标的政策工具箱。一是要研究托宾税（类托宾税）等跨境资本流动管理体系。托宾税或类托宾税对资源配置扭曲较少，不仅可以丰富政策工具箱，同时也有利于外汇管理体制转型，提高政策透明度。二是搭配好宏观审慎和资本管制。宏观审慎不直接针对国际收支失衡，但对内外经济平衡有重要影响。要完善宏观审慎监测评估机制和压力测试；保留托宾税、资本管制等手段，作为逆周期调控和事后管理工具。

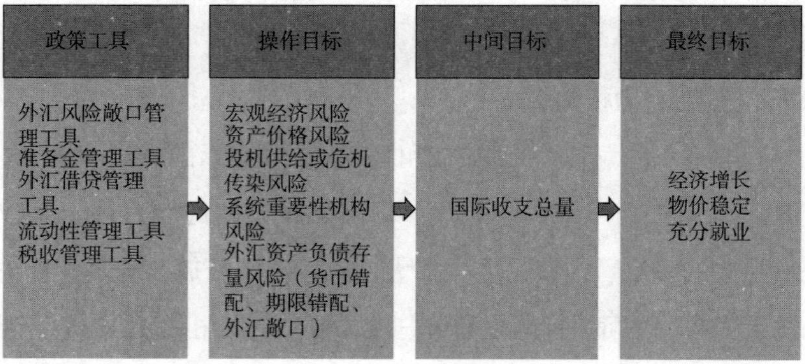

图 5–10　跨境资本流动宏观管理框架的传导机制

第四，跨境资本流动微观管理要区分监管与调控，监管要去“宏观调控功能”，保持监管体系的基本稳定。未来微观管理要着力推进一个便利，一个加强。一个便利就是要促进资本项目可兑换，服务贸易投资便利化，更好地发挥市场在资源配置中的决定性作用。另一个就是转变外汇管理方式，坚持“严”字当头，把监管的重点从事前转向事中事后，强化真实性合规性监管，包括：平衡原则监管和规则监管、完善银行展业自律和外部监管、提高监测分析和异常预警能力，强化外汇检查和打击违法违规，构建跨部门监管合作机制。

第五，跨境资本流动微观管理要区分监管与管制，资本管制应该是临时性的措施。任何资本管制的措施都会带来市场扭曲，增加市场交易成本。应该利用跨境资本流动管理为其他改革和调整争取时间。如提高货币政策独立性，实现经济平稳较快发展；遏制资本外流，抓紧处置金融风险；支持民间部门资产负债有序调整，更好地适应汇率弹性的增加。

06

以对外开放促进金融市场改革发展

06

以对外开放促进金融市场改革发展

改革和开放相辅相成、相互促进，改革必然要求开放，开放也必然要求改革。开放包括两个层次的内容：一是将外资机构“引进来”或国内机构“走出去”；二是根据金融市场发展规律发展国内金融市场，尊重并适应国际市场规则和惯例，最终实现与国际市场的融合，这是更高层次的开放。中国的金融市场是 1978 年改革开放后建立并发展起来的，遵循市场化的发展理念和国际金融市场发展规律是中国金融市场发展的关键，没有第二个层次的开放，第一个层次的开放也走不远；当然推动第一个层次的开放，也会推动第二个层次的开放。

我们近 40 年的实践证明，如果根据金融市场发展规律和国际规则发展国内金融市场，金融市场发展就比较快，反之就会出现问题，甚至推倒重来。在这一过程中，中国金融市场从无到有，取得了显著的发展成绩。实践证明，我们只有结合中国的实际需要，才能实现真正的与国际接轨。随着开放领域不断扩大、程度不断加深，我们对开放重要性的认识在不断深化，开放本身也成为改革不可或缺的重要内容。

在当今发展阶段，金融市场改革开放的重要性尤为突出。只有一个开放的金融市场才会有真正的广度和深度，形成的价格信号才真正有代表性和影响力，才能够吸引更多资金和投资者，支持实体经济的发展。当前中国经济已与世界经济几乎完全接轨，所处的发展阶段必然需要一个稳步开放的金融市场，逐步融入国际金融秩序。

未来，我国致力于向成熟经济体迈进，需要进一步改革和完善我国金融市场发展中存在的结构性问题，建设形成与大国开放经济地位相适应、种类齐全、结构合理、服务高效、安全稳健、更具包容性和竞争性、支持实体经济可持续发展的现代金融市场体系。在此背景下，应坚持以开放促改革、促发展，尊重和遵循国际市场规则和惯例，注重顶层设计与统筹安排，加强宏观审慎管理，并以此为基础进一步扩大开放，形成对内改革和对外开放的良性格局。

中国金融市场发展的关键

1978 年改革开放以后，为配合社会主义市场经济建设的需要，金融市场作为社会主义市场体系的一个重要组成部分，从无到有，逐步建立、发展和壮大，成绩有目共睹。目前，中国已经基本形成了涵盖货币市场、债券市场、股票市场、保险市场、黄金市场、外汇市场及相关衍生品市场，相对完善的多层次金融市场体系。截至 2017 年 3 月末，我国债券市场托管量达到 65.9 万亿元，位居全球第三、亚洲第二，公司信用类债券余额位居全球第二、亚洲第一。其中，银行间债券市场产品序列完整、交易工具丰富，已成为我国债券市场乃至整个金融市场的主体。截至 2016 年年末，沪深两市上市公司总数为 3052 家。其中，

A 股股票总数为 3034 只，总市值为 55.68 万亿元。据 WFE（世界交易所联合会）统计，2015 年我国股票市场总市值仅次于美国，位居世界第二。

一、中国的金融市场发展路径与发达国家不同

中国金融市场的发展历程就是以开放促改革、促发展的成功实践，这种开放更多是遵循金融市场的发展规律。发展之初也走过一些弯路，不按金融市场的发展规律发展，出现了一些问题，甚至推倒重来。为了更好地分析中国金融市场发展的现状以及展望未来的市场发展，有必要了解金融市场发展的历史，吸取其经验和教训。

他山之石，可以攻玉。发达国家金融市场在几百年的发展过程中也出现过各种各样的问题，经历了不断的危机和完善。以美国为例，1930 年大危机后出台了《格拉斯－斯蒂格尔法案》（Glass-Steagall Act），将投资银行业务和商业银行业务严格分离；20 世纪 80 年代，为应对储贷危机出台了《金融机构改革、复兴和实施法案》（FIRREA）；20 世纪 90 年代，安然事件以后出台了《萨班斯－奥克斯利法案》（Sarbanes-Oxley Act），强化了公司治理和审计制度，又对会计报表进行了完善；21 世纪初，随着金融业综合经营的发展，出台了《金融服务现代化法》（Gramm-Leach-Bliley Act），美国金融业进入了混业经营时代；2009 年，金融危机之后，出台了旨在限制系统性风险的《多德－弗兰克法案》。由此可见，美国的金融市场立法一般是在金融市

场出现问题后，监管部门分析其原因，再从法律、制度方面进行立法完善。

中国的金融市场发展与发达国家路径不同，特点迥异。一是时间短，从1978年经济改革到现在，我国金融市场发展只有近40年的历史。二是政府主导，而非循序渐进。并没有按照各金融市场演进的顺序发展金融市场，而是根据经济金融发展的需要推动各金融市场的发展。三是金融市场立足于政府服务经济的需要。改革开放初期百废待兴，但政府财力不足，即使发国库券，也只能强行摊派。20世纪90年代初期国企要改革，就通过上交所、深交所的设立来推动国有企业改革。四是中国的金融市场发展不同于经济改革。经济改革是从体制外开始，由市场来推动，再进一步总结推广。但金融市场在政府服务经济的过程中走了很多弯路，甚至要推倒重来。

此外，我国金融市场是在基础信用不完善的情况下建立起来的。经济学家希克斯说过，西方国家的商业繁荣取决于三个方面，即货币、法律和信用。在我国改革开放初期，信用是集体信用而非个体信用，即谁的“公章”越大，谁的信用越高。但金融市场的发展必须建立在个体信用基础之上，否则金融体系便会存在很大的问题。不过也应该看到，在计划经济向市场经济转轨，并且个人信用体系尚未完全建立起来的时期，集体信用的确发挥了十分重要的作用。当然，随着近年来会计、征信、信用评级等体系的不断发展，个人信用体系也逐渐完善，为金融市场的发展创造了很好的条件。事实上，今天金融市场上出现的很多问题均与个人信用体系不完善、相关配套制度，如会计、审计、评级等不健全有关。

二、金融市场发展的关键在于尊重客观规律

回顾金融市场发展中的几个案例，可以清晰地看出根据金融市场发展规律和国际通用的规则发展国内金融市场，金融市场发展就比较快，反之就会出现问题，甚至会推倒重来。债券市场建立之初，发行债券的初衷是为国企改革服务，这一时期走过很多弯路。由此导致了20世纪80年代和90年代的债券市场出现了一些重大的风险事件。20世纪80年代，国债都是强制分配，全国统一的国债市场还没有形成。当时,各个地方的国债市场价格不一样，交易价格也不一样。武汉交易所和天津回购交易都出过重大的风险。企业债方面，最早发行债券的是一些经营不善、出现资金困难的企业，而且要银行进行担保。这种方式不是信用发行行为和市场化的定价方式，而属于行政化的定价行为，与西方发达国家债券市场存在明显差别。最早企业债券的发行是通过银行的柜台，一旦企业违约，投资者就会去找银行来代为偿付，很不合理。

最为典型的违规事件是1996年亚洲金融危机之前，327国债期货事件。当时最大的债券公司万国证券，由于在期货方面的一些风险投资，导致公司倒闭。327国债期货事件反映出金融市场产品的推出没有充分考虑当时的市场条件是否合适，有没有循序渐进，只是根据监管当局的主观意愿来推出，具有较大的随意性和盲目性。该事件的主要原因，一是当时中国的利率远未市场

化。二是财政部保值贴补率不透明。三是交易所对国债期货风险了解不足。总体来说，就是当时国债期货的市场基础很不牢固。

这些风险事件促使中国政府下决心发展一个更加统一、健康和透明度高的市场。1997 年，国务院批准建立了银行间债券市场。在建设的过程中注重借鉴国际成熟市场的经验，更加重视市场发展的客观规律。区别于此前国内债券市场以自然人为主、采用集中撮合交易的特点，银行间债券市场以机构投资者为主，采用适合机构投资者的场外询价交易方式，重视会计报表、信息披露、信用评级等市场化的约束机制等。在之后的 20 年里，银行间债券市场得到了迅速的发展，目前已成为全球第三大债券市场。

三、债券市场在深化改革中得到发展

从总体上讲，我国债券市场的发展是由社会需求推动的，伴随着解决各方面矛盾的过程，不是人们臆想的，也不是一些管理部门或者某些思想家推动的。而解决矛盾也不是通过行政干预，而是通过更加深入的改革促进了债券市场的发展。过去将近 20 年来的实践表明，越是困难的时候，通常也是改革的最好时机。只有在困难的时候，大家才更容易统一对改革的共识。真正解决各种问题的路径还在于深化改革，而不是倒退回去，这是中国债券市场通过实践得出来的一个重要的经验。

首先，新的债券市场要发展到一个更高的水平，必须坚持市场化的方向，而不是加强行政审批，进行各种各样的限制。这是一个很重要的经验。减少行政审批，并不等于放松这个市场的纪律。企业债的发行，实际上对企业的约束不但没有减少，反而还加强了。过去的贷款，是银行对企业一对一，现在是一对多，一个企业可能有几十家甚至上百家的投资者。在过去企业如果信用不良，贷款可以不还，现在却不行。企业中有一笔债券不还，就很难在市场上再发行新的债券。如果发行人发布虚假信息，投资者立刻就会抛售债券，发行人就很难再融到资。在减少行政审批的同时，加强市场各方面的约束力，这两个目标是可以同时达到的。在债券市场发展过程中的一个重要经验，是减少政府的隐性担保。过去是谁批的债券，将来这个批债券的人就要承担风险。后来在公司信用类债券各个部门都实行管制，所谓管制其实就是不批准。不批准当然就没有风险了，但是没有了风险必然会产生别的困难，企业无法通过金融市场融资。2005 年，中国人民银行为了改变直接融资比重过低的格局，通过成立机构投资者为主的交易商协会，以市场化的方向促进公司信用类债券的发展。总体的发展方向是，在减少行政审批的同时，加强市场化的约束。这种市场化的约束包括信息披露、会计审核和各种托管清算的安排等。

其次，过去十多年来，中国债券市场有个很重要的突破，就是重点发展机构投资者。普通人不是机构投资者，但可以通过基金，通过银行的理财项目，通过其他机构投资者来开展债券投资。这些机构投资者相对可以在市场上进行比较有效的风险管理，又能取得比较高的收益。金融市场需要专业化知识，能够更加专业的甄别各种金融产品和债券产品的风险，而个人投资者很难做到。最简单的方式是个人投资者也可以到柜台购买国债，但柜台很难获得较高的收益。通过发展机构投资者，把广大老百姓的储蓄间接引导到产品丰富的银行间债券市场，可以使债券市场获得较快发展，同时避免了投资者对债券知识缺乏的瓶颈，防止欺诈性销售。由于债券投资者大量是机构而非个人，因此债券交易和股票交易的特点是不太一样的。这也是国际上比较典型的交易模式。配合机构投资者的交易特点，在托管、交易、清算、结算方面的技术细节也相应地有所不同。

最后，市场的发展服从和服务于实体经济多样化的投融资需求。尽管我国债券市场已经有了很多债券产品，但还是远远不能满足实体经济的需求。为了满足和适应市场的真实需求，各种类型的公司信用类债券，包括银行的补充资本债券、各种信贷资产化债券都陆续被推广出来。这些核心产品不是为了创新而创新，而是为了实体经济的需要，为了不断提高金融对实体经济需求的服务水平。这也是中国债券市场发展与西方一些债券市场发展很重要的不同。

此外，在银行间债券市场上，政府部门已经在相当程度上退居二线，推动更多中介机构和民间组织发挥作用。如 2007 年，中国银行界和债券市场成立了中国银行间市场交易商协会。目前交易商协会已经有 3000 多家会员。一些重要的金融产品，不是人民银行提出的，也不是某一个监管部门提出的，而是由市场成员提出来的。市场成员提出来后，大家坐在一起和律师、会计师一起商议，各种利益和矛盾要平衡，对风险要进行约束，最后产生产品的设计概念和产品的规则，再向市场管理部门进行备案。

管理部门主要检查这个金融产品产生的程序和现有的一些条例，审查它与风险控制条例是不是吻合；查看这个产品在讨论中是个人的意志，还是所有市场成员所能接受的共识。这时，市场主体在创新中发挥了越来越重要的作用，使我们的创新动能源源不断。其间没有行政审批，有的是发行人和投资人。发行人要求更加便利的融资，投资人要求更加安全的保护，最终达成了多种利益的平衡。市场化的产品设计，远远比政府个别管理人员脑子想象出来的要更加成熟。这也是中国债券市场成功的一个重要经验。未来还应坚持这样一个发展方向推动各种债券产品的创新。

总体看，过去 40 年的发展，我们基本上是沿着全球主要的债券市场发展规律来建设我们的债券市场，才有了很大的跃进。同时，尽管金融市场发展取得了较大的成绩，但与成熟市场经济国家相比，我国金融市场的结构性问题仍然较为突出，未来要进一步促进金融市场的发展，就必须继续坚持以开放促改革、促发展，继续遵循市场化的发展理念和国际金融市场的发展规律。

主要金融子市场对外开放进展及评估

我国金融市场本身发展历史就不长，对外开放的历史更短。其中，债券市场和外汇市场的开放都起步较晚（分别为 2005 年和 2004 年），股市虽然对外开放最早（20 世纪 90 年代初），但开放的程度却较为有限，股市一级市场仍未开放。即使我国债券市场开放度较高，相对于其他发达国家而言，还有漫长的路要走。本部分将会总结债券、股票和外汇市场的开放进展，分析各个市场及金融基础设施在开放中存在的问题。

一、债券市场

中国债券市场的对外开放始于 2005 年。这一年，国际金融公司和亚洲开发银行等国际开发性机构获准在银行间债券市场发行人民币债券，泛亚基金和亚债基金也获准在银行间债券市场开展投资。

2008 年全球金融危机爆发后，美元等主要货币大幅波动。为防范汇率风险，国内外企业使用人民币进行跨境贸易结算的需求迅速上升，人民币跨境使用业务逐步发展。2010 年，为满足跨境人民币结算业务快速发展而带来的境外人民币回流投资的需求，中国人民银行允许境外中央银行或货币当局、港澳地区人民币业务清算行、跨境贸易人民币结算境外参加银行（即三类机构）

投资银行间债券市场。上述三类机构在向中国人民银行申请并得到批准后，可在核定的额度内在银行间市场从事债券交易。随着跨境人民币业务的发展，境外机构的范围逐步扩展至主权财富基金、国际金融机构、其他地区的人民币清算行以及中国香港、中国台湾、新加坡的保险机构。

2013年以来，随着人民币跨境和国际使用的领域和范围逐步扩大，人民币国际地位显著上升，债券市场对外开放的步伐显著加快，管理方式也更加市场化。

发行方面，国际开发机构、境外非金融企业、金融机构以及外国政府等各类发行人均在银行间债券市场发行了人民币债券。2013年，戴姆勒股份公司发行了人民币债务融资工具50亿元，标志着境外非金融机构进行人民币债券融资的渠道已畅通。2015年，香港上海汇丰银行有限公司和中国银行（香港）有限公司，作为国际性商业银行首次获准在银行间债券市场发行人民币债券，成为继国际开发机构和境外非金融企业后的又一大发行主体。2015年，加拿大BC省和韩国完成人民币债券注册，规模为90亿元。2016年，世界银行发行SDR计价的债券5亿元，对扩大SDR使用、促进人民币国际化和我国金融市场对外开放具有战略意义。截至2017年4月末，各类境外发债主体已累计发行人民币债券781亿元。境内机构赴境外发行债券也进展顺利。

投资方面，境外机构投资境内债券市场的主体范围和投资品种不断扩大，管理方式更加市场化。2013年QFII、RQFII获准在银行间债券市场开展现券交易。2015年，我国对于境外央行类机构进入银行间市场投资推出了更为便利的政策，将其入市流程简化为备案制，取消其投资额度限制，并将其投资范围拓展至债券现券、债券回购、债券借贷、债券远期，以及利率互换、远期利率协议等其他经人民银行许可的交易。2016 年，人民银行发布 3 号公告，允许境外依法注册成立的各类金融机构及其发行的投资产品，以及养老基金等中长期机构投资者，通过备案的方式投资银行间债券市场，自主决定其投资规模。至此，银行间债券市场二级市场已经完全对合格境外投资者开放。从投资者类型看，境内外机构实行统一的准入标准，只要是持牌金融机构，以及其发行的产品等符合条件的机构投资者，均可通过备案的形式进入银行间债券市场，无须经过行政部门审批。同时，对于境外机构投资，既不对单家机构设置投资额度，也不设置投资总额度，完全由境外机构自主决定投资规模，人民银行实施宏观审慎管理。同时，对于境外机构投资银行间债券市场的人民币资金来源也没有限制，既可以是参加人民币跨境业务获得的人民币资金，也可以是通过离岸或在岸外汇市场获得的人民币。只不过境外机构如需通过在岸外汇市场获得人民币，应按照外汇管理的相关规定办理资金汇入、汇出以及购汇、结汇等手续。截至目前，已有约 480 家境外投资者入市，总投资余额超过 8000 亿元人民币。

随着中国债券市场的不断开放，全球主要债券指数纷纷考虑将中国债券市场纳入其指数。2017 年 3 月，彭博发布两项以人民币计价的中国债券与其全球指数相结合的全新固定收益指数：一是“全球综合 + 中国指数”（Global Aggregate + China Index），由彭博的全球综合指数与中国综合指数中的国债和政策性银行债券组成；二是“新兴市场本地货币政府债券 + 中国指数（EM Local Currency Government + China Index）”，由彭博的新兴市场本地货币政府债券指数和中国综合指数中的国债组成。此前，彭博曾在 2004 年引入了包含中国在岸债券的中国综合指数（China Aggregate Index），此次是第一次将在岸人民币债券纳入全球指数系列。随后花旗也宣布，中国在岸债券已经符合纳入花旗相关的新兴市场及地区政府债券指数的条件，包括新兴市场政府债券指数（Emerging Markets Government Bond Index，EMGBI）、亚洲政府债券指数（Asian Government Bond Index，AGBI）和亚太政府债券指数（Asia Pacific Government Bond Index，APGBI）。如果中国债券在未来三个月连续满足纳入标准，将于 2018 年 2 月最终纳入上述三个指数。同时，鉴于中国市场庞大的体量，花旗将新推出 EMGBI-Capped 和 AGBI-Capped 指数，其中，中国债券的权重分别为最高 10% 和最高 20%。据高盛预计，如果中国债券被纳入所有三个全球主要债券指数（即花旗、摩根大通和巴克莱的相关指数），中国国债的外资持仓比例将由当前的 4% 增至 15% 左右，大约 2500 亿美元的资金有望流入。

2017 年 5 月，人民银行与香港金管局联合公布了开展香港与内地债券市场互联互通合作的计划，即“债券通”。“债券通”是我国银行间债券市场进一步对外开放的新举措，但仍遵从既有的资本项目管理、中长期机构投资者资质要求、投资交易信息全面收集等规范管理安排。“债券通”以国际债券市场通行的模式为境外机构增加了一条可通过境内外基础设施连接便捷入市的新渠道，以提高入市效率。从其他国家债券市场对外开放的经验看，境外投资者既可以采取逐家到境内开户模式入市,也可以通过基础设施联通的模式投资于该国债券市场。其中，前一种模式，对境外投资者要求较高，需要对该国债券市场相关法规制度和市场环境有全面深入的了解；后一种模式，对境外投资者可以依靠基础设施互联和多级托管来便捷地“一点接入”全球债券市场，这种模式成了国际主流做法。“债券通”属于后一种模式，其通过两地债券市场基础设施连接，使国际投资者能够在不改变业务习惯、同时有效遵从内地市场法规制度的前提下，便捷地参与内地债券市场。“债券通”将在我国金融市场对外开放的整体规划与部署下分阶段实施。为了满足现阶段国际投资者投资内地债券市场的需求，当前先实施“北向通”，未来适时扩展至“南向通”。

国际比较看，债券市场的开放仍然任重道远。截至 2016 年末，美国国债海外持有者占比约为 38.1%，日本国债海外持有者占比约 10.5%。但目前，我国债券市场海外持有者占比不到 2%，境外机构投资境内债券的品种结构也较为单一，主要集中在国债和政策性金融债。中国债券市场尚未被纳入国际主要债券指数相关系列中最核心的指数。

二、股票市场

中国股票市场对外开放始于 20 世纪 90 年代初，当时在资本账户尚未开放的背景下，为开拓境内公司境外融资渠道，同时便利外国投资者投资境内股票市场，1991 年，经国务院股票市场办公会议同意，允许上海、深圳先行试验发行 B 股。1992 年，B 股市场正式成立。B 股又称为“人民币特种股票”，以人民币标明面值，以外币认购和买卖，在上海和深圳证券交易所上市交易。在 B 股市场上市发行的公司注册地都在境内，2001 年 2 月以前，B 股市场仅限外国投资者买卖，此后对国内投资者开放。

为进一步拓宽境外融资渠道，并提升中国企业在境外的知名度，1992 年 7 月，经国务院批准，成立了“内地香港证券事务联合工作小组”，专门就国企赴香港上市问题开展磋商谈判。在完成谈判和相应的制度安排后，1993 年 7 月，作为中国内地第一家海外上市的国有企业，青岛啤酒成功发行 H 股股票，并在香港联交所挂牌上市。自此，中国（不包括港澳台）企业拉开了赴境外上市的大幕。2012 年 12 月，证监会颁布了《关于股份有限公司境外发行股票和上市申报文件及审核程序的监管指引》，进一步加强了境内公司赴境外发行股票和上市申请的监管。

伴随资本项目的逐步开放，我国又引入了合格境外机构投资者（QFII）制度和合格境内机构投资者（QDII）制度。作为一种过渡性制度安排，QFII 和 QDII 制度是在资本项目尚未完全开放的国家和地区，实现有序、稳妥开放证券市场的特殊通道。2002 年 12 月证监会、人民银行联合颁布《合格境外机构投资者境内证券投资管理暂行办法》，2003 年 7 月，QFII 第一单指令正式发出。为进一步开放资本账户，使人民币汇率更加平衡，让国内投资者有机会参与全球市场，2006 年 7 月，QDII 正式开闸，外汇局批准了交通银行 5 亿美元额度。近年来，监管机构在资格准入和外汇管理方面逐步放宽，额度不断提高。截至 2017 年 3 月底，已批准 QFII 280 家，投资额度 903 亿美元；已批准 QDII 132 家，投资额度 900 亿美元。

近年来，在人民币国际化加速推进，资本项目开放程度日益扩大的背景下，股票市场对外开放的深度和广度快速提升。2011 年 12 月，证监会、人民银行、外汇局联合发布《基金管理公司、证券公司人民币合格境外机构投资者境内证券投资试点办法》，允许符合条件的基金公司、证券公司香港子公司作为试点机构开展人民币合格境外机构投资者（RQFII）业务，业务初期试点额度约 200 亿元人民币。截至 2016 年底，全球 RQFII 试点地区增加至 18 个，总额度达到 1.5 万亿元人民币。截至 2017 年 3 月底，已批准 RQFII 182 家，投资额度 5414 亿元人民币。2014 年 11 月，人民银行发布了《关于人民币合格境内机构投资者境外证券投资有关事项的通知》，允许人民币合格投资者用自有或募集的境内人民币资金，投资于境外金融市场的人民币计价产品。与 QDII 额度的审批制不同，RQDII 以实际募集规模为准。

打通资金双向流通渠道。为进一步促进中国内地与香港资本市场双向开放和健康发展，同时在与国际市场更深度的融合中，不断提升对外开放的层次和水平，2014 年 4 月，国务院正式批复开展沪港股票交易互联互通机制试点（简称“沪港通”）。经过半年筹备，2014 年 11 月，中国证监会与香港证监会发布公告正式启动沪港通。为深化内地与香港金融合作，进一步发挥深港区位优势，推动内地与香港更紧密合作，2016 年 8 月，国务院正式批准了《深港通实施方案》。2016 年 12 月，中国证监会与香港证监会发布公告正式启动深港通。自此，境内符合条件的个人或机构投资者可以直接买卖香港市场上市的股票，境外投资者则可以直接买卖在上海及深圳上市的股票。目前，沪港通和深港通总体运行平稳有序，各环节运作正常，跨境资金流入流出规模大致相当，实现了有条件的、有管控的跨境证券交易。

随着内地与香港在金融产品及服务方面的合作不断深化，为促进两地基金市场的共同发展，2015 年 5 月，中国证监会与香港证监会发布联合公告，就内地与香港两地基金互认安排正式签署《监管合作备忘录》，中国证监会同时发布了配套规则《香港互认基金管理暂行规定》。2015 年 12 月，首批 7 只内地香港互认基金在两地证监会注册。2017 年 1 月，推出内地与香港基金互认服务平台。作为资本市场开放的新举措，基金互认与沪港通、深港通等形成互补，是吸引长期资金的重要方式，资本市场的开放程度更深。截至 2017 年 2 月底，中国香港基金境内发行销售资金累计净汇出 73 亿元，内地基金在中国香港发行销售资金累计净汇入 9745 万元。

总体上，伴随资本项目可兑换程度的扩大，股票市场对外开放程度不断加深，层次更趋丰富，机制更为多样化。从一级市场看，B 股的设立，以及国内企业赴香港发行 H 股，为境内企业募集境外资金提供了通道，同时也便利了境外投资者投资国内公司股权。从二级市场看，建立了促进资金流入的QFII和RQFII机制，促进资金流出的QDII和RQDII机制，促进资金双向流动的沪港通、深港通、基金互认等机制，可以在一定程度上满足不同类型投资者的需求。

然而，从国际比较看，我国股票市场开放度远低于国际水平。2014年底，在伦敦上市的公司总市值为1.7万亿英镑，其中54.0%由海外投资者控制，较1998年的30.7%大幅增加。全球规模最大的美国股市，境外投资者持股份额也达到16%。韩国股市海外投资者的持股份额也常年维持在30%以上。而目前A股市场上，虽然国外资金投资A股的渠道逐一打通，但QFII、RQFII、沪股通、深股通合计持股占比不到5%。

三、外汇市场

银行间外汇市场的对外开放始于2004年，中银香港和中行澳门分行相继进入银行间外汇市场。2009年，随着跨境贸易人民币结算业务的推出，银行间外汇市场对境外人民币清算行开放。2015年，中国人民银行允许境外央行（货币当局）和其他官方储备管理机构、国际金融组织的主权财富基金以代理、直连等多种途径参与我国银行间外汇市场，开展包括即期、远期、掉期和期权在内的各品种外汇交易，并且无额度限制。2016年1月，允许人民币购售业务规模较大、有国际影响力和地域代表性的境外参加行在银行间外汇市场参与即期、远期、掉期、货币掉期及期权交易。2017年2月，为便利参与银行间债券市场的境外投资者管理外汇风险，允许具备代客人民币对外汇衍生品业务资格的银行间市场结算代理人，基于实需交易原则对境外投资者办理外汇衍生品业务，限于对冲以境外汇入资金投资银行间债券市场产生的外汇风险敞口。至此，银行间外汇市场已向不同类型机构实现不同程度的开放，各类交易产品全面覆盖，市场国际化水平明显提升。境外投资者的入市既丰富了银行间外汇市场交易主体类型，也成为增进市场流动性和市场融合的重要力量。截至2017年5月底，参与境内银行间外汇市场的境外机构共计66家，包括18家境外清算行、19家境外参加行、29家境外央行类机构。

在引入不同类型投资者的同时，通过发展直接交易和区域交易，不断提升银行间外汇市场的开放程度。2010年，为配合人民币跨境贸易结算业务的开展，银行间外汇市场推出了人民币对马来西亚林吉特、俄罗斯卢布的直接交易，即不通过美元套算，人民币和外币直接报价交易。2014年，开展人民币对坚戈（哈萨克斯坦货币）银行间市场区域交易，建立不经套算的双边直接汇率形成机制，降低交易成本，提高市场透明度。2016年，为配合人民币国际化以及“一带一路”战略的实施，银行间外汇市场密集推出了人民币对阿联酋迪拉姆、南非兰特、沙特里亚尔等11个货币对直接交易。目前，银行间人民币外汇市场的货币对总数达到25个。交易货币既涵盖英镑、日元等主要国际储备货币，也包括俄罗斯卢布等新兴市场货币，还支持阿联酋迪拉姆等“一带一路”沿线国家货币。2016年，这些货币交易近500亿元人民币，同比翻番。

银行间外汇市场也稳步推进“走出去”战略，与国际主流机构开展合作，构建利益共同体，有序布局全球金融市场。2015 年，中国外汇交易中心落实中美经济与战略对话和中德两国领导人会谈成果，分别与美国芝加哥商品交易所集团、德国德交所集团签署合作协议，明确了实现中美、中欧金融市场基础设施及汇率等产品的互联互通、发展以人民币计价的离岸汇率现货及衍生产品等合作目标。

同时，银行间外汇市场积极推进业务国际化战略，建设全球服务网络，完善国际金融服务基础设施，建设更高层次的开放型市场。自 2016 年 1 月起，银行间市场外汇交易时间延长至北京时间 23:30，覆盖欧洲交易时段和部分美洲交易时段，为境外投资者提供便利。各类市场服务支持时间也相应延长，提升了银行间外汇市场对全球的服务能力。2015 年以来，中国外汇交易中心发布 IMF“数据公布特殊标准”（SDDS）的人民币汇率数据，同时还发布了实时人民币参考汇率，为包括 IMF 在内的国际金融组织提供定价参考。尤其是 2015 年 12 月以来，中国外汇交易中心编制和发布 CFETS 人民币汇率指数，具有广泛的国内外市场影响力。

外汇市场开放程度与发达国家相比相差更大。以全球最大的外汇市场伦敦为例，伦敦市场约有 70% 的交易量来自境外机构，交易量排名前十的机构中有七家是非英国的机构，且参与者类型众多，包括跨国企业、投资银行、共同基金、对冲基金、外汇基金和保险公司等。目前，我国参与银行间外汇市场的境外投资者数量占比只有10%左右，交易占比不足1%，且参与者类型单一，商业机构只有银行。

四、对金融市场开放情况的评估

1. 总体评估

虽然与国际发达市场相比，我国金融市场开放程度还仍处于较低水平，但开放的速度仍然举世瞩目。

从在岸市场看，我国股票市场、债券市场、外汇市场都实行了对外开放，但不同子市场的开放程度有所差异，其中，债券市场开放程度最高，股票市场次之，外汇市场最低。一级市场方面，尽管非居民在境内股票市场尚无法发行股票，但不同类型的非居民，包括国际开发机构、境外非金融企业、金融机构以及外国政府等，均可以在银行间市场发债融资。二级市场方面，股票市场在2002年就先于债券市场引入QFII（境外投资人），且逐步扩大至RQFII、沪港通、深港通等方式。银行间债券市场已完全对合格境外投资者开放，境外机构入市与境内机构实行统一的准入标准，没有额度限制，仅由人民银行实施宏观审慎管理。参与银行间债券市场的境外投资者也可以基于实需原则参与外汇衍生品交易。

从离岸市场的发展看，离岸市场的规模和地域不断拓展，产品和参与者也日益丰富。自2010年以来，境外离岸人民币市场平稳较快发展，已形成以香港为主、多点并行的格局，信贷、外汇交易、债券、基金、远期等人民币产品日益丰富、交投活跃。据不完全统计，截至2016年6月末，境外主要离岸市场人民币存款余额合计约1.3万亿元。在纽约、伦敦、法兰克福、首尔、巴黎、卢森堡、多哈、多伦多、悉尼等14个城市建立了人民币清算行，涵盖亚洲、非洲、美洲、欧洲和大洋洲。但是，在岸离岸人民币产品价格以及人民币汇率均还存在一定价差，表明资本流动仍存在一定管制，金融市场开放深度有限。

从资本项目可兑换层面看，我国不可兑换的资本项目数量逐步减少，一级市场投资的自由度稳步提高。根据国际货币基金组织（IMF）《汇兑安排与汇兑限制年报》对资本项目交易的分类标准（共7大类40项），在7大类共40项资本项目交易中，我国已实现可兑换、基本可兑换、部分可兑换的项目共计37项，占全部交易项目的92.5%。不可兑换项目主要集中在尚未向非居民开放的境内金融市场一级发行交易；限制较多的部分可兑换项目集中在有限度对外开放的金融市场二级买卖交易。

2. 各主要金融子市场在对外开放中存在的问题

总体来看，我国不同金融子市场的开放程度差距较大，市场封闭性特征尚未实现根本性变化，境外投资者准入和资本流入流出限制多。此外，我国市场的制度、规则和监管等与国际接轨程度较低，直接影响了我国境外投资者对国内各市场的参与程度。

（1）债券市场。

债券市场虽然是我国金融市场体系中开放程度最高的市场，但开放的广度和深度还远远不够。特别是金融市场的规则制度与国际市场存在较大的差异，境外发行人和投资者参与市场的便利性还不够。这些现象背后暴露出一些深层次问题，影响了境内外发行人和投资人的积极性。

一是境外机构境内发债在会计、审计政策适用方面仍有诸多不便，增加了发行人在境内债券的发行成本。根据现行规定，境外机构在境内发行债券所披露的财务报告，应按照中国会计准则或者财政部认可等效的准则编制，在审计方面也应由具有中国证券期货资格的会计师事务所进行审计，除非所在国或地区与财政部签署了注册会计师审计公共监管等效协议。目前同时符合上述会计、审计要求的国家或地区仅有中国香港，其他国家或地区的发行主体在境内发债需要重新编制符合要求的财务报告，制约了市场的发展。

二是我国评级业公信力不足，无法满足国际投资者需求。由于时间短、起步晚，缺乏违约率检验，我国评级行业总体存在信用评级等级虚高、等级区分度不足以及评级机构“以价定级、以级定价”的问题，且问题较突出，我国债券评级结果中高评级企业占比明显偏高，“AA-”级以上等级的企业占比高达 97.13%，远高于美国、日本等其他国家，同时低等级企业比例很低，呈现出“一头大一头小”的分布特征。由于获得高评级的企业增多，同一级别里的企业具有不同的风险水平差异，评级区分度低。而在债券开放过程中，国际投资人在全球范围内配置资产，其基于全球标准建立的风控体系与国内评级机构使用的中国评级体系存在“错位”，加之国际投资人对国内评级机构评级质量还存在疑虑，可能对投资债券市场形成一定阻碍。对于债券发行人而言，由于境外发行人多是国际市场上成熟的发行主体，要求其聘请并不熟悉的国内评级机构重新评级，会增加发行成本。

三是我国债券市场实行市场参与者准入备案，一级托管、集中交易的模式，与国际市场实行合格投资者制度，多级托管、分散交易的市场结构有很大的不同，导致在投资方面面临不少技术性障碍。自2005年对外开放以来，出于稳妥起见，市场开放也坚持让境外投资者适应国内既有准入、交易、托管、结算规则，逐一到境内备案、开户、交易债券，由于法律体系、交易结算习惯存在差异，境外投资者遇到不少技术障碍，导致开放实质性进展缓慢。准入备案方面，境外投资者需要通过结算代理人在人民银行上海总部提交备案通知书后方可开户。交易方面，境外市场经过自然演进，形成了做市商之间、做市商与客户之间的分层交易结构，普通投资者一般通过经纪商进行交易。国内市场结构扁平化，做市商发展不足，投资者之间一对一询价交易占比较高。在结算方面，与分层结构相适应，国际市场采用多级托管模式，即投资者在托管银行开立名义持有账户，托管银行在中央存管机构开立总托管账户的模式。这种模式下，托管银行可以为投资者提供交易后处理的一系列服务，如资产保管、清算结算、会计对账等。在境内则是一级托管模式，投资者直接在中央存管机构开户，结算代理人仅提供代理交易和代理结算服务，无法为投资者提供交易后处理的全部服务，中央存管机构直接面向所有投资者，也无法根据投资者的需求提供更为细致的服务。在结算周期方面，境外市场由于是分层交易、多级托管，因此结算周期普遍是T+3左右，而境内市场的扁平化模式使得结算效率较高，一般是

T+0，这也导致境外投资者的不适应。

四是与债券投资相关的外汇和衍生产品不丰富，制约了市场开放的进程。境外机构投资人民币债券缺乏汇率、利率风险的对冲工具，同时我国衍生品市场发展仍处于初步阶段，不仅市场规模较小，而且参与主体比较单一，境外机构实际开展债券投资仍存在不少技术障碍。如境外机构投资固定收益产品时，常常将固定收益、商品、货币产品作为一个整体制定交易策略（在国外通常叫作 FICC），但是国内却是对不同的产品有不同的开放程度安排，如债券市场的开放领先于衍生品市场和外汇市场的开放，导致境外投资者无法有效地利用衍生品和外汇市场的工具制定投资策略。

五是金融市场基础设施国际合作还有较大提升空间。由于境外机构参与境内市场涉及技术层面的操作要求较复杂，尚未实行统一、透明、普适性的规则制度，一些情况采取“一事一议”的方式，不利于为境外主体提供稳定的预期。此外，我国金融市场基础设施还不能完全满足境外机构的需求。国际电子交易平台经过多年市场竞争功能强大，境外投资者往往使用其统一终端查看行情、下单交易，而国内终端则在语言、便利性等方面与之存在较大差距。国际主要债券市场均采用多级托管制度安排，通过多个层级的托管人形成立体覆盖网络，使最终投资者能够“一点接入”全球市场，并享受融资融券、信息、研报等全方位服务，在开放过程中，需要进一步做好与国际基础设施的衔接。

（2）股票市场。

现行证券投资的开放模式以“管道式”开放为主，并未形成全面开放的模式和体系，导致A股虽然自2014年开始就被列入MSCI新兴市场审核名单，但直到2017年6月才确定将于2018年6月1日被正式纳入MSCI新兴市场指数，占比为0.7%，远低于中国经济、贸易和股市市值的世界地位（占比分别为14%，14%和15%）。

投资方面，尽管股票市场早在2002年就引入QFII，且逐步扩展至RQFII，沪港通、深港通等方式，但是迄今为止境外投资人投资股票市场仍存在较多限制，如QFII每月资本赎回有额度限制、交易所对涉及A股的金融产品预先审批存在限制、QFII额度分配问题、资本流动存在限制等。此外，QFII和RQFII还存在准入条件不统一、准入门槛较高、申请机构范围较窄等限制。通过QFII和RQFII等渠道进入市场的境外长期资金，在额度、流动性管理等方面受限，挫伤了长期投资者的积极性，不能充分发挥其在改善投资者结构、倡导长期投资价值理念、提高上市公司治理能力方面的积极作用。而境外个人投资者除可通过“沪港通”“深港通”投资沪深两市的标的股票外，其他直投通道尚未打通。

融资方面，双向跨境融资发展不平衡，境外企业尚不能在A股进行股权融资，而通过H股“走出去”融资渠道虽然相对畅通，但境外再融资的审批机制还不能与闪电配售等快捷渠道实现无缝衔接，同时B股市场目前的融资功能基本丧失。

（3）外汇市场。

实需原则在一定程度上限制了外汇市场对外开放的深化。目前，境内外汇市场是以实需为基础的有管理的市场，而国际市场上无实需要求。数据分析显示，国际外汇市场交易量中只有不到10%由真实贸易驱动。实需原则的要求，使银行间外汇市场引入境外投资者时较为谨慎，虽然境外央行、境外清算行等机构已经可以入市交易，但投资银行、商业银行、保险机构、养老基金、对冲基金、大型企业等还未能入市。这一问题同样体现在境内投资者类型上，以商业银行为主，非银行金融机构和非金融企业占比相对较小。参与者类型单一、数量较少等导致外汇交易方向趋同，自营交易较少，市场需求同质性较强，降低了外汇衍生品资产配置需求，交易规模与国际市场相比还存在较大差距。

虽然近年来为配合“一带一路”等战略的实施，我国密集推出了数十个货币对，但会员参与积极性不高，交易量过低，流动性不足，非美币种对人民币交易只占了不到5%的市场份额，且成交活跃的小币种集中在与中国经贸往来密切的周边地区或发达经济体货币，其他小币种成交稀疏，坚戈等区域货币基本无成交。

（4）金融基础设施。

我国金融市场的基础设施安排与国际市场有较大的不同。国际市场通常采用多级托管制度以及较为发达的做市商制度，但我国基础设施相关制度安排具有中国特色，是针对中国仍处于市场化转轨、市场参与主体公司治理尚不完善的基本国情，同时利用后发优势建立起来的相对较为集中的基础设施。由于金融机构等参与者公司治理结构不完善、出现了挪用客户债券的风险事件，银行间债券市场建立了与现实需求相适应的统一的债券托管结算平台，实行实名制中央一级托管，建设了一对一询价的电子交易系统，以加强信息集中监测、杜绝挪用债券等违规行为，并为参与者提供透明、规范的交易平台。可以说，中国较为集中的基础设施是与中国经济金融发展的环境相适应的，在2008年爆发的国际金融危机中也显示了较强的优越性，甚至危机后相关监管改革也趋向于基础设施的集中化。

不过，在对外开放的过程中，中国特色的基础设施安排由于开户、托管、交易、结算等方面的技术细节与境外市场的惯例不太相符，影响了境外投资机构开展实质性对境内市场的投资。我国债券市场自2005年对外开放以来，仅有480家境外投资者参与，持债总额8000亿元，占比1.2%，不仅远低于欧美发达国家30%~40%的比例，也低于俄罗斯、马来西亚等新兴国家10%的比例。

推进金融市场更高层次的开放

当前及未来一段时期，进一步通过开放促进金融市场发展是我国提高国际竞争力的必然要求。一个开放的金融市场才会有真正的广度和深度，形成的价格信号才真正具有代表性和影响力，才能够吸引更多资金和投资者，支持实体经济的发展。当前，中国作为仅次于美国的世界第二大经济体地位进一步巩固，经济发展进入新常态，利率、汇率市场化改革接近完成，资本项目对外开放基本实现，人民币的国际地位进一步提高，并进入 SDR 货币篮子。但也要认识到，中国还不具备全面改写全球金融市场体系规则的实力，需要顺应大势，主动作为，以包容合作的心态，调整完全“以我为主”的开放思路，积极适应国际规则，逐步融入国际金融秩序，形成对内改革和对外开放的良性格局。

一、在对外开放的过程中逐步解决中国金融市场的结构性问题，激发市场潜力

改革开放以来，与社会主义市场经济相适应的金融市场和机构体系基本建立，为我国经济持续健康发展做出了重要贡献，但其在促进资本形成、优化资源配置、推动经济转型和结构调整中发挥的作用还不够。与成熟市场经济国家相比，中国还有相当大的差距，存在显著的结构性问题。这些问题主要体现在：

一是直接融资比重过低；二是影子银行挤压债券市场，呈现劣币驱逐良币的现象；三是债券市场自身的结构有待改善；四是股权融资不足，投资者以散户为主；五是衍生品发展不够。未来，应继续尊重并适应国际市场规则和惯例，在开放和完善金融监管框架的基础上，深化国内金融市场的改革，实现直接融资与间接融资、股权融资与债务融资、基础产品与衍生品协调发展，建设形成与大国开放经济地位相适应、种类齐全、结构合理、服务高效、安全稳健、更具包容性和竞争性、支持实体经济可持续发展的现代金融市场体系。

二、整体协调推进金融市场开放，健全宏观审慎管理框架

坚持循序渐进原则，制定好金融市场开放的路线图、时间表。一是要有整体规划，并能及时根据情况调整开放的顺序。结合国内外经济金融发展状况，以及我国整体外债偿还能力和国际收支状况，充分考虑国内实体经济对金融服务的诉求和金融业双向开放的影响，以跨境监管能力建设为保障，制定金融市场双向开放路线图、时间表，稳步推进金融市场双向开放。二是促进国内金融发展与对外开放政策顺序的协调性和一致性。在现阶段，应在尊重国际市场规则和惯例的基础上，推进债券市场在更高层次上的开放；同时协调开放外汇市场和衍生品市场。在开放过程中，应当更加注重相关规则与国际接轨，避免过分强调中国特色。

要健全宏观审慎管理框架，防范跨境资本流动风险。健全针对外债和跨境资本流动的宏观审慎政策框架，提高可兑换条件下

的风险管理水平。综合考虑资产负债币种、期限等匹配情况，合理调控外债规模，优化外债结构，做好外债监测，防范外债风险。这就需要研究通过市场化手段抑制短期投机性资本冲击，加强对境外投资者投资行为和跨境资金大额异常流动的日常监测和风险预警，督促参与机构认真履行一线监测和信息报送义务，防范违规交易和异常跨境资本流动风险。

三、有序开放信用评级市场

首先，允许国际评级机构进入境内债券市场开展信用评级业务，并结合国际评级机构情况明确市场管理具体要求。一是尽快建立健全信用评级机构统一管理规则，实现评级机构的统一注册和监管。对于评级机构，不论其为境内机构或境外机构，只要公开发布的评级结果“用于监管目的”，均应将其纳入评级行业的监管范畴。同时，要建立以投资者为主导的市场化评价机制，引入评级机构的强制退出机制。二是针对评级机构进入市场执业的不同方式，有针对性地进行管理。对于通过境内设立商业存在开展评级业务的国际评级机构，应注重坚持内外资同等待遇的原则。对于国际评级机构跨境提供评级业务服务的，要借鉴国际经验，注重与所在国评级行业监管部门的监管协调，既要防止过度监管和监管冲突使得评级机构无所适从，限制其业务开展，又要避免监管空白给评级机构套利空间。评级开放初期，可考虑仅对国际评级机构在华评级业务进行监管，包括问询、调阅工作底稿等，长期来看，应加强与国际监管机构的合作，通过签署合作协议的方式实现协同监管。

其次，发挥国际评级机构优势，逐步放开国内债券评级业务。一是降低信用评级依赖，不再将信用评级作为债券发行的必要条件。此前，我国对评级行业过度保护，要求债券发行必须要有评级，实际是行政性地确定了评级机构的垄断地位及市场信誉，而我国债券违约率极低，评级质量无法得到有效检验，导致评级机构过于注重市场份额，而忽视了自身信用的积累。对债券发行没有强制评级要求后，评级机构将更加注重自身声誉以取得投资者的认可，国际评级机构促进国内评级质量改善的作用也会发挥得更为充分。二是注重全球评级体系和本土评级体系的协调，分步骤开放评级业务。目前，国际评级机构使用的是全球评级体系，在这一体系下，中国企业评级不能超过主权评级即“A+”或“AA-”，而我国国内评级机构对国内企业的评级最高是“AAA”，同一发行主体在两个评级体系下评级相差较大。在评级开放初期，要注意两个体系的协调，避免造成定价混乱，为此可采取逐步放开的方式，初期可引导国际评级机构重点对发行熊猫债的国际机构进行评级，或是对已经在国际市场融资的国内机构进行评级，最终再全部放开。

四、实行分层分类管理，给予境外发行人在审计和会计方面更大的灵活性

首先，允许境外机构发行人自主选择会计准则来编制财务报告。中国债券市场特别是银行间债券市场均是以合格机构投资者

为主，具备对境外机构财务报告的风险识别和判断能力。对面向合格机构投资者发行债券的境外机构，可允许其使用中国企业会计准则或与财政部认可等效的会计准则编制所披露的财务报告，同时提供该会计准则与中国会计准则的重要差异即可。在编制重要差异说明时，对于外国政府类机构（包括主权政府、地方政府等）、国际开发机构等资质较好和国际影响力较大的境外机构，披露其使用的会计准则与中国会计准则的重要差异即可；对于金融机构、非金融企业等境外商业机构，应根据其使用会计准则与中国会计准则的重要差异对其财务报告有关数据进行调节，披露有关差异调节表。此外，对于面向合格机构投资者定向发行债券的境外机构，由于投资者数量较少，且多是与发行人熟悉的机构，可考虑允许境外机构与定向合格机构投资者自主协商确定财务报告所使用的会计准则。

其次，允许符合一定条件的境外会计师事务所为境外机构在境内面向合格机构投资者发债提供审计服务。从国际实践看，我国机构在美国等主要资本市场面向其境内合格投资者发行债券时，多使用中国会计师事务所出具的审计意见，有关监管部门未因发债问题要求与中国签署审计监管合作协议。目前，我国资本市场开放有关法律制度仍在完善过程中，与境外会计师事务所所在国家或地区签署审计监管合作协议有利于提高监管效力，为债券违约跨境追偿提供保障。但与我国内地相关部门签署审计监管合作协议的国家和地区目前只有中国香港，这增加了境外机构的发债成本，限制了境外机构发债的积极性。因此建议加快推动与更多其他国家或地区签署审计监管合作协议的相关工作，同时，允许未与财政部签署审计监管合作协议国家或地区的会计师事务所在向财政部备案后即可开展有关审计服务，对于香港地区的会计师事务所，可豁免备案要求，具体按照有关审计监管合作协议执行。

最后，尽快就境外机构在债券市场发行人民币债券发布统一的管理办法，明确外国政府、国际开发机构以及境外商业机构在银行间市场发债的有关要求，包括相关的会计、审计政策，增加透明度和规范性。

五、尽快明确境外投资者进入我国债券市场所涉税收问题

首先，财税部门应尽快明确境外机构债券投资所涉及的税收细节问题，吸引更多的境外机构投资中国债券市场。例如，就是否征收、如何征收企业所得税和增值税的问题，借鉴国际通行做法，制定规则明确、操作性强的统一文件，并细化对银行间债券市场登记托管机构的代扣代缴要求。

其次，明确国际条约或税收协定中的有关税收优惠规定问题，推动税收优惠政策落地。如，明确税收优惠的适用对象以及申请方式和流程。

再次，对于境外投资者投资在我国银行间债券市场发行熊猫债的利息所得和价差所得，推动实现免征企业所得税和增值税，以避免双重征税，提高熊猫债税收政策透明度。

此外，财税部门应加强税收政策宣传，为境外机构投资银行

间市场创造更加公平透明的政策环境。

六、金融基础设施建设要兼顾中国国情与国际惯例

未来，对于境内投资人采用符合中国国情的一级托管制度，对于境外投资人采用符合国际市场惯例的多级托管制度，以适应不同投资人的习惯和特点，应进一步推进开放的务实做法。

2017 年 7 月启动的“债券通”，通过“多级托管、名义持有、集中交易、穿透式监管”的制度安排，成为在现有开放基础上，进一步推动债券市场安全稳健开放、便捷联通国际投资者的合理有效路径。从宏观上看，以多级托管方式实施“债券通”实质是通过国际投资者能够理解和接受的国际通行安排，更加便捷高效地配置到人民币债券资产，这意味着更加顺畅的资本流入和债务输出分散，这有利于促进我国国际收支平衡，支持经济金融平稳去杠杆，降低融资成本，从而最大程度地强化金融安全的基础。从微观上看，在“债券通”中引入中资银行实行多级托管，为中资金融机构提供了参与国际托管业务竞争的历史性机遇，有利于提高全球竞争力和维护国家金融安全。

07

构建中国对外投融资合作框架

07

构建中国对外投融资合作框架

2008 年全球金融危机重塑了世界经济与投资格局。发达经济体的对外直接投资整体呈收缩趋势，而我国在世界投资格局中的地位则处于稳中有升的状态（UNCTAD，2016）。2015 年开始，我国在直接投资方面结束了延续 30 多年的顺差，对外直接投资连续两年超过利用外资规模（中国对外直接投资统计公报，2016）。

根据商务部、统计局和外汇局统计，2016 年我国实际使用外资 8132 亿元人民币（折合 1260 亿美元）；对外直接投资 11299 亿元人民币（折合 1701 亿美元），在全球仅次于美国，居世界第二位。从发展趋势上看，“一带一路”倡议、“走出去”战略与国际产能合作战略之间存在密切联系，其中的重要环节都是开展对外投资。可以预见，我国海外投资与工程合作规模仍具有较大提升潜力，有望保持快速增长。

企业“走出去”投资离不开金融支持，海外投资和项目建设的迅速发展也对我国对外投融资体系与投融资合作提出了新要求。

我国海外项目建设和投资的许多东道国都是发展中国家和新兴经济体，其资金需求非常庞大。但这些国家和地区金融体系仍欠发达，金融服务无法满足投资所需。考虑到相关项目投融资需求十分巨大，这也决定了为其提供相匹配的资金支持无法成为某个国家的“独角戏”，也非仅依靠我国单打独斗就能完成（周小川，2017）。因此，为满足相关投资需求，需要为企业“走出去”与国际产能合作搭建投融资框架，促进资金融通。

对外投融资应坚持企业为主体、市场化运作原则，明确政府、市场、国际机构的定位。从全球来看，私人部门整体上并不缺乏资金，但由于一些投融资项目周期长、回报慢、盈利前景不清晰，使投资者投资积极性较低。这就需要政府充分发挥引导作用并提供便利，消除资金供需双方面临的制度约束和信息不对称问题，必要时以公共资金撬动私人部门和国际机构资金进入。

根据投融资项目性质不同，政府和市场在其中发挥的作用也应有所差异，大体可分为以下几类：第一，对于可完全通过商业化运作的项目，应交由私人部门承担。第二，对于私人部门有利可图，但在政策环境、监管安排等方面存在着一定信息或政策缺陷的项目，政府不一定要直接介入项目投融资环节，而是应着力于改善投资环境，减少制度障碍，降低信息不对称程度，为私人部门投资创造便利。第三，对于项目资金需求量巨大、政治不确定性较高、但对我国具一定战略意义、私营部门无力独自承担的项目，政府应发挥引领和示范作用，包括通过提供增信、担保等服务，降低项目风险，并充分发挥公共资金和优惠资金的杠杆作用，广泛吸引国际开发机构、私人资本和境内外金融机构共同参与。此外，对于一些确实具有较强的战略性与政策导向，但即便有公共资金和优惠资金介入也仍然亏损的项目，鉴于其已经超出了商业性投资的范畴，本章将不予讨论。

同时，在不同地域的投融资合作中，官方资金应当发挥的作用也有较大差异。对于面向欧美等发达经济体的投资，由于其基本处于完全竞争性的市场，相应的法律、制度和投融资体系也比较健全，因此可放手让中资企业去参与国际竞争，并通过市场化方式获得项目所需的资金。但对面向发展中国家和新兴经济体的海外项目，很可能出现私人部门投融资服务“缺位”的现象，需要政府发挥“补台”作用，通过官方资金撬动项目所需的资金投入。

本章将以当前投融资合作的特点与问题为出发点，认真审视我国现行的投融资合作框架，研究如何坚持以企业为主体，市场化运作为原则和导向，特别是在面向欠发达地区投资一些大型项目时，如何在私人部门投融资服务“缺位”的情况下，积极发挥政府“补台”的作用，推进投融资合作，从而确保我对外投资的可持续性，维护我国海外投资权益。

中国对外投融资合作现状评估

中国企业“走出去”与对外投资正处在高速发展时期，流量和存量规模均达历史新高，而这也为中国在完善投融资框架与开展投融资合作方面带来了一些新的问题。以“一带一路”合作为例，该区域新兴经济体和发展中国家居多，在基础设施和互联互通等方面普遍存在历史欠账较多、资金投入不足的问题，对外部资金依赖较大，迫切需要国际社会支持，对资金优惠度也有一定期待。与此同时，我国在对外投资方面增长较快但起步较晚，投融资框架有待完善，在投融资合作方面也面临着诸多挑战。本节将简要梳理中国对外投资的基本特点，评估中国参与对外投融资合作的机遇与风险，并就当前存在的问题进行深入分析。

一、当前中国企业对外投资的基本特征

一是起步晚、增长快、未来潜力巨大。近 10 年来，我国对外直接投资呈现高速增长态势。根据国家统计局数据测算，2000 年到 2016 年间，我国新增非金融类对外直接投资年均增速高达 33.9%。从存量看，2015 年我国内地对外直接投资存量首次突破万亿美元大关，为 10979 亿美元，2016 年进一步达到 12810 亿美元，位列世界第六，仅低于美国、中国香港特别行政区、英国、德国和日本（见表 7-1）；从流量来看（见图 7-1），我国 2016 年对外直接投资 1701 亿美元，在全球仅次于美国。另外，尽管我国已经是对外投资发展最快、存量最大的新兴市场经济体，但与主要发达经济体相比仍有较大差距。截至 2016 年年末，我国对外直接投资存量相当于 GDP 的 11%，明显低于美国 34%、日本 28%、德国 39%、法国 51% 以及英国 55% 的水平。从国际比较来看，随着我国改革开放的推进和与周边国家经济的持续融合，未来我国对外投资的增长潜力依然巨大。

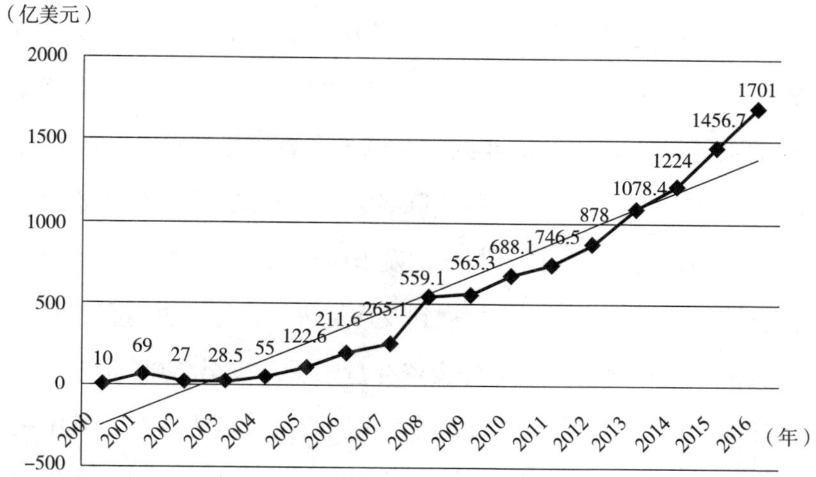

图 7–1　2000 年以来我国对外直接投资流量

数据来源：《2016 年度中国对外直接投资统计公报》。

表 7–1　中国（内地）与全球主要国家和地区对外直接投资存量对比

单位：亿美元

国家和地区	对外直接投资存量		
	2000 年	2010 年	2016 年
美国	26940	48096	63838
中国香港	3793	9439	15279
英国	9402	16863	14439
日本	2784	8311	14007
德国	4839	13646	13654
中国（内地）	278	3172	12810
法国	3659	11730	12594
荷兰	3055	9681	12560
加拿大	4426	9985	12200
瑞士	2322	10413	11309

数据来源：联合国贸发会议（UNCTAD）《2017 年世界投资报告》。

二是投融资合作重点区域逐渐从亚洲经济体向欧美发达国家拓展。从全球来看，近十几年来，发达经济体始终是外商投资的主要目的地，2016 年约占全球外商直接投资总流量的 59%（UNCTAD，2017）。但根据国际经验，一国在对外投资起始阶段往往更偏好周边区域以及与该国发展阶段相接近的经济体，待经济发展程度提高后才逐步扩展到发达经济体，而这也与我国对外投资的轨迹相吻合。从对外投资存量来看，截至 2015 年末，我国在亚洲的投资存量为 7689 亿美元，约占总量的 70%，其中主要是发展中经济体；同期我国对欧美发达国家投资存量占比仅为 10% 左右。值得注意的是，虽然目前我国流向发达国家的投资仍相对较少，但随着中资企业国际竞争力的不断提升，对技术和发达国家市场的需求越来越大，已呈现出逐年攀升态势，欧洲和北美的发达经济体正逐渐成为中国企业海外投资和并购的热门地区。从流量上看，2015 年我国对欧美投资约占总量的 25%。正如波士顿咨询公司（2015）在其《中国海外并购十年报告》中所指出的，中国企业海外并购的重心和目标不断转变，以获得技术、品牌和市场份额为目的的海外并购日渐增加。

三是投资行业分布转型趋势明显。采矿业曾经是我国对外投资的主要行业，2003 年该产业在我国对外投资流量中的比例一度高达 48.4%；随着中资企业“走出去”与国际产能合作步伐加快，加之 2008 年金融危机后一些国家为了吸引海外资本，减少了对外商直接投资的限制，中国资本的行业分布变得更为多元，商务服务业、金融业与制造业等领域的对外投资出现了大幅增长。从流量来看，2015 年，租赁和商务服务业、金融业、制造业是我国对外直接投资中占比最高的三个行业，分别为 24.9%、16.6% 和 13.7%，其中制造业发展较为迅猛，采矿业已经退出前三甲。从存量来看，截至 2015 年年末，租赁和商务服务业以 4095.7 亿美元高居榜首，占中国对外直接投资存量的 37.3%；其次为金融业 1596.6 亿美元，占 14.5%；采矿业 1423.8 亿美元位列第三，占总量的 13%（见图 7–2）。以上数据说明，我国对外投资结构转型趋势明显，除了传统的基础设施和能源资源行业外，商务服务业、金融业和制造业迅速发展，所涉及行业呈现出多元化特征。

四是非国有企业已经成为我国对外投资中的主力军。2006 年末，国有企业投资约占我国对外直接投资存量的 81%，同期非国有企业（包括有限责任公司、股份有限公司、私营企业等）的份额仅为 19%（见图 7–3）。

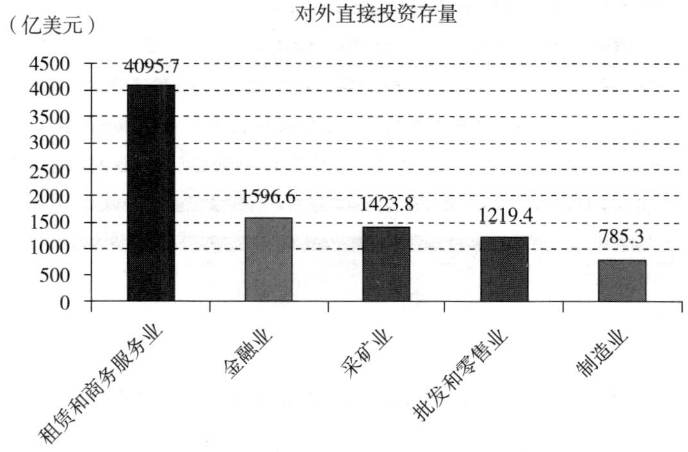

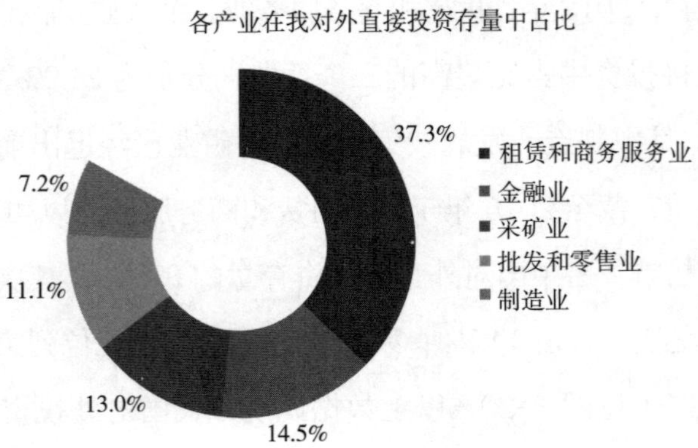

图 7-2　2015 年中国对外投资存量主要行业分布一览

数据来源：《2016 年度中国对外直接投资统计公报》。

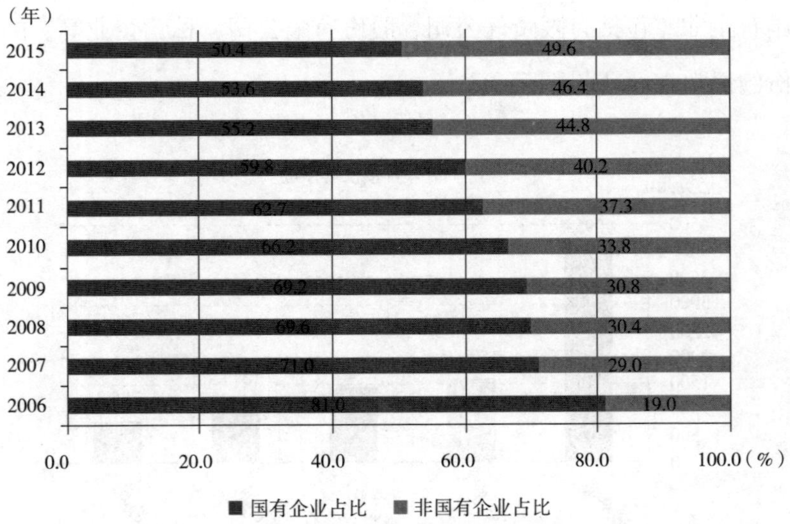

图 7-3　2015 年中国对外投资存量主要行业分布一览

数据来源：《2016 年度中国对外直接投资统计公报》。

截至2015年年末，国有企业占我国对外投资存量的比重已下降至50.4%，非国有企业占49.6%，二者几乎平分秋色、并驾齐驱。若从流量和投资主体数量的角度来看，非国有企业（特别是有限责任公司）更是成为了我国对外投资的主力军。这说明我国对外投资主体已经开始出现多层次、多元化特征。

二、我国对外投资具有周期长、规模大、风险高的基本特点，在投融资合作方面机遇与挑战并存

综合来看，我国对外投资具有周期长、规模大、风险高的基本特点。第一，从区域分布来看，近年来我国对发达国家的投资增长较为迅猛，但从总量上来看仍以对周边发展中国家投资为主，中国对外直接投资存量的八成分布在发展中经济体，包括许多"一带一路"区域的重点合作项目（《2015年度中国对外直接投资统计公报》2016），这些国家和地区的法制环境不够健全，金融市场仍欠发达，市场化水平有待进一步提高。

第二，从投资行业来看，尽管商务服务业和金融业占比较大，但基础设施建设、能源资源行业和装备制造业等仍然是我国对外投资的重要领域（王永中和李曦晨，2017），相关投资周期较长、规模较大、流动性低，这些项目对股权性质、期限较长的资金存在较大需求，而传统金融市场上能够提供中长期股权投资的资金来源不多。

第三，从行业敏感程度来看，能源、资源是我对外投资的重点领域，这些领域敏感程度较高，保护主义色彩强，东道国也愈

发倾向将其开发及其后续增值的好处留在当地，对于外国投资者的进入、控股比例、出口和税收等也相应会有很多法律法规和监管方面的要求，而且正呈现加严趋势（李克平，2015）。

我国海外投资的这几个特点给企业“走出去”融资带来一些挑战，但也为我国企业开展投融资合作带来了机遇。从挑战来看，一方面，“走出去”企业在境外融资时往往面临许多困难和制约。例如，中资企业在投资东道国的信用记录不足，难以获得信用担保，境外新设企业在启动阶段的信用记录也比较短，难以获得低成本的融资；同时，企业对境外融资的要求、流程、政策与法律环境也存在一个适应过程，需要积累经验。

另一方面，由于发展中国家和新兴市场经济体是我主要投资区域，东道国普遍面临资金匮乏问题，经常出现私人部门投融资服务“缺位”的现象，中资企业通过国内金融机构或国内金融机构的海外分支融资时也有一些瓶颈和制约，如我国金融机构海外布局主要集中在发达经济体，对我国海外投资较多的发展中和新兴市场国家反而布点较少。以境外分支机构最多的中国银行和工商银行为例，两家银行只覆盖了 40 多个国家和地区，且与我国“走出去”业务地区分布的契合度不高；传统商业金融机构所能提供的多是期限在五年之内的短期贷款，缺少中长期融资工具；境内银行一般不接受国外资产作为贷款抵押物；银行可能出于风控考虑而“嫌贫爱富”，对非国有企业的海外投资项目惜贷；等等。

但从机遇来看，由于发达经济体的跨国公司很早以前就开始在全球范围内寻找市场和资源，较为成熟的市场与区域早已被其所占据。正是由于我国主要投资区域与行业存在以上特点，客观上也促使中资企业能够有机会打进一些发达国家传统上难以进入的地区和行业。因此，若巧妙规划，合理设计投融资框架，将有助于中国在对外直接投资方面实现“弯道超车”。

当前在实际运行中，一些中资企业的对外投资表现并不理想，而是遭受了挫折和失败。例如，中资企业共在海外参股 106 家矿业上市公司，截至 2014 年年底，仅有 3 家公司实现盈利（王思德，2015）；中国矿业联合会 2014 年指出，中企海外购矿八成亏损；全国工商联的数据也显示，67% 的民营企业在出海中遭遇挫折，仅有 10% 盈利。这其中既有政治、法律、文化差异等风险因素的影响，也有企业经营、项目选择和经济周期等原因，在某些情况下还与融资安排不科学、不灵活存在直接关系。例如，目前有一些中资企业跨境并购是以现金而非股份作为对价完成交易，且大量采用外部债务融资的方式筹集资金。尽管这与我国直接融资体系有待发展、银行信贷在融资中占据主导地位有一定关系，但更值得注意的是，由于中资企业跨国并购具有顺周期、跨行业等特点，容易溢价购买，且并购双方所需的磨合期也较长，债务杠杆偏高可能带来一些潜在风险。为解决企业在海外投融资中面临的困难和风险，需要政府加以引导，推出一些创新性的投融资制度安排，提高海外投资的可持续性，为我国企业“走出去”与国际产能合作营造有利的金融环境。

三、发展中国家和新兴经济体的建设资金需求十分巨大，非中国单打独斗就能完成，需合理构建投融资合作框架

发展中国家和新兴市场经济体是当前中国许多海外项目建设和投资的目的地与东道国，其经济建设和社会发展的资金需求非常庞大。据亚洲开发银行（ADB）测算，从当前到 2030 年，亚洲基建投资需求将高达 26 万亿美元，平均每年 2.5 万亿美元；据香港金融管理局测算，“一带一路”沿线关于基础设施建设的资金需求，估计每年高达 0.8~1 万亿美元。此外，1994 年世界银行曾在报告中提出基础设施投资占 GDP 比重不小于 5% 的政策目标（袁佳，2016），笔者也以此为依据，对“一带一路”区域主要国家的年均基础设施投资需求进行了简单的线性测算（见表 7-2）。

我们将“一带一路”国家基础设施投资额占 GDP 的比重设定为低、中、高三种情况，并假设在三种情况下，相关区域的基建投资需求占 GDP 的比重分别为 3%、5% 和 6%。此后，基于 IMF 预测的未来各经济体 GDP 总量，乘以不同情况下基建投资需求占 GDP 的比重，即可得到相应的基建投资需求规模。表 7-2 中的结果显示，2017-2021 年，主要“一带一路”沿线国家年均基础设施投资需求可能将达到 0.8~1.6 万亿美元。

表 7-2 "一带一路"主要沿线国家基础设施投资需求预测

单位：亿美元

占比	国家和地区	2017 年	2018 年	2019 年	2020 年	2021 年	总计	年均
低方案3%	亚洲新兴经济体和发展中国家	5125	5569	6053	6593	7177	30519	6104
	独联体国家	619	646	671	702	737	3376	675
	中东、北非	979	1039	1101	1173	1254	5546	1109
	总计	6724	7255	7826	8468	9168	39441	7888
中方案5%	亚洲新兴经济体和发展中国家	8542	9282	10089	10989	11961	50864	10173
	独联体国家	1032	1077	1119	1170	1228	5626	1125
	中东、北非	1632	1731	1836	1954	2090	9244	1849
	总计	11207	12091	13044	14114	15279	65735	13147
高方案6%	亚洲新兴经济体和发展中国家	10251	11139	12107	13187	14354	61037	12207
	独联体国家	1239	1292	1343	1405	1474	6752	1350
	中东、北非	1958	2078	2203	2345	2508	11092	2218
	总计	13448	14509	15652	16937	18335	78882	15776

数据来源：作者根据 IMF 世界经济展望（WEO）数据库数据估算而得。

与此形成鲜明对比的是，根据商务部数据，2016 年我国对"一带一路"沿线的全部投资约为 145.3 亿美元。因此，我国资金能够满足的部分与上述投融资需求相比非常有限。总的来看，一方面，我国投资较多流向发展中国家和新兴经济体，其金融体系有待发展，私人部门提供的金融服务往往无法满足投资所需，公共部门也缺乏建设所需资金；另一方面，由于我国已是全球第二大经济体、第二大对外投资国和头号外汇储备持有国，外界认为我国资金实力雄厚，对中国的优惠资金也有一定期待。因此，为开展好包括“一带一路”建设在内的海外项目合作，需要充分调动各个利益相关方的资源，开展投融资合作，以满足规模庞大的投融资需求。这既有利于促进相关国家的经济增长，也有利于我国企业、装备和技术“走出去”，我方投资还可以实现较好的商业回报。

但需要特别注意的是，我国为企业“走出去”和国际产能合作搭建资金平台、促进资金融通，并不意味着单向的资金支持或单方面让利，且完全靠我国“单打独斗”也难以持续（周小川，2017）。在合理的投融资框架中，资金必须按照市场化、商业化的原则运作，自担风险、自负盈亏、自我约束，才能真正实现可持续发展。也就是说，需要充分调动各方资源，使各方真正承担起责任、享受到收益，才能形成正向的激励机制，同时也有助于避免我国无谓地承担过多风险。此外，从资金来源来看，由于政府资金是有限的，且财政资金主要用于国内，对外投融资合作不能依靠公共资金作为主要支柱，而是需要加强政府和市场的分工协作，充分发挥公共资金对其他资金的撬动作用，同时坚持以企业为主体，市场化运作，才能保证投融资的可持续性。

四、当前我国对外投融资合作中存在的问题

可以预见，随着我国与世界经济的持续融合，未来我国对外投资增长潜力依然巨大。但在中资企业“走出去”的进程中，与投融资合作相关的矛盾和问题日益突出。当前在我国金融机构和“走出去”企业开展对外投融资合作的过程中，暴露出了一些迫切需要解决的问题。

第一，部分金融机构在争取项目时存在无序竞争。例如，许多金融机构都曾反映，当前在海外项目融资中也普遍存在国内金融机构“一拥而上”的现象，为竞争优质项目而过度放松融资条件，从而导致无法形成正确的激励机制，甚至出现攀比。中资金融机构应结合海外项目的具体需求和自身特长开展业务、优化布局，金融监管部门也应提供良好环境，优化准入条件，强化海外运营监管，避免出现盲目布局、无序竞争的情况。因此，有必要加强顶层设计，探索设立固定机制对重大项目进行统一协调，从而整合中资企业和金融机构优势，实现抱团出海。

第二，部分企业存在忽视风险、盲目投资的情况。由于不了解当地的环境和社会规范，可能出现环境污染事故与冒犯当地宗教、劳工、文化习俗的事件，影响参与投资的金融机构和企业的业务与声誉。例如，据媒体报道，2009 年 12 月，经缅甸政府许可，中国电力投资集团公司在缅甸的密松水电站项目开始启动，但在 2011 年 9 月，缅甸方决定暂停密松水电站项目，其主要理由是民众担心该项目可能会破坏密松的自然景观和文化，影响当地民众的橡胶种植园与庄稼收成，并造成气候和环保等方面的问题。

尽管此后缅当局又成立了调查委员会寻找妥善的解决方案，但目前该项目仍在搁浅中。中方已经投入的20多亿美元投资面临着较大不确定性，且由于该项目无法继续开工运转，获得收益更是遥遥无期（包胜勇、李国武，2015）。

第三，公共资金和优惠性资金尚缺乏完善的持续跟踪和事后问责机制。作为资金提供方，只有重回报，才能在使用资金时重效益，不盲目、随意投放资金（殷勇，2017）。以沙特阿拉伯麦加轻轨项目为例，上市公司中国铁建在2009年中标，当时更熟悉当地工程条件的沙特阿拉伯本地公司的报价为27亿美元，而中国铁建的报价仅为17亿美元。尽管中国铁建保质保量按时完成了项目建设，且麦加轻轨在运营后获得广泛好评，但由于该公司在成本估算和工程管理方面的失误，加之对方存在合同变更，导致项目2010年完工时共亏损了41.5亿元人民币。为了减少上市公司股东的损失，该亏损最终由母公司中铁建总公司承担。尽管麦加轻轨项目为中国铁路项目“走出去”赢得了良好口碑，取得了较好的社会效果，但其在财务上却发生了意料之外的巨额亏损。在此过程中，相关的风险控制与事后问责机制并没有起到应有的作用（包胜勇、李国武，2015）。

第四，企业通过国内金融机构或其海外分支机构融资时面临着一些瓶颈和制约。首先，中资金融机构在许多发展中国家和新兴市场经济体的布局仍存在较大空白。从覆盖范围看，当前我国企业“走出去”已经涉及180多个国家和地区，而中资商业银行目前仅在60多个国家和地区设立海外分支机构，且多集中于发达经济体，尚未形成覆盖全球的经营网络，不能很好地配合企业进行海外融资。从投资银行来看，其布局所涵盖的区域更少，且已有海外机构同样多集中于发达经济体。金融机构海外分支机构对其深入一线发挥作用具有重要意义，能否进一步完善海外布局，将对其能否充分发挥对海外投资的支撑作用产生重要影响。其次，中资金融机构现有海外分支机构的实力和服务能力也有待加强。近年来，我国企业“走出去”形式日趋多样化，对金融机构也提出了多样化的服务需求，除了融资、支付结算、银行保函等传统服务以外，企业并购、股权投资、衍生工具交易、投资咨询等投资银行服务以及保险方面的金融服务需求也日渐增大。我国金融机构的经营水平虽已取得明显进步，但与老牌国际同行相比，其在国际化方面的发展时日尚短，经验不足，难以自如地运用国际金融市场，整合国内外金融资源。例如，金融机构海外分支的资本金有限，在融资规模和利率上不具优势；对东道国当地合规风险的了解不及外资金融机构深入，在协助企业规避监管和法律风险上能力和效率有待提高；在产品服务创新，提供综合性、全方位金融服务上与外资金融机构仍有一定差距，竞争力还需进一步提升。

第五，中资企业跨境并购规模快速增长，债务融资占比较高。对外直接投资分为跨境并购和绿地投资，近年来我国跨境并购增长较快。2016 年，中资企业共发生跨境并购项目 742 起，实际交易额约 1072 亿美元，同比大增 167%。在跨境并购爆发式增长的同时，债务融资占比偏高的现象也普遍存在，这将导致企业杠杆率上升，可能加剧其海外经营风险。商务部、统计局和外汇局联合发布的数据显示，2009年以来，我国海外直接投资中平均有28.9%的资金来自国内银行贷款等债务性融资（见表7-3），考虑到一些项目还可能在境外举债融资，且子公司的“新增股本”中也可能有部分是由母公司在境内通过债务方式募集，实际情况中债务融资的比例可能更大。

表7-3 2009—2015年中国对外直接投资的融资方式

年份	新增股本（%）	当期利润再投资（%）	国内银行贷款等方式（%）
2009	30.5	28.5	41.0
2010	30.0	34.9	35.1
2011	42.0	32.8	25.2
2012	35.5	25.6	38.9
2013	28.5	35.5	36.0
2014	45.3	36.1	18.6
2015	66.4	26	7.6
平均	39.7	31.3	28.9

数据来源：根据《2015年度中国对外直接投资公报》整理。

此外，根据路透统计，在国际并购中，全球范围内总债务/税息折旧及摊销前利润（该指标反映企业盈利对总债务的保障能力，数值越小，企业偿债能力越强）的中位数在3左右，而2015年我国企业海外收购中该指标的中位数为5.4，“高杠杆”的特征比较明显。这一方面是因为银行在我国金融体系中占主要地位，股权融资市场门槛较高，另一方面也和我国金融服务体系有待深化有关。

综上所述，针对我国海外投资多集中于发展中国家和新兴经济体，项目周期长、规模大、风险高的特征，政府部门和官方资金可以有所作为。一方面，应完善对外投融资合作框架，通过官方资金撬动项目所需的各方资金投入，解决企业在“走出去”过程中由于风险、收益和期限错配而带来的“融资难”问题和金融风险，为中资企业参与国际经济竞争与合作、积极融入全球产业链和价值链提供良好的宏观经济与金融环境，并引导资金重点投向对我国产业升级和国际产业链布局有重大意义的海外投资项目。另一方面，需坚持以企业为主体，实行市场化运作，完善优惠性资金的风险控制和事后问责机制，同时优化企业海外投资的融资结构，支持国内有能力、有条件的企业开展真实合规的对外投资活动，从而在最大程度上确保投融资的可持续性。

开展对外投融资合作应秉承的理念

开展对外投融资合作的核心是利益结构多元化与投资风险的分散化。长期来看，我国与发展中国家和新兴市场经济体之间的投融资合作难以保持单向的资金支持，而是要在各方之间形成成本共摊、风险共担、收益共享的良性机制，因此还需借助市场力量，最大程度地调动各种资源，确保资金的可持续性，实现我国海外投资利益的最大化。基于以上考虑，我们认为，我国开展对外投融资合作应秉承以下理念。

一、动员多方力量参与对外投融资合作

正如前文所述，开展海外项目与国际产能合作所需资金远非单个国家所能负担。因此，做好对外投融资合作的关键之一就是“合作”，即广泛动员多方力量、充分调动各方资源，进而有效地利用全球资金，缓解我国资金压力，分散我国投资风险。

一方面，利益多元化有利于动员多方资金。我国参与的许多对外合作项目都有建设周期长、投资回收慢的特点，一旦投融资跟不上，不仅会影响项目的进展和经济效益，甚至可能会带来一些政治上的影响。因此，相关的投融资必须可持续，这就要求各方加强合作，通过利益共享来实现成本共担。为此，可促进政府和市场力量的对接，调动利益相关国家的资源，为项目提供多渠道、

中长期、可持续的资金，缓解外界对我国资金提供的诉求与压力。

另一方面，利益多元化还有助于防范风险。作为使用资金方，只有承担了资金成本，才会认真考虑如何将资金投入到真正为市场所需要的领域，才可能产生效益（殷勇，2017）。因此，引入东道国资金有利于降低项目风险。此外，不仅可与我国参与的项目所在国合作，也可以考虑与一些竞争对手实现利益捆绑，这反而能避免其暗中阻挠或破坏，促进我国海外项目的可持续发展。例如，尽管缅甸政府以环保等为由叫停了我国企业投资的密松水电站项目，但中缅原油管线项目却由于缅甸、韩国、印度等均有参与而未受到任何影响，2017 年 6 月已顺利通油（中国经济网，2017）。综上可知，应妥善搭建投融资框架，推动有资金实力、有项目承建经验和有项目建设需求的国家在互惠互利的基础上各施所长，用发展成果的共享换取项目风险的共担。

借鉴有关国际经验，可遵循以下原则：首先，在重大项目上可联合其他国家，包括发达经济体的金融机构，不但可共担资金成本与投资风险，减轻外界对我国的顾虑，还可提高债务人违约面临的国际压力。重大工程项目往往所需资金量巨大，不是单独一家金融机构所能完成，可考虑通过包括发达国家金融机构在内的国际银团贷款融资，实现信贷资金的集成与风险的分散，为重大项目提供大额、长期、稳定的资金支持与配套金融服务，还可充分借鉴发达国家金融机构的有关经验。

其次，可加强与项目所在国的商业银行合作，与东道国实现利益共享、风险共担，并要求当地项目投资方投入一定比例的自有资本金，从而使东道国金融机构与投资方对项目运营与盈利更加重视，加大中方出资安全。

最后，多边开发机构历史悠久，经验丰富，在相关区域精耕细作多年，在其业务涵盖的地区和领域往往具有明显优势，在风控方面也有较多的经验。可考虑在投融资方面加强与多边开发机构的合作，如设立联合投资基金、开展跟投业务等。

二、优化产业布局，结合区域比较优势开展对外投融资

近年来，我国企业加速“走出去”，在海外建立了各种产业园区，对外转移了一些当地所需要的产能，同时也拓展了中资企业的海外市场。考虑到海外地区各有特点，具备不同的比较优势，因此应注意企业“走出去”与产能合作的产业和区位选择，从而优化我国海外产业布局。

改革开放以来，我国抓住劳动密集型产业国际转移的趋势，充分发挥了自身劳动力成本低的比较优势，发展劳动密集型产业，对推动经济发展和促进就业发挥了重要作用。但经过多年快速发展，情况已经发生了变化。从人口结构来看，我国劳动年龄人口的绝对数量已经开始下降；从工资水平来看，我国人均国民收入已由改革开放初期约 300 美元上升到当前约 8000 美元，出口产业密集的沿海地区人均收入已接近或达到高收入经济体标准，劳动力成本已明显上升。以上量、价两方面情况都说明，曾经支撑我国劳动密集型产业比较优势的因素正在逐渐消除。另外，经过连续多年的高投资、对教育科研的高投入以及高等教育的广泛普

及，当前我国资本存量已实现大幅上升，技术水平和劳动力素质也有了明显进步。

综上，目前我国劳动力、资本和技术的相对稀缺性和相对价格较改革开放乃至我国加入 WTO 初期都已发生了明显变化，比较优势转移和产业升级不仅是经济发展的必然结果，也是支撑我国经济继续保持较快增长的必然要求。由于比较优势转移和产业结构升级不可避免，且一些国家和地区的经济和我国互补，有承接我国比较优势转移的需求，一些产业海外拓展空间较大。在此背景下，中资企业应有所侧重，针对不同海外地区的特点推动产业转移与产能合作，并结合比较优势转移的特点开展投融资合作，实现我国投资收益最大化。

三、明确市场和政府在对外投融资合作中的定位

在对外投融资合作中，市场应当在资源配置中发挥决定性作用。只有通过市场化和商业性原则配置资金，投资主体和项目才能真正实现自担风险、自负盈亏、自我约束，进而追求收益与风险之间的平衡，提高金融资源配置效率，实现可持续发展。此外，中国对外投资所需资金规模庞大，更需要发挥市场在资金配置中的决定性作用，结合不同项目具体情况提供合适的金融服务，充分利用各类市场资金，促进资源有效整合。

但如前文所述，中国对外投资的一些东道国市场化水平待提高，金融体系也欠发达；从行业来看，一些基础设施、能源资源和装备制造业投资周期较长、流动性较低。因此，有时可能会出现“市场

失灵”的情况：对于一些具有公益性质，回报较慢，或者投资周期较长，风险较大的项目，尽管其存在较大的正外部性，但由于预期盈利存在不确定性，或者可能短期不盈利，将来有盈利，从而容易出现私人部门投融资服务“缺位”的现象。此时需要政府发挥“补台”和清道夫的作用，以官方资金为杠杆撬动各方资金，减轻或消除市场资金可能遇到的障碍，以此来推动项目的孵化与启动。

但在发挥政府和官方资金的补充作用时应特别注意效率问题。只有资金提供方注重效益，不盲目、随意投放资金，资金的使用方才会将资金投入到真正所需的领域去，实现真正的发展。同时，若资金无效使用，还可能在投资国引发道德风险和过度依赖优惠性资金等问题，不仅不能支持发展中国家的经济增长，反而可能最终约束发展中国家的发展，不利于后续合作的开展（周小川，2017）。因此，在使用政府资源为项目提供投融资前，应重点考虑以下几方面问题：首先，项目能否完全由私人部门通过市场化、商业化的方式来提供融资；其次，如果风险过高或存在市场失灵的问题，私人部门无法或不愿提供融资，能否通过出台相应的政策或推动有关改革，降低投资风险，改善市场环境，为私人部门进入提供便利与空间；最后，如果一定要使用政府资金，应主要用于降低风险，从而撬动私人部门资金在内的各方资源。

综上所述，鉴于政府的资源有限，其不宜冲在对外投融资合作的第一线，而是要加强政府和市场的分工协作。应发挥市场在资源配置中的决定性作用，官方资金在必要时可用于撬动各方资源，同时坚持以企业为主体，市场化运作，保证投融资的可持续性。

此外，开展对外投融资合作时还应注意明确区分战略性和商业性项目，在确有必要的前提下，战略性项目宜少而精，确保将官方资金用在刀刃上。

应当看到，只要机制设计合理得当，一些中长期的“战略性项目”也能够获得经济效益。第一，需要有效地区分项目的使用者，并对其进行合理收费，这样就能够产生一定经济回报，产生经济效应。第二，一些项目由于投资规模大、周期长、不确定因素多等原因，其经济效益可能在运营初期不明显或偏低。此时可通过引入合理的机制设计、适当的风险分担机制和合适的金融工具，通过有效降低项目在投资、建设与经营阶段的不确定性，提高其经济回报性。

四、利用对外投融资合作推进人民币国际化

许多“走出去”的企业反映，目前大部分企业海外投资的融资货币为美元或人民币，收益则为当地货币。由于当地政治经济形势不稳定，汇率机制不完善，本币汇率波动明显，汇率风险较大。但是由于许多项目建设周期较长，部分长达十几年甚至二十年，而相关的汇率风险对冲工具期限通常最长只有五年，且大部分沿线国家金融市场不够发达、风险对冲工具不足，导致我国企业难以对冲汇率风险。

人民币已于2016年正式加入SDR货币篮子，成了国际官方认可的储备货币，可在对外项目投融资中扩大人民币的使用，在规避汇兑风险的同时推进人民币国际化。事实上，通过对外投融

资合作推动本币对外输出并非先例，日本1986—1991年曾分三期推出总额为650亿美元的“黑字还流”计划（刘肯，2012），一方面是为了减少经常项目盈余带来的国际压力，同时也是希望推动日元“走出去”，这些计划取得了一定效果（见专栏一）。

|专栏一|

日本“黑字还流”计划

从1980年开始，日本经常账户盈余持续大幅增加，开始承受巨大的国际社会压力，而且无法通过贸易对外输出日元。为了促进日元输出，缓和贸易摩擦，并顺应当时亚洲和拉美等发展中国家面临的融资需求，日本制定了以向发展中国家提供政府发展援助（ODA）和商业贷款的方式促进部分顺差流回发展中国家的方案，由于国际收支平衡表上顺差以黑字表示，该计划又被称为“黑字还流”。

“黑字还流”计划于1986年至1991年期间施行，合计总额约为650亿美元，计划主要包括三期。第一期计划于1986年9月提出，侧重于向IMF出资并在世界银行和亚洲开发银行建立日本专项基金，规模约为100亿美元，主要是鼓励国际开发机构在日本发行日元债券、鼓励日本银行参与国际开发机构的银团贷款、向发展中国家直接提供双边援助性日元贷款等。第二期计划于1987年5月提出，总规模约为200亿美元。第三期计划于1989年7月提出，总规模为350亿美元，主要目的是支持美国实施布雷迪计划（Brady Plan），拯救拉美国家的债务危机。

“黑字还流”计划资金主要通过政府发展援助（ODA）预算资金和私人资金两方面筹集，在650亿美元中有460亿美元来自私人资金，占比约为71%。“黑字还流”贷款包括项目贷款和非项目贷款，项目贷款以亚太地区发展中国家的基础设施、能源、原材料出口企业为主要贷款对象，贷款利率优惠程度较高、贷款期限较长、附加条件少；非项目贷款主要通过 IMF 等国际金融机构发放，侧重于帮助借入国改善国际收支状况和进行产业结构调整。

日本通过“黑字还流”计划在经济和金融、政治、外交等方面都获得了较大收益，不仅有助于日本减少贸易摩擦，改善了日本对外关系，而且加速了日元的国际化，支持了日本企业和金融机构“走出去”，提高了日本的国际影响力。

许多发展中国家具有大量资金需求，同时迫切需要发展制造业和基础设施建设，对中国的成套设备、项目承建等产品和服务存在较大需求。我国企业承接的海外工程项目也会带动一些国内设备采购需求。这些需求为使用人民币开展投融资合作奠定了良好基础，外方获得的人民币可直接用于进口中国的商品和服务，进而带动资金回流境内。综上，如果能够将人民币资金投入合适的产业，一方面，其他发展中国家的增长潜力可以进一步释放；另一方面，我国的商品、服务与设备出口和人民币的国际使用也会增加。此外，开展人民币投融资、减少对美元等货币的依赖，能增强外界对人民币的信心，提升人民币的吸引力，并促进离岸人民币市场的发展，降低汇率波动可能带来的风险，有利于维持汇率和金融市场稳定。因此，更多地使用人民币是我国在开展对外投融资合作中一个重要的努力方向。值得注意的是，使用人民币投融资也要坚持企业为主、市场化运作。

当前我国在使用人民币开展对外投融方面已经做出了一些

探索：第一，在2017年5月召开的“一带一路”国际合作高峰论坛上，中国宣布向丝路基金增资1000亿元人民币，同时鼓励金融机构开展人民币海外基金业务，规模预计为3000亿元人民币。第二，建立了上海赛领国际投资基金等一批人民币投贷基金，为国内企业海外投资并购提供商业化的投资方案和资金支持。如赛领国际投资基金总规模为500亿元人民币，首期募集规模为120亿元人民币，并通过母子基金、投贷结合及发行债券等多级放大方式，动员各方资金。第三，国开行和进出口银行等开发性和政策性金融机构已经发放了大量跨境人民币贷款，如进出口银行发放的人民币贷款金额占其总贷款金额的60%以上，境外项目人民币融资占比不断增加（李健，2015）。第四，商业金融机构也在按市场化方式自主对外开展人民币贷款业务。

抓住当前战略契机，构建中国对外投融资框架

在当前我国比较优势与产业结构转型升级的大背景下，“一带一路”倡议和国际产能合作为我国构建对外投融资框架提供了契机。结合上节中详细阐述的几方面理念，我国需创新投融资机制设计，通过合理的融资安排、适当的风险分担机制和合适的金融工具，降低海外投资的不确定性，提高经济效益。具体而言，包括用好开发性金融，完善出口信贷等政策性金融工具，推动金融机构和金融服务的网络化布局、充分调动官方与市场资金、东道国金融资源、国际资本和多边开发机构资金等多方面渠道，同时结合我国对外投资的有关特点，发挥好股权类资金的作用，构建以市场化为主、可持续的对外投融资框架。

一、大力发展开发性金融

从国际经验来看，金融支持企业“走出去”主要有三条渠道，区别在于市场利润和国家战略之间的价值取向。商业性金融主要遵从市场化原则，追求利润；政策性金融主要服务国家战略，目的不在于盈利；开发性金融则是在服务国家战略的同时强调保本微利和可持续发展（周小川，2015）。相对应地，三者在资金成本上存在梯度，商业性金融资金成本较高，政策性金融最低。

其中，政策性金融可能存在资金效率问题，还可能增加财政负担，且我国在对外合作中的投融资需求较为庞大，政策性金融能够发挥的作用有限。商业性资金支持中短期业务做得好，但缺少中长期融资的支持，长期业务往往有空缺，市场配置资源的有效性在长期融资领域存在缺陷，需加以补充。同时，商业性金融机构的行为是顺周期的，还有“嫌贫爱富”的特点。

这种情况下，开发性金融具有优势，正好可以弥补二者之间的空缺。开发性金融是对传统政策性金融的深化和发展，指服务国家战略、依托信用支持、不靠政府补贴、市场运作、自主经营、注重长期投资、保本微利、财务上有可持续性的金融模式，介于政策性和商业性资金支持之间，但更偏商业性一些（周小川，2017）。当前我国参与的“一带一路”建设等对外投融资项目普遍具有回收周期较长、资金需求规模巨大等特点，具有市场化运作、财务可持续和注重中长期投资等优势的开发性金融可发挥重要作用。实践证明，开发性金融业务具有多重优势，其可以依托政府信用，通过发行政策性金融债等方式，自行募集长期稳定、成本较低的资金，然后根据需求自主选择项目，提供中长期融资支持。因此，中短期海外投资可以通过商业性金融（市场资金）满足；而对于有一定盈利能力，但投资期限长、回报慢的项目，商业性金融可能不愿参与或者资金成本较高，此时相应的投融资服务就需要由开发性金融来提供。

近年来，随着长期公共资源紧缺，国际上重要的开发性金融机构正逐步向可持续开发性金融转型，不以利润最大化为目的，但日益重视项目的商业可行性和财务可持续性，更加注重支持基础设施投资等长期投资项目，通过国际债券市场融资获取较低成本资金，撬动私人部门投资，以充分调动资源支持各国的经济发展。我国在该领域已走在世界前列，国开行和进出口银行在企业“走出去”过程中起到了重要作用，许多项目都可以看到这两家银行的身影。国开行是我国最大的投融资合作银行和世界上规模最大的开发性金融机构，积极发挥中长期投融资优势。截至 2016 年年底，其为“一带一路”沿线国家累计发放贷款超过 1600 亿美元，投资余额 1100 亿美元，储备沿线项目 500 多个，重点集中在需要中长期资金的基础设施、能源资源和产能合作领域。进出口银行除支持国际贸易与“两优”贷款业务外①,也设立了专门的投资基金，主动参与海外项目投资。国开行和进出口银行提供的开发性资金主要以贷款为主，近年来，也有部分股权类投资参与了一些资金需求量大、建设周期长、成本回收慢的海外投资项目。这些项目具有较强的示范效应和正外部性，甚至具备了一些公共产品的属性，因此也具备一些开发性金融的特征。据笔者估算，包括上述具有开发性金融特征的股权投资在内，我国可用于支持企业“走出去”、国际产能合作和“一带一路”建设的开发性资金约为 2000~3000 亿美元。

① “两优”贷款是中国援外优惠贷款和优惠出口买方信贷的统称。

表 7–4　企业“走出去”各类外源性资金成本估算

政策性资金	
财政补贴、贴息贷款等	资金成本可忽略不计，以政策性为主，不强调盈利
“两优”贷款	贷款利率约为 2%~3%（年率，下同）
开发性资金	
开行、口行贷款	出口信贷利率约为 4% ~ 5%；5 年期境外贷款利率约为 6%
以股权投资为主的各类基金	若为股权投资，资金成本即为股本利润率
商业性资金	
商业银行中长期出口信贷	贷款利率通常在 7% 以上
商业银行中长期贷款	

数据来源：2017 年年初数据，根据公开资料整理。

结合各类资金的特性与成本（见表 7–4）可以看到，开发性资金将成为企业向发展中国家重点项目投资的重要支持。同时，从市场建设和项目生命周期的角度看，政策性资金、开发性资金与商业性资金三者可以是“孵化—先行—跟进”的关系，构成一个可持续发展的投融资框架。

此外，对于符合国家政策导向的重要海外投资项目，各种资金也可在项目生命周期的不同阶段进入，相互配合，提供金融支持。考虑到政策性资金成本较低且不强调盈亏，对于那些具有较强的正外部性、确有必要开展但没有利润的项目，政策性资金可以考虑介入，提供财政补助或贴息，但应避免承担过多财政负担。开发性资金可以在项目的低利润时期进入，一方面为项目提供较低成本的资金支持，另一方面也能帮助项目做大做好，分享成长红利；商业性资金可以待项目成熟、回报稳定后进入，此时项目已经运行一段时间，积累了一定资信，即便在市场上融资，成本也较初始阶段更低。

例如，基础设施项目的资金需求量大、建设周期长、成本回收慢，开发性金融机构可以先期进入，继而带动私人部门投资。开发性金融机构凭借其既可连接政府与市场、整合各方资源，又可为特定需求者提供长期信用支持，还能对商业性资金起引领示范作用的独特优势，在获得合理回报的同时实现可持续发展。

二、在政策性金融方面，继续完善出口信贷机制，为中国元素“走出去”提供投融资支持

出口信贷机制对我国产品、服务、技术和劳务“走出去”具有重要的促进作用，也是我国对外投融资合作中的关键一环。严格来讲，当前并不存在被广泛接受和认可的出口信贷国际规则。1934 年，法国、意大利、西班牙和英国创建“伯尔尼联盟”（Berne Union）[①]，开启了出口信贷的国际协调。20 世纪 70 年代，随着发展中国家资本品需求的日益增长，主要发达国家为争夺发展中国家的出口订单展开了激烈竞争，出口信贷补贴越来越多，竞争比较混乱，客观上加速了“君子协定”的出台。为协调发达国家之间的出口信贷政策，经过多次协商，OECD（经济合作与发展组织）1978 年制定了《关于官方支持的出口信贷指南的安排》，又称“君

① 伯尔尼联盟由法国、意大利、西班牙和英国于 1934 年创建，全称为国际信用和投资保险人联盟（International Union of Credit and Investment Insurers）。联盟总部设在伯尔尼，因此简称伯尔尼联盟。

子协定”。但“君子协定”只是发达国家之间的约定，不具有国际公约的性质，也没有国际法的约束力。

出台以来，“君子协定”经历了不断的演变和修订。1987年生效的“Wallen协议”是消除利率补贴的重要一步，该协议规定对高收入国家提供出口信贷的最低利率只能使用商业参考利率模式,并对援助贷款的最低优惠水平提出了量化要求。1991年的“赫尔辛基协议”也是一次重要修改，这一协议禁止向比较富裕的发展中国家和可得到商业融资支持的项目提供捆绑性援助，也终止了一国将出口信贷与本国产品和服务相捆绑的做法，明确了政府贷款和金融机构的项目贷款不得偏向本国企业和产品，必须公平招标（OECD，2011）。

发达国家过去曾是出口信贷的主要提供方，近年来，我国出口信贷蓬勃发展，在一定程度上占据了美欧此前的市场份额，因此也引起了一些争议。我国官方支持的出口信贷占全球比重已从2001年的2%上升到2014年的36%，而七国集团（G7）占比则从91%下降到32%。我国并未按照“君子协定”规则将出口信贷严格分为一般性贷款和援助性贷款两类，而是采取较为灵活自主的出口信贷政策，常常将两者自由搭配。总体而言，我国一般性出口信贷的贷款条件较“君子协定”更为优惠，而援助类贷款优惠度较低,也因此常在国际场合被人诟病。自2010年起,美国、欧盟开始通过各种渠道频繁向我国提及官方出口信贷领域的国际规则,指责我国出口信贷实践过于灵活,“不守规矩”。在此背景下，我国出口信贷实践与美欧实践之间的冲突日益突出。

根据项目是否具有商业可行性，“君子协定”将出口信贷分为一般性官方支持出口信贷和捆绑性援助两大类。对于一般性官方支持出口信贷，核心原则是“不能过于优惠”。利率方面，采用商业参考利率（各国基准利率上加 100 个基点）作为固定利率贷款的最低利率。特别是，对于利率市场化程度较低国家，则参照 WTO 框架采取“外部标准”制定商业参考利率。

期限方面，“君子协定”根据世界银行测算的人均国民收入将国别分成两大类：对于高收入的 OECD 国家，最长还款期为 5 年，在遵循相关先期通知程序后，最长还款期可以延至 8.5 年；对于其他国家，最长还款期为 10 年。

对于捆绑性援助，由于其目的主要是为难以获得市场化融资的国家或项目提供援助，为减少对正常贸易活动的扭曲，“君子协定”对这类贷款的国别资格、项目资格和最低优惠水平做出严格规定，核心原则是“必须足够优惠”。国别资格方面，只有中低收入国家和低收入国家有资格获得捆绑性援助。项目资格方面，商业可行的公共或私营项目不应提供捆绑性援助。优惠度方面，捆绑性援助的优惠水平不得低于 35%，当受益国为最不发达国家时，优惠水平不应低于 50%（OECD，2015）。

整体而言，我国并非按照“是否具有商业可行性”这一标准对出口信贷分类，而是根据项目具体需求制定出口信贷政策，并常常将一般性贷款和优惠贷款灵活搭配。因此，我国一般性出口信贷的条件较“君子协定”更为优惠，而援助性贷款的优惠度难以达到“君子协定”的标准。如果按照“君子协定”规则进行约束，将影响我国出口信贷的迅速增长。

实际上，“君子协定”并不是一种“国际惯例”，也难以反映当前出口信贷的国际新格局。第一，“君子协定”的出发点是协调发达国家在原殖民地的相互竞争，打破原殖民地的地盘概念，不具有普适性。第二，“君子协定”主要是对发达国家与发展中国家之间的出口信贷进行规定，所以才有“援助性贷款”概念，而我国与发展中国家的投融资合作属于“南南合作”范畴，强调互惠互利，与“君子协定”的初衷完全不同。第三，“君子协定”根据项目是否具有“商业可行性”对出口信贷进行类型划分，过于简单，无法满足发展中国家多样化的实际融资需求。因此，我国应推动改革和完善出口信贷相关国际规则，为促进我国设备、产品和劳务出口提供投融资支持。

对外，应充分利用各层次沟通平台，形成制定出口信贷国际新规则的合力。利用各层次沟通平台，推动更多新兴市场经济体认识到现有“君子协定”的弊端，形成改革共识，提高与发达国家对话的集体合力。对内，宜推动国内出口信贷体系改革，推动“两优”贷款改革，调整“两优”贷款操作规范，健全相关管理体制。同时，可考虑通过降低利率、延长贷款期限等方式提高援助性贷款的优惠度，避免外界对我国的指责。此外，还可明确商业性出口信贷和政策性出口信贷的各自风险承担，共同保障出口信贷资金的安全回收。

三、在商业性金融方面，完善中资金融机构和金融服务的网络化布局

近年来我国企业“走出去”形式日趋多样化，包括在境外投资办厂、跨国并购、股权置换、设立海外研发中心、创办工业园区等，这也对金融机构提出了多样化的服务需求。除了融资、支付结算、银行保函等传统金融服务之外，“走出去”企业在并购、股权投资、衍生工具交易、投资咨询等投资银行服务以及账户管理、出口信用和海外投资保险服务等方面的需求也日渐增大。

金融机构和金融服务的网络化布局主要指通过机构互设、金融服务对接、资本市场联通、金融基础设施联通、金融监管当局之间的交流与合作等，形成互联互通、利益共享、风险共担的网络化合作格局（周小川，2017）。首先，应积极开展中资金融机构海外布局。金融机构是资金融通的主体，而海外分支机构对其深入一线发挥作用具有重要意义。当前许多发展中国家和新兴经济体的金融服务仍依赖发达国家的金融机构来提供。为满足我国企业需求，我国金融机构必须完善海外布局结构，同时不断提高自身业务水平，拓展业务种类，进行合理的金融创新，进而构建系统、有效的投融资体系，财务咨询体系，保险体系，资金风险管理体系等，以此来更好地提供服务，助力企业“走出去”。

过去十多年间，国际大型银行的全球布局战略经历了深刻调整。2008 年全球金融危机前，国际大型银行加快在其他国家设立分支机构或通过并购迅速占领市场的步伐，构建了全球化的业务网络，汇丰、花旗、德意志银行等的业务网络遍及全球

上百个国家，很多国际大型银行的营业收入中有近一半或高达70%~80%来自本土之外。全球金融危机之后，为应对冲击，发达国家跨国银行启动了全球布局战略的大调整，其中最重要的一个内容就是整体收缩了海外布局，回归本土市场，特别是将零售业务的发展重点转向更为熟悉的本土。发达国家银行全球布局的收缩是其资金实力相对回落的表现，也为我国金融机构进一步完善海外布局，实现国际化发展提供了机遇。

从地域分布看，目前除发达国家外，中资银行在东南亚和西亚地区设立的分支机构相对集中，在中亚、独联体地区布局还有很大空间，其布局明显低于花旗、汇丰、渣打等主要国际竞争对手。笔者对中国工商银行、中国农业银行、中国建设银行、中国银行、交通银行、国家开发银行、中国进出口银行、招商银行、上海浦东发展银行、广发银行、民生银行、光大银行、平安银行、中信银行、兴业银行等15家主要中资银行的海外机构设立情况进行了统计，结果显示，截至2016年年底，上述15家银行共在50多个国家和地区设立了220家机构。其中，前五大商业银行共设海外机构180家（中国工商银行和中国银行最多，分别为49家和56家）。多数银行已有进一步海外扩张的计划，合计拟筹建39家机构（上海浦东发展银行最多，共计7家），主要集中在亚欧地区，其中亚洲（含港澳台）16家、欧洲13家、美洲5家、非洲3家、大洋洲2家。此外，国家开发银行等机构还计划将多家国别工作组升级为代表处。

在加快中资金融机构海外布局的同时，还应致力于提高金融机构跨境金融业务的广度和深度，完善金融服务。如推动探索银企成本分担机制，推动中资银行对“走出去”重大项目融资给予贷款条件上的优惠，并在企业投资取得回报后给银行一些分红；完善与中长期投资相匹配的汇率风险对冲工具；适当放宽对东道国项目融资主权担保的要求。此外，还可适当放宽对合格“走出去”企业的融资担保抵押全覆盖的要求，减轻流动资金的占用压力。

其次，代理银行业务是全球支付体系的重要组成部分，在尚不具备互设机构条件的情况下，与投资国银行之间建立和扩大代理行关系也是帮助所在国获取金融服务的重要渠道。借助银行代理业务，委托行得以接入境外金融系统并充分利用其产品和服务，从而可以有效填补自身空缺。但近年来，日趋严格的监管要求使得银行的相关合规成本不断上升，加之发达国家金融机构收缩业务，一些大型跨国银行逐渐终止与委托行之间的代理关系，全球代理银行业务出现了萎缩。代理银行业务萎缩导致某些发展中国家出现了金融排斥的问题，引起了国际社会的关注（BIS and World Bank，2015）。

为妥善应对代理银行萎缩的问题，需从委托行和代理行两方面入手。大型代理银行最易从监管薄弱的国家，尤其是反洗钱和反恐怖融资监管薄弱的国家撤离。因此，在代理银行业务的需求端，需要加强委托行母国的监管能力建设。更为重要的是，在代理银行业务的供给端，可采取以下措施，应对代理行业务的萎缩。第一，采用差别化的反洗钱和反恐怖融资要求，避免因“一刀切”而出现金融排斥。第二，监管当局应采取务实态度，在政策制定，特别是操作指引的制定过程中充分咨询私营部门和关键参与者的意见，分步骤实施有关要求，以观察其效果。第三，金融机构之间应加强交流并降低信息不对称性，提高监管有效程度。第四，提高资金跨境流动中相关信息的透明度。

最后，可充分发挥银团贷款的作用，更好地满足大型企业和重大项目的融资需求，并分散风险。银团贷款是国际金融市场最为重要的融资方式之一，各金融机构之间可以实现利益共享、风险共担，一旦借款方违约，参与方也可联合对其施压，或共同寻求解决方案。据汤森路透统计，目前国际上许多重大项目建设和兼并收购都采用国际银团贷款进行融资，2014 年全球银团贷款额高达 4.7 万亿美元。随着我国企业“走出去”快速发展，中资银行参与国际银团贷款融资的活跃程度也在不断提升，在亚太地区银团贷款的十大牵头行中，中国银行和中国工商银行均榜上有名。但国际银团贷款业务在我国仍处于起步发展阶段，银行分散贷款风险观念有待强化，且我国尚未建立规范的银团贷款二级转让平台，其分销、回购和资产证券化渠道仍相对匮乏（荣彬，2017）。

为充分发挥国际银团贷款在对外投融资合作的作用，第一，可广泛吸纳各方参与，包括欧美等发达国家的银行，以利用其成熟的制度体系分担资金压力并分散商业风险；东道国或本地区金融机构，减少商业风险和政治风险；中国金融业同业机构，避免在“走出去”过程中的恶性竞争。第二，可考虑推进国际银团贷款的资产证券化，提高二级市场流动性，从而减少资金占用，提高资金回报率，并及时分散和转移信贷风险。第三，还可通过妥善设计优先清偿顺序，降低相应风险。

需要强调的是，在推进金融机构和金融服务网络化布局的过程中，金融监管当局应顺势而为，引导中资金融机构为企业“走出去”提供便利。一是支持金融机构根据自身职能和特长合理布点，避免盲目布局，实现错位竞争，形成各方合力，支持企业“走出去”和“一带一路”建设。二是引导中资金融机构统筹考虑所在国家政治和经济稳定性、金融市场开放程度、法律法规、金融监管、市场容量、客户资源和信用环境等因素，在开展业务前做好尽职调查和可行性分析，合理配置沿线机构布局，避免不必要的风险，确保可持续经营。三是为充分动员各方资源，可推动中外资金融机构加强合作，在促进中资金融机构“走出去”的同时，进一步推动金融服务业开放，欢迎符合条件的金融机构来华设立分支机构，开展业务，这也有助于我国多渠道利用各方资金。四是需加强金融监管当局之间的沟通与协调。近年来，随着国际监管规则与各国的监管措施逐步推进，全球监管标准趋严，中资金融机构的境外经营若有不慎就可能触及监管红线，迫切需要加强协调。此外，金融监管当局之间的协调也有利于为我国金融机构在海外布点扫清监管层面的障碍。

四、充分发挥东道国、多边开发银行、发达经济体的资本市场和国际金融中心在投融资合作中的作用

国内可用于对外投融资合作的资金有限，相当一部分资金可通过国际市场融得。因此，需考虑充分发挥各类资本的作用，首先是东道国自身的金融资源。例如，据世界银行统计，截至 2014

年，“一带一路”沿线国家总储蓄达到9万亿美元，其中七成国家的信贷占GDP之比超过40%。其中，中国—东欧国家（16+1）金融控股公司就是一个代表性案例（见专栏二）。

| 专栏二 |

中国—中东欧国家（16+1）金融控股公司

2015年11月24日，我国在第四次中国—中东欧国家领导人会晤期间倡议设立16+1金融控股公司，探讨通过商业化运作支持成员国之间的产能合作。2016年11月15日，中东欧16个国家与中国组成的16+1金融控股公司在拉脱维亚正式宣告成立。

16+1金融控股公司的成立为全球多边金融机构又增添了一员。该机构由中国和中东欧国家通过政府间协定设立，是由各国政府授权的金融机构共同组建运营的多边金融机构，旨在通过商业化的多边金融合作推动成员国间的国际产能合作。公司拟采用独特的两层架构，上层体现政策性，是由政府授权机构出资的控股公司；下层体现商业化，包括私募基金、投行、租赁、保险等多个子平台。

16+1金融控股公司享有超主权信用优势，可以有效地降低融资成本，也可以获得多重杠杆效应，可以将政府资金作为“种子基金”，并通过旗下商业化的子平台迅速撬动社会资金和各类融资。同时，公司采用公司化、商业化运作方式，各国都是股东，共同参与规则制定，并根据商业化的原则确定项目。我国由中国工商银行牵头，国家开发银行和中国进出口银行参与设立16+1金融控股公司。

其次是借助世界银行、泛美开发银行、非洲开发银行、欧洲复兴开发银行、亚投行、金砖国家新开发银行等多边开发银行的优势与资金，推动跨国项目顺利实施。目前我国已与泛美开发银行、非洲开发银行、世行下属的国际金融公司等多边开发机构设立规模总计 70 亿美元的联合融资基金，并投资 2.5 亿欧元于欧洲复兴开发银行的股权参与基金。通过开展联合融资合作，我国有效撬动了多边开发银行的资源，也吸引了其他投资者加入。同时，多边开发银行在风控方面拥有较丰富的经验，且其对项目东道国影响较大、熟悉程度较高，动员多边开发银行加入还可以起到防控风险的作用。

事实上，受中国上述融资模式影响，以公共部门资金撬动多方资金进入，正在成为一些重要的国际机构转型的方向。比如，欧洲投资计划（又称“容克计划”）通过由 210 亿欧元公共部门资金（欧洲战略投资基金）承担第一损失，计划撬动 3150 亿欧元公共和私人资本进入；世界银行开展的“有管理的联合贷款投资组合计划”和“绿色基石债券基金”等项目，通过公共部门资金提供第一损失担保，有效提升项目的风险评级，进而吸引大量保险、养老金和主权财富基金等机构资金参与投资。2016 年 G20 杭州峰会上，多边开发银行发表联合声明，提出将继续促进基础设施投资，提高项目的质量和财务可持续性，研究多方合作融资模式，推动私人部门投资，通过风险担保、增信、提高本币融资等方式帮助私人部门控制风险。

再次是充分动员主权财富基金等国际资金，利用发达经济体的资本市场融资。据世界银行测算，当前全球约有 8.55 万亿美元的资金投资于负利率债券，24.5 万亿美元的资金投资于收益率在1% 及以下的政府债券，8 万亿美元的现金未投向任何标的，三项合计超过 40 万亿美元。发展中国家和新兴经济体投资回报较高，如果能够创造高质量的投资级资产，以上都是潜在的资金来源。同时，此举还可以为我国参与对外投融资合作提供全球金融市场上各种风险管理的人才、工具和手段。

最后是发挥好香港、伦敦等国际金融中心的融资优势。一些区域性、国际性金融中心如中国香港、伦敦、纽约、法兰克福和新加坡等，就是重要的国际投融资平台，不仅其本身具备较为成熟的资本市场，拥有数量众多的机构投资者，同时还连接着全球的机构投资者，可以充分吸引国际资本和投资者参与投融资合作。因此，可考虑与国际金融中心签署合作协议，明确各方出资比例，从而实现以国际金融中心为枢纽，通过中方资金撬动国际资本市场投资；此外，也可考虑将我国投资的一些海外基础设施建设等项目打造成金融投资产品，并通过国际金融中心连接国际机构投资者，以此为相关项目融资。

以香港为例，2016 年 7 月，考虑到许多“一带一路”沿线国家在发展基础设施时存在迫切的资金缺口，香港金融管理局成立了 IFFO（基建融资促进办公室），作为一站式平台，协助企业进行基建融资。目前 IFFO 运作良好，已有包括金融机构、银行、养老基金、主权财富基金和保险公司在内的超过 60 个机构加入，如 IFC（国际金融公司）、MIGA（多边投资担保机构）、亚洲开发银行、中国进出口银行，中非发展基金、黑石等。再以伦敦为例，作为老牌国际金融中心，伦敦有着丰富的金融创新工具，如提供投资担保基金和增信服务等，可为我国企业融资提供帮助，如我国首支绿色资产担保债券就是2016年在伦敦发行上市。

同时，国际金融中心还聚集着全球主要的金融机构和会计、审计等专业服务机构，在贸易融资、海事金融、保险、财务运作和风险管理等方面拥有全球领先的地位与庞大的关系网，这些都可以在投融资合作中为我所用，为我国防范金融、法律、环境、市场等各类风险提供帮助。此外，主要国际金融中心也是重要的人民币交易中心和离岸人民币市场，金融产品比较丰富，随着人民币在我国对外投融资合作中的使用范围不断扩大，这些金融中心也可以向世界各地的投资者提供服务，为人民币的使用提供便利。

五、利用多种投融资方式，充分发挥股权类投资作用

对外投融资需综合运用多种投融资方式，尤其要大力发展股权类投资。对外投融资将产生基础设施建设融资需求、贸易融资需求、跨境交易避险需求、跨境贸易结算需求、金融基础设施需求等多元化的金融需求，需要运用多种投融资方式，从不同角度发挥各自特长，有效发挥合力。

同时，许多企业在开展对外投资时都对获得股权投资有着较为强烈的需求。股权类投资可在对外投融资合作中起到“高能”资金的作用。一般来说，股权投资一方面可以增加项目和投资企业的资本实力，发挥对贷款等各类债权类资金的杠杆撬动作用；

另一方面可以支持企业获取经营管理权，掌握对投资和运营的更大控制力。考虑到中资企业所投资的许多国家都面临着杠杆率偏高、外债空间有限的问题，因此应加大股权投资比重，灵活运用直接投资、委托投资、联合投资等多种方式，发挥股权投资基金、私募股权投资的优势，实现风险分担，促进投融资活动的可持续发展。同时，股权类资金还有利于企业更为有效地调动中国元素，将直接投资与国内经济结构调整、技术标准“走出去”、装备制造业合作、人民币国际化等更紧密地结合起来，充分收获对外投融资项目的长期红利，提高综合效益。但应注意的是，股权投资在具有上述优点的同时，也面临着比贷款等融资方式更大的风险和不确定性，因此应妥善防范有关风险。

综上所述，第一，应大力发挥丝路基金、中非产能合作基金、中拉产能合作基金、人民币海外基金等股权类投资基金在对外投融资中的作用，加大股权投资比重，从而实现与有关国家的资金、技术、经验捆绑，提高项目的整体效益。第二，这些基金作为市场化运作机构，应避免以对外援助的思维来开展投资，以实现资源的有效配置与各方的利益最大化。第三，对于股权类投资基金参与的一些具有公共产品与开发性金融特征的项目，政府部门应该有针对性地给予一些政策指导与支持，实现项目可持续发展。

此外，在发挥股权类投资基金的作用时，还应注意其与相关国际规则的协调问题，同时积极参与国际规则的制定与完善。如目前世行等多边开发机构的跟投政策只允许私人部门出资，不允许有政府资金背景的机构参与跟投。这与国际社会关于动员多方资源开展项目建设的倡议大相径庭，也不符合发展中国家和新兴经济体的实际需求。为此，我国应呼吁多边开发机构完善现有规则，促进各方共赢。同时，从投资可持续性的角度考虑，我国还可在一些新兴领域，包括环境风险管理和绿色金融等方面的国际规则制定中发挥积极作用。如目前我国绿色金融市场规模已居全球首位，许多国家和国际组织都有强烈意愿与我国共同制定绿色金融的全球标准。积极引导上述领域的国际规则制定有利于在东道国民众中树立中国投资的良好形象，有利于项目投资的顺利运营与可持续发展。

目前来看，已成立的股权投资机构已经在促进资本和实业对接、市场开放和生产要素互补等方面做出了一些有益的尝试。以丝路基金为例，作为支持“一带一路”建设而设立的中长期开发投资机构，截至 2017 年 5 月，丝路基金已实现了 15 个项目签约，承诺投资金额累计达 60 多亿美元，投资区域覆盖“一带一路”沿线的俄蒙中亚、南亚、东南亚、西亚北非及欧洲等地区，涉及基础设施、资源开发、产业合作、金融合作等重点领域。此外，丝路基金还单独出资 20 亿美元设立了中哈产能合作基金。股权投资在丝路基金总投资中的比例已超过 70%；除权益类资金外，丝路基金还综合运营债权、贷款和基金等投资模式，形成不同的组合搭配，以满足项目的差异化融资需求。同时，丝路基金在投资决策中一直强调项目要具备“中国元素”，在促进中资企业开展国际产能合作、装备制造业“走出去”和引进先进技术等方面都发挥了积极作用。

此外，2017 年新成立的人民币海外基金也将发挥重要作用。人民币海外基金的定位是中长期融资平台，业务范围将主要包括人民币境外贷款、相关股权投资、跨境担保。其中，境外贷款业务包括海外项目融资、收购贷款、短期搭桥贷款等；股权投资和跨境担保业务主要向涉外企业和项目提供。预计未来人民币海外基金业务接受国得到的人民币资金有很大比例将用于进口中国的商品和服务,进而围绕服务实体经济,形成人民币项下“资本输出、贸易回流”的良性循环。

附录 1：问答与讨论

如何推动中国金融业进一步开放

2017 年 9 月 23 日，中国金融四十人论坛在浙江省杭州市举行了《2017・径山报告》闭门研讨会。研讨会上，与会嘉宾就“积极、稳健地推动中国金融开放”展开讨论，并回答了到场媒体提出的相关问题。在此，编者以问答形式整理了部分圆桌讨论及媒体问答内容，以飨读者。同时，感谢新华社、中央电视台、财新、第一财经、上海证券报、央行观察等媒体对《2017・径山报告》的关注和报道。

参与嘉宾：

黄益平　CF40 学术委员会主席、北京大学国家发展研究院副院长

朱　民　CF40 学术顾问、国际货币基金组织原副总裁、清华大学国家金融研究院院长

朱　隽　CF40 特邀成员、中国人民银行国际司司长

管　涛　CF40 高级研究员

张　斌　CF40 高级研究员

张承惠　CF40 资深研究员、国务院发展研究中心金融研究所原所长

王晓蕾　CF40 特邀嘉宾、中国人民银行征信中心副主任

查道炯　CF40 特邀嘉宾、北京大学国际关系学院教授

中国金融的国际地位显著提高

问题1：如何看待中国金融业在全球的影响力？中国金融对世界的影响更多体现在风险方面还是稳定方面？

朱民：改革开放40年，中国金融业几乎是从0发展到今天。中国成了世界金融大国，中国金融的国际地位大大提高。

第一，中国银行业已经是世界上规模最大的银行业，超过了欧元区国家，也远远超过美国。

第二，中国金融业的海外资产配置在过去的五六年时间内不断增加。以前，我国只有中国银行这一家银行进行海外资产配置，而现在，工商银行、农业银行等多家银行都在增加海外资产配置。2008年金融危机时，招商银行在纽约设立了分支机构，大大增加了其海外业务。

第三，在加入SDR后，人民币进入了官方储备系统。因此，人民币在贸易中的重要作用愈加体现，人民币作为外汇储备的地位大大提高。人民币的世界官方储备已达到大约1000亿美元，这表明人民币的货币作用也正在不断加大。

第四，中国的ODI（对外直接投资）已经超过FDI（外商直接投资），所以中国是净直接资本流出国。之前，中国多年来是净资本流出国，但是主要体现在外汇储备通过投资美国国债等方式将贸易经常账户盈余转变成资本账户输出，而在其他市场的投资相对较少。现在，中国资金在全世界的分布范围更广、深度更深，影响更加巨大。

第五，过去几年中，中国经济对世界经济影响巨大，最新的体现就是"一带一路"建设。"一带一路"建设不只是简单的融资或投资，而是要将"一带一路"沿线国家构建成为利益共同体和命运共同体。金融是这一共同体中的重要组成部分，我们要建立一个金融网络，包括银行的合作网络、股票市场的网络和保险业的网络。此外，要建立基金网络、监管机构的沟通交流平台、金融及监管机构制度建设的合作机制，这都是了不得的大事。我认为，“一带一路”建设将会推进人民币国际化，且能够大大提升中国金融的国际地位。“一带一路”体现了中国正在以实实在在的方式发挥中国金融在国际舞台上的作用。

第六，中国国内的金融政策和金融波动对世界金融具有很大影响。目前的世界金融波动传导机制是从信息到信心、从信心到恐慌、从恐慌到波动、从波动到危机。在无形的从信息到信心的传导过程中，中国经济金融的任何波动和政策变化都会对全球金融产生很大影响。过去两年中，中国金融与世界金融的互动性明显增强。我们今天讨论的中国金融业杠杆率、影子银行等风险因素，以及中国金融监管政策等，都对国际金融有影响。

重新思考金融开放的目的和目标

问题 2：我们一直在推进金融开放，但外资金融机构在中国金融市场所占份额依然不高。如何看待这一现象？如何解决开放久议不决的问题？

朱民：对于外资金融机构资产占中国金融市场 / 资产比例低且在下降的现象，有人认为是外资企业文化方面的原因，比较谨慎，也有人提出是中国金融业增长太快，外资机构增长速度相对较慢，所以比重就下跌了。这些我都同意。

中国国情特殊，很难将中国的外资占金融市场比例进行跨国比较，但综合国家经济开放程度、经济水平阶段等因素后，与世界相对应的国家相比，我国的这一比例还是非常低的。例如，外资银行资产占中国银行资产的比重从 2007 年的 2.36% 降到 2016 年的 1.26%，在利润方面，外资银行利润已经从1.6%降到了0.6%。合格境外机构投资者的交易量占中国证券市场交易总量的0.3%，占债券市场（包含港通）的比例低于2%。

中国金融市场的宽度和深度都是有吸引力的。以银行业为例，中国银行业的规模之大、增长之强、潜力之好、利差之宽，以及中国银行业的相对稳定都在世界上排名靠前的。实践证明，只要市场开放，外资机构就会涌入。通过观察外资机构在不同细分市场的产品分类，就可以看出市场的放宽程度、监管程度，以及中外金融机构的竞争力所在。

中国加入WTO已经15年，金融业的开放仍然在低水平。我们需要重新思考金融开放的目的和目标，外资金融业在中国金融市场究竟起到什么作用，以及我们希望其产生何种作用，从而制定新时期金融开放的政策。

朱隽：第一，改革和开放有时候是很难达成共识的，因为它涉及多方既得利益，也存在着认识方面的不一致，同时还在技术和执行方面存在差异。如果一个国家的改革与开放在短期内迅速达成了共识，通常是这个国家已经爆发危机，或已经到了不得不改革和开放的地步。

开放的各项措施也不可能完全平衡。在开放过程中，往往有利益方受损，在此，就需要权衡开放的收益和损失。如果收益远远大于损失，就应该推进开放，并考虑尽可能地对利益受损方的补偿。

第二，解决开放久议不决的问题有两种办法。其一，通过顶层设计，由上层直接拍板制定开放决策。其二，由独立的第三方机构负责金融开放方案的设计，但目前似乎还不太可行。

第三，很多人谈到了开放目标。个人认为，“为实体经济服务”这个目标十分正确，但只是一部分目标。中国是一个经济大国，但中国的储备货币在国际金融市场上的交易比重与中国的经济大国地位是不相匹配的。个人认为，其中的深层次原因是，中国并非金融大国。所以，开放的目标应是要将中国金融体系打造成具有竞争力的、能够与中国经济规模及影响力相匹配的金融体系。只有建立了这样的金融体系，金融才能更好地为实体经济服务。更为重要的是，我们要使中国的金融体系与国际接轨。目前，不论在市场管理方面，还是金融基础设施对接方面，我国在国际市场中都使用自己的语言，这已经造成许多困扰。

第四，到底应采用什么指标来衡量我国的开放程度？有人提到现在一些外资的战略投资者纷纷退出中资银行，我国就是放开了银行业的股比限制，外资也未必进来。但我认为这不能成为我们维持现状的理由。从与外资机构的交流中能够看出，中国的经济发展已经非常迅猛，中资金融机构实力雄厚，在银行业的表现尤为明显。实际上，外资机构已经清楚地认识到，其无法在银行业与中国大型银行进行竞争，因为中国已经有四家大型 G-SIBs 了。但外资仍然希望中国对银监会、证监会、保监会三个行业实行全股比、全牌照的放开。他们认为，放不放开是中国的事，而放开后外资是否继续进入或是否提高其对中国的投资是外资的事。实际上，由于中国市场十分重要，外资机构均表示它们必须进入并占有部分中国的市场份额，但程度如何取决于其对中国经济前景是否看好，中国的宏观政策是否有利于外资在中国市场上的运营，以及中国金融市场在外资集团发展战略中的地位等因素。这反过来也相当于是对中国经济，对中国宏观政策的考验。

最后，能否与国际接轨是至关重要的，我们应使用国际语言与国际进行对话。有人提出，对不同的国家制定不同的开放战略。这是个人较为反对的方式，因为对外开放应该是普适的。在市场准入、国民待遇及负面清单等方面，我们应该遵守国际规则。之前我们只是片面地强调要取消股比限制和业务限制，而现在，我们应更加重视中外资金融机构的同等待遇。

进一步推进金融开放势在必行

问题 3：《2017 · 径山报告》提出要“积极、稳健地推进中国金融开放”。对于未来如何进一步推进金融开放，大家有何看法？

张承惠：这个报告的发布非常及时，说清楚了很多中国金融对外开放的问题。

现在的金融对外开放，存在“决心大，推进难，成效大，问题多”的特点，我觉得这些现象的背后是制度问题，而制度背后是理念的问题。如果不把理念调整过来，恐怕很难有效推进对外开放。现在我们的理念存在两点非常突出的问题：一是过度恐惧风险。其实从金融市场运作的规律来说，金融不可能没有波动，但我们往往把社会稳定压倒一切的思维延展到金融领域，如果坚持金融稳定压倒一切，那就很难再推进深度开放了。现在虽然我们在口头上说了很多，比如“让市场机制发挥决定性的作用”，但其实有点叶公好龙的味道。一旦市场出现比较大的波动，我们就承受不住了，就开始考虑要采取各种各样限制市场机制的手段，这在 2015 年的股市波动中表现得非常明显。二是过度相信行政管控的力量，过度认为政府可以操控一切。这种思维方式的反面是不相信市场拥有自我平衡的力量，也是对市场规律的不自信。这两个理念的问题不解决，开放问题恐怕很难顺利推进。

金融开放，特别是让市场机制发挥决定性的作用，至少需有两个必要的条件。

第一，要适当增强“一行三会”的独立性。现在“一行三会”的独立性还是在收紧，但如果所有决策都让最高层来做，会出现一些问题。一方面，高层考虑问题的范围广、因素多，一定程度上会影响政策的制定和实施的效率。第二，由于高层领导在专业知识和市场触觉上可能会有不足，很容易受到其他来自各方的思想、言论、舆论影响，对市场的反应会比较慢，很难及时做出决策。所以，未来金融稳定发展委员会应该更好地发挥协调作用，但是在货币政策、监管政策方面恐怕还要更多地赋予“一行三会”独立性。

第二，要解决“一行三会”职能冲突的问题。现在人民银行和一行三会都肩负着很多职能。对人民银行来说，货币政策、产业政策和经济发展的职能之间就存在着冲突；对于监管部门来说，产业政策、金融市场发展和金融监管，这几个职能之间也存在冲突。如果不解决“一行三会”的职能冲突，恐怕他们很难专心行使它最应该履行的监管职能。

王晓蕾：中国整个金融体系已经走到了从做大到做强的关键节点上。可以说，自加入 WTO 以来，中国金融体系改革开放的策略是比较正确的。我们并没有发生当初加入 WTO 时所担心的事情，没有变成被狼吞掉的小羊羔。相比于其他国家，我国已经建立了比较全面的金融体系，这对一个大国的安全来讲非常重要。

如今，中国整个金融体系确实到了要深层次与国外接轨的节骨眼上，这既包括金融基础设施，特别是制度层面，也包括理念层面。制度层面的接轨不能仅仅局限于市场层面的制度，更深的制度接轨在于涉及底层交易的法律及制度。2017 年 3 月 15 日我国颁布《民法典》，目前这是一个框架性的法律，包括五个编，其中物权编涉及很多金融市场底层资产交易的规则，比如动产担保制度。这些制度和规则是否清晰透明？是否能够和国际发展趋势相一致？是否能从更底层的制度层面提供一个更稳定的与国际接轨的基础？对这些问题的回答可能会直接关系到我们国家整个金融市场未来十年、二十年的发展动力。

查道炯：首先，放在与其他国家有合作同时也有竞争的态势中，中国的国家发展目标是什么？是经济总量不断增长，还是规则上的契合？

如果在经贸规则，特别是细则方面契合程度提高，包括“一带一路”建设在内，我们就比较难以找到一个所谓友善、良性的外部环境，“互利共赢”就可能流于一种舆论层面的追求。

其次，在国家的总体对外经济关系中，金融或者服务贸易与货物贸易相比，是否也可以成为一种对外谈判的实际力量？中国的货物贸易出口和进口总量都很大，中国现在至少是70个国家最大的货物贸易伙伴；在这些数字的背后，我们在多边外交场合就很难被孤立。

那么，如果让包括金融在内的服务贸易也成为增强外交实力的一个来源的话，我们金融对外开放是单方面的选择，但是金融合作需要在规则上和国外尽可能相通。在我看来，有四个方面的问题需要进一步思考。

第一，如何处理对外投资的软性规则？比如，世界银行和它的多数欧美成员现在仅仅支持“不后悔”的基建项目主张，这些项目主张主要指环保、减碳等方面。我们怎么去处理这其中的一些道德或者理念性问题呢？

第二，金融如何扼制腐败？虽然在不同的国家腐败的定义不一样，我们怎样通过金融合作的手段来抑制跨国性腐败活动？

第三，当前国内深度军民融合，出口的军民两用产品也越来越多，怎样处理军民两用产品的终端使用规则问题？

第四，如何应对其他国家也头疼的避税天堂问题？

开放的第一步是市场准入

问题4：国务院2017年8月份文件和综合报告都提到了金融开放的时间表和路线图，而谈到路线图，就回避不了第一批应该做什么这个问题，对此，大家有什么样的看法？

朱民：所谓的“路线图”只是一个说法。实际上，“金融开放”基本概念是指一个国家的金融体系融入世界金融体系。从这个角度来说，开放是四维的：市场与监管是上下两个维度，商业行为与货币政策行为是平行的两个维度。这四个维度应同时进行融入世界金融体系的过程，很难有先后。

从商业角度来说，开放的第一步是市场准入，我国应采用更加接近国际惯例的办法，而不是使用行政化的批准办法。例如，我们应更多地使用负面清单的办法。监管方面，宏观审慎政策必须要在开放的同时建立起来。世界上没有免费的午餐，想要融入世界金融体系，就要准备预防和接受世界金融体系的波动。

从商业和货币体系来说，债券市场是目前的一个重要切入点。债券市场是形成货币政策和基准利率的基础市场，是人民币国际化的非常重要的通道和载体，其对包括银行、股票市场在内的整个金融市场中的资源配置而言最为重要，且债券市场属于长期投资。结合政策和商业这两个点来说，国际化标准对于债券市场融入国际市场十分重要。

黄益平：时间表和路线图中的次序问题可能确实存在。我认为，机构的开放相对容易，在这些方面的落地相对可行。客观而言，我国在 2001 年时已做出许多承诺，但并未在后来真正实现所谓的国民待遇。金融市场开放也可以进行，但其中涉及的一些制度建设问题，包括境内外规则制度的接轨、融合，可能需要一个过程，但这也是一项非常重要的工作。

推进金融开放同时要防范金融风险

问题 5：在当前大环境下，应怎样协调“积极”和“稳健”之间的关系？在倡导金融服务实体经济，监管强调去杠杆、去风险的背景下，

《2017・径山报告》[①] 建议进一步推进金融开放，是否意味着国内金融体系中的一些风险点已被出清？如何平衡防范金融风险和推进开放之间的关系？

黄益平：《2017・径山报告》课题的原定名称是“逆全球化时代的中国金融对外开放政策”，主要讨论在国际环境不确定时，尤其是在出现了一些逆全球化回潮甚至减速、倒退的情况下，是否应重新审视中国金融对外开放的问题。现在的标题是“积极、稳健地推进中国金融开放”，意义很明确：还是要积极推进中国金融开放，但是不能盲目推进；在推进的过程中，要防范金融风险。

在过去一年多的时间中，决策层一直在强调要防范系统性金融风险，许多系统性金融风险也已经在多个领域出现。实际上，系统性金融风险的出现可能与过去的金融监管框架有关，也可能与我国的金融对外开放有关。例如，在过去的两三年内，金融风险在各领域不断游走，不仅在股票、债券、理财产品等方面出现，甚至已经蔓延到互联网金融和外汇市场。其中的一个客观问题是，与充足的可投资资金相比，我国的可投资资产相对较少。大量资金无法被投资到有效资产，导致追逐有限资金的情况出现。

从监管角度来看，过去“一行三会”监管政策的协调效果并不理想，一些跨行业、跨部门的金融交易并未得到有效监管，且对影子银行、互联网金融等新兴业务的监管也并未实现全面覆盖。由此，在推进中国金融开放的过程中，我们应特别强调加强金融监管、防范系统性风险的重要性。

我认为，积极与稳健之间存在动态关系。一方面，要首先守住不发生系统性金融风险这一底线。所以，对所有政策，都要首先判断其风险，将其短板补齐。其实，已经有监管部门在进行这项工作了。另一方面，

① 《2017・径山报告》和本书《中国金融的下半场》指代同一内容。

附录 1

问答与讨论

想要在完全封闭的情况下彻底消灭系统性金融风险是很困难的，因为过去的许多系统性风险与我国的政府兜底、软预算约束和道德风险相关。在一定意义上，对外开放也是强化市场纪律的一个重要途径，这也是我此前强调开放能够帮助分散甚至防控系统性金融风险的原因。但是，在开放过程中也会出现新的金融风险和不稳定因素，所以积极与稳健要同步推进。

关于建议进一步推进金融开放是否意味着我们认为国内金融体系中的风险点都已被出清，回答一定是否定的。第一，因为还存在许多风险点，所以开放过程更要稳健，不能“一放了之”。第二，开放是能够帮助分散甚至化解国内金融风险的重要途径。我们过去常说“以开放促改革”，即开放过程可倒逼国内经济体制的改变，所以说开放与改革是相辅相成的过程。

金融机构处于怎样的市场、做出怎样的行为，这主要由制度规则及市场环境决定，并不由金融机构自身决定，即使各金融机构具有不同的特性。我认为，外资金融机构到中国发展，就相当于变成了中国金融机构，其在中国市场中的行为受到中国监管机构的监管，这一过程更像是一种直接投资。

有观点认为，短期资本的跨境流动或大进大出可能引发金融风险，也有人担心外资金融机构进入中国发展后会不负责任，可能把我国金融机构搞垮。我不能否认这类行为的存在，但外资金融机构一旦做出这类行为，也会违背其自身利益，因为外资金融机构进入中国市场就是为了在中国市场做生意，而中国的金融稳定是符合其自身利益的。所以我的核心观点就是，外资金融机构会否炒作泡沫风险，在很大程度上取决于我国如何营造市场环境及如何构建监管框架。

总而言之，我们一方面要防控系统性风险，另一方面要通过开放来化解部分风险。此外，要构筑与开放金融体系相匹配的金融监管框架，实现全面覆盖。同时，也要防范短期风险的出现。

当前是推进汇改的好时机

问题6:《2017·径山报告》中提到了两个关于汇改的建议：一是完全的汇率市场化；二是采取钉住一篮子的方式，设定人民币对篮子货币汇率上下7.5%的年波幅。对此，大家有什么样的看法？随着金融市场的逐步放开，汇率波动与资本跨境流动将进一步常态化，这也为监管带来更大的挑战。未来如何应对由此带来的风险？

张斌：关于汇率形成机制，我们只是学术报告，提出合理建议。至于会不会采用某种机制、什么时候采用，决定权在政府手里。

关于推进汇率形成机制改革，我们有两个观点：第一，目前是进行改革的好时机；第二，汇改可以大张旗鼓地进行，也可以悄无声息地进行，无论怎样进行，这一目标技术上都不难实现。

目前的汇率形成机制中，主要考虑市场供求、一篮子货币、逆周期调节因子等因素。如果将逆周期调节因子和一篮子货币的比重放轻，使其权重接近于零，那就相当于实现了浮动汇率。调节权重的过程可以很快就能够实现，重点是能否在一些紧要关口坚持这一过程。另一种可行方式是明确告诉市场，央行将会在一定的宽幅区间内进行干预，而在区间以内的波动完全不干预。不论采取以上哪一种方式，央行都尽量不要干预外汇市场，尽量不买卖外汇，这是最为重要的。只要能够做到这一点，就能有效减少外汇市场的干预，就能更多地让市场来制定价格。汇率改革有条件快一点进行，当前就是一个好时期，如果汇改过慢就有可能错过这个机会窗口。

关于如何应对由此带来的风险，我有两方面意见。

第一，我国外汇市场发育是否能够支撑浮动汇率的问题。实际上，在过去的近二十年中，特别是2003年之后，中国银行业是能够提供各种规避汇率风险的工具的，但很多企业并不受用。这是因为，人民币在2003—2014 年人民币基本处于单边升值状态，这种环境下企业想的是怎么利用人民币单边升值套利，而不是规避汇率波动风险。

我认为，金融市场发育并不是汇率开放的前提条件，二者并非是鸡生蛋、蛋生鸡的关系。只要汇率是双边浮动预期而不是管制条件下的单边预期，企业就会运行购买规避汇率风险的金融服务的机制，而我国的金融机构是能够提供这种服务的。其他国家的金融机构能够提供这项服务，没有道理中国的金融机构就不能提供，我们的金融机构在二十年前就能够提供。

第二，业界普遍担心，一旦人民币浮动，很可能将会面临巨大风险甚至出现失控问题。我认为这样就把问题理解反了。只有汇率受到管制的货币才会出现货币危机，长期集聚的压力使得市场难以出清，这样的汇率体系才会出现汇率危机。与此相反，浮动汇率的风险将会通过及时变化的价格被清除，市场出清后将不会聚集压力，这是化解风险的最好机制。所以，“汇率浮动将增大汇率风险”这种说法是非常难以理解的。此外，外汇市场汇率并不会无端地剧烈波动。外汇市场的单一产品市场交易量非常巨大，除了货币当局，其他机构很难对市场进行操作。总的来说，外汇市场反映基本面定价的效率非常高。

2016 年时，有人担心人民币将会贬值 10% 甚至 20%，我并不认同。通过国际经验可知，中国的经济基本面健康，没有贸易赤字，通货膨胀率不高，且没有外部金融危机或内部金融危机。此前，没有出现过这类国家的货币在一年内贬值 15% 的先例。布雷顿森林体系中有大量国家采用浮动汇率且有许多先例可作参考，但这样的情况从未出现，所以，我们不能说外汇市场的定价效率不高，或者说外汇市场是非理性的。我认为，外汇市场的定价效率很高，且符合基本面的规律，甚至比绝大多数其他市场的定价效率都高，化解风险能力方面都强。我们不能认为外汇市场是无效的。

附录 2：专家评论

点评 1：逆全球化思潮下的金融对外开放是个综合议题

——杨凯生[1]

在逆全球化、贸易保护主义盛行的情况下，我们金融的对外开放政策应该是怎样的？作为改革和对外金融开放的重要话题，保持国际收支合理平衡的着力点是什么？

《2017·径山报告》给了我很大启发。分报告《中国的跨境资本流动管理》一个重要观点和主要内容是，国际收支平衡已经由经常项目主导转变为跨境资本流动主导。我认为这个观点有数据支撑。比如经常项目和资本项目各自的差额及其占外汇储备资产的比例就可以佐证这一观点。

我们要意识到，在逆全球化的思潮下，在一个以美国为主导的国际市场面前，无论是与哪个国家谈双边经贸合作，还是在国际场合谈多边全球经济失衡，谈全球经济发展的矛盾、问题和对策，光讲贸易是不够的，必须要讲金融。

① 作者杨凯生系CF40学术顾问、中国工商银行原行长。本文为作者在2017年9月23日的《2017·径山报告》（和本书《中国金融开放的下半场》所含内容一致，下同）闭门研讨会“积极、稳健地推进中国金融开放”上所做的点评，由中国金融四十人论坛秘书处整理，经作者审核。

比如在谈及中美逆差时，我们常说的重要原因之一是，美国不对我国出口高科技技术，如果美国放开管制，中美之间的贸易逆差问题可以得到合理解决。这些说法没错，但也说明我们把话语的着力点还只是放在贸易问题上。实际上，美国和全球一百多个国家都或多或少存在着贸易逆差问题。其实这里面不仅是贸易问题，还有金融问题，这和美元在国际货币市场上的主导地位有关。

报告给我们的一个启发是，作为国际储备货币国家，如果其货币在国际金融市场上的影响力与其整个经济在全球经济总量中的影响力不成比例的话，就会导致问题。现在美元、欧元、英镑，包括日元，它们在国际外汇交易和国际资本市场中的影响力很大。在债券市场，这四种货币合计占比约 80%，而实际上这四个经济体的 GDP 总和仅占全球 GDP 总量的 50% 出头。

这些经济体想保持自己在国际金融市场上的主体地位，得到铸币税的好处，但它们也要意识到这需要承受全球流动性的压力，它们国内货币政策的有效性不可避免要受到挑战。这几年逆全球化思潮兴起，正是因为这些国家觉得自己的货币政策在应对国内经济周期问题（比如通胀或通缩、就业率问题等等）时有效性下降，由此得出一个结论就是全球化带来了冲击。这个认识在理论上是片面的，是站在他们自身的角度考虑问题。

我们要学会从新的角度阐述自己的观点，在话语体系中取得上风。比如可以宣传说如果人民币作为储备货币的地位进一步加强，这对解决全球经济失衡、优化全球国际储备货币结构、解决这些发达国家的经济问题是有帮助的。至于人民币真的成为储备货币、国际贸易结算货币之后，可能给我国经济金融运行带来什么样的问题和影响，由于现在人民币在国际市场中所占比例还很小，我们还不至于马上遇到刚才所说的那些国家遇到的问题。这是在逆全球化思潮下，金融对外改革开放中应该思考的一个重要内容。

附录 2
专家评论

点评 2：中国开放的大门永远不会关上

——钟伟[①]

《2017 · 径山报告》为什么重要？因为它清晰地表达了中国金融行业的改革只有进行时，没有完成时。在次贷危机之后，中国金融业遭受了一些挑战，包括：强烈的刺激政策带来的“三期叠加”副作用，中国影子银行的膨胀及其收缩，中国股市的异常波动和重回正轨，金融技术的长足发展和创新浪潮，企业杠杆率高企和银行业不良率的反弹，利率市场化的平稳推进和汇率改革的艰难前行等。坚持对外开放还是强化金融管制？《2017 · 径山报告》给出清晰和坚定的声音。

开放中的中国金融体系才更稳健。回顾历史，中国加入 WTO 之际，许多人对中国能否维持金融稳定表示担忧。事实证明，中国承受住了东亚危机的考验，并在随后的 1998—2005 年，在坚持开放的背景下，对本国金融体系进行了大刀阔斧的改革，使金融体系从“背水一战、只能成功、不能失败”的险境，走向了“焕发活力、注重创新、重塑监管”的康庄之路。这一转折在《2017 · 径山报告》朱隽司长执笔的部分，有了清晰解读。由此看，次贷危机带来的全球金融动荡，以及中国从新常态到供给侧的转折，都需要我们意识到，对外开放和金融改革、金融稳定之间并无本质冲突。不是关起门来更有利于金融稳定和发展，而是永远不要关上开放的大门。

开放的战略机遇期是否仍在？《2017 · 径山报告》开篇就注重了这

① 作者钟伟系 CF40 成员、北京师范大学金融研究中心主任。本文为作者对《2017• 径山报告》的评论。

个问题，但似乎没有深刻切入。中国仍然处于改革开放的战略机遇期，但其形式和内容都已发生了深刻变化，中国已从东欧剧变后的顺应式、参与式开放，转为在全球化有所退潮，孤立主义和保守主义在西方有所抬头的尖峰时刻，提出包括一带一路、人类命运共同体等中国理念和主张的主动式、建设性对外开放新阶段。这是《2017·径山报告》首章开宗明义之处。中国开放的战略机遇期仍存，机遇有多大的时空？这既取决于西方，更取决于中国的坚持和主张。开放的机遇很大程度上已不是别人给予的，而是中国创造的。

如何设计中国金融开放的路线图？这构成了《2017·径山报告》的主体内容。细心的读者不难发现，报告执笔人几乎清一色都是年龄约50岁、拥有20年以上金融政策研究、制定和执行经验的官员，以及少量学者。他们就货币政策、金融机构和市场、利率和汇率、监管和创新提出的分报告，都既在严格的学术逻辑框架内，又源自中国金融改革开放的实践、思考和前瞻。同样地，参与《2017·径山报告》讨论的群体也很出色，这使得该报告并不是单纯的政策吹风或呼吁，而是包含大量如何在对外开放前提下深化对内改革的政策诉求，也未回避对过去五年来金融领域一些现象的反思。这使得《2017·径山报告》能够衔接理论和操作，上得庙堂，接得地气。如果说要挑剔一些，也许报告可以增加由外资金融机构执笔的一些内容。中国金融体系给予了外资金融怎样的作为空间？外资金融机构对中国金融开放有什么感受和期待？这也许不应忽略。

如何平衡开放和创新，尤其是涌动的金融技术创新？事实上，新世纪以来，中国银行业通过建立核心业务系统和数据大集中，强有力地重塑了中国银行业的核心竞争力，并给金融创新注入活力。随着金融技术在移动支付、财富管理和小额信贷领域的迅猛发展，技术似乎注定要重塑金融。可惜《2017·径山报告》对此的讨论不多。但黄益平等多年来潜心于该领域，对中美金融技术有持续调研和比较。强化这部分内容，在机构监管和功能监管之外，注重行为监管；在资本监管和风险监管两大传统监管核心之外，注重技术监管的重要意义，似乎也并不令人意外。但将金融技术融入宏观审慎监管框架仍为不易。

《2017·径山报告》为什么重要？这个报告是中国在构建自身的金融稳定发展机制时，如何推进金融供给侧改革的严肃思考。习近平同志指出，只要方向对了，就不怕路途遥远。在有深厚历史人文留存和现代创新实践的径山，该报告的问世，留给了金融从业人员，从理论到实践进行更持久深入思考的一份记录。

点评 3：打开金融开放之门

——何帆　朱鹤　邓姝阳[①]

近期，国务院再次发文，明确提出要“进一步推进银行业、证券业、保险业等领域的对外开放”，引起了市场和学界对金融开放问题的广泛讨论。在这些讨论中，中国金融四十人论坛发布的《2017·径山报告》值得重视。

这份报告的主题是“积极、稳健地推进中国金融开放”，重点围绕中国金融开放的现状和问题进行分析，并得出了重要的政策建议。应该说，这份报告对金融开放相关议题的讨论兼顾了深刻和全面两个维度，是近年来少有的能系统梳理中国金融开放进程和问题的研究。其中，“进一步开放跨境资本流动的大前提下，适度的、临时性的跨境资本流动管

① 作者何帆系北京大学汇丰商学院经济学教授、海上丝路研究中心主任；朱鹤系北京大学博士后、海上丝路研究中心主任助理；邓姝阳系北京大学海上丝路研究中心研究助理。本文为作者对《2017·径山报告》的评论。

理可能有利于维持金融稳定和增强货币政策独立性”的判断尤为重要。

全球金融危机之前，学术界曾对金融全球化给予非常高的期望。著名的金融学家米什金在《下一轮伟大的全球化》中曾力挺金融全球化。在这本书里，米什金列举了很多金融全球化的收益，包括金融全球化能够促进经济发展、促进创新等等。但是，次贷危机让大家意识到，金融全球化也不一定会促进经济增长，反而有可能加剧风险的爆发和在国家间的蔓延。于是，2008 年全球金融危机之后，主流经济学家对金融全球化的反思越来越多。

事实上，在东南亚金融危机爆发之后，关于金融全球化的质疑声音就已经开始出现。20 世纪八九十年代，泰国经济正经历高速增长，为了进一步吸引国际资本参与到国内建设中，泰国政府放开了对资本项目的管制。资本项目的完全开放意味着失去了控制短期资本跨境流动的屏障。此后，大量国际资本流入泰国。这些资本开始是流入实体经济，后来逐渐开始炒房炒股。等到泰国经济出现问题，各类资本突然快速流出泰国，对泰国的金融市场造成巨大冲击。泰国政府试图用外汇储备来对冲资本流出，抵御投机者的冲击，但最终宣告失败，不得已允许泰铢大幅贬值。至此，东南亚金融危机拉开序幕。随后，韩国、马来西亚、印度尼西亚挨个步了泰国的后尘，成为国际资本攻击的目标。反观当时的中国，由于实施了严格资本管制，短期资本不能自由出入，因此躲过了国际游资的攻击。

事后来看，这些国家内部经济结构存在着明显的扭曲，同时国内宏观经济政策亦出现了失误，这都是最终导致金融危机的根源。但是，过早过快推进金融全球化、开放国内资本市场同样是导致东南亚金融危机爆发的重要因素之一。这一点得到了国内外众多学者的认同。此后，哈佛大学经济学家丹尼·罗德里克 2006 年在北京大学的一场讲座中，明确提出“发达国家，尤其是美国，需要认同对资本流动的谨慎限制。对发展中国家而言，管理好资本账户是促进发展的关键措施”。这一观点同样出现在罗德里克 2011 年写的《全球化的悖论》一书中。与罗德里克观点一致的还有国际贸易专家巴格瓦蒂。巴格瓦蒂是自由贸易的坚定支持者，但是他认为商品的全球化和金融的全球化在逻辑上是不一样的，所以他支持自由贸易，但是反对资本的自由流动。英国金融服务局的前任局长阿代尔·特纳爵士和英国央行前行长默文 · 金也在 2008 年国际金融危机后对金融的过度自由化和盲目创新提出了批评。

既然金融开放不总是好的，那么中国就有必要重新反思金融对外开放的收益和成本。一方面，中国国内的金融市场体系以国有、大型金融机构为主，显著缺乏竞争。同时，金融市场的层次性不强，银行业一家独大。此外，也有一些金融配套服务没有跟上，比较典型的是征信行业和评级行业。这种情况下，如果逐次开放国内的金融市场，可以通过强化竞争的方式提高国内金融市场效率，有利于国内整个金融生态系统的建立。在强大的竞争压力面前，国内金融机构或许不得不推进实质性的业务和治理结构改革，提高经营效率，而这又会促使国内金融系统能够变得更有效率，提高国内金融体系的抗风险能力。

另一方面，金融行业开放或许不得不要求资本项目开放相配合，但资本项目的开放会带来很多潜在风险。特别是大规模短期资本的流入流出，不仅会影响国内金融市场稳定，还可能会给整个国内经济带来不必要的波动。在国内投资回报率持续下降的背景下，即使是长期资本的流入也值得关注，因为这些资本可能通过多种方式流入资本市场，对国内各类资产价格造成影响。

总之，当前阶段中国推进金融开放可谓是有利有弊。有利的一面主要集中于金融行业的开放。经过几十年的发展，中国本土金融机构竞争力在持续提高，不必过度担心国外金融机构进入中国后可能带来的冲击。有弊的一面则重点体现为放开资本管制对国内经济可能造成的潜在影响。在推进金融开放的过程中，中国要平衡金融开放的利与弊。在充分发挥金融开放正向效应的同时，审慎管控可能存在的风险。

平衡金融开放利弊的实质是平衡监管思路。全球金融危机之后，世界范围内均在不同程度上出现了逆全球化的趋势，各国的贸易保护主义、金融保护主义日益抬头。客观来说，传统的自由放任式的全球化已经无法持续。连续两次金融危机早已证实，金融全球化的风险被大大低估了，各国需要一个缓冲带来阻隔外部金融市场的冲击。但是，如果退回封闭僵化的老路，每个国家各修一堵“墙”，将外界隔离开，恐怕也不太现实。这样会极大阻碍国家之间的交流，国内经济的活力也会大大降低。

一个折中而适当的策略是修一扇“门”。“门”的思路在于，所有的对外交易都要从“门”里经过，但“门”是敞开的。与“门”相比，“墙”对交易是排斥性的，同时非常不灵活。具体来说，“修门”的思路有3个显著的优势。

其一，“门”的存在既保证了国家可以随时监控资本的有序流动，又避免了在“墙”存在的情况下，正当的资本为了流动而不得不选择“翻墙”而逃。其二，“门”的存在保留了国家在关键时刻把“门”关上的权力。比如，在出现大规模资本外逃的时候就有必要加强资本管制。2008年国际金融危机爆发之初，许多国家纷纷实施了不同程度的资本管制。这些国家既包括发展中国家，如韩国、巴西、印度、墨西哥、南非、俄罗斯、波兰等，也包括发达国家，如法国和德国。当然，这样的“关门”的政策应该是暂时性的策略。其三，“门”的存在更容易和市场沟通。如果能够用修门的思路替代修墙的政策，那么危机时期政府把门关上，更容易获得市场的理解，因此市场能够预期这只是短期的措施，而不是长期方向的转变。这样可以更有效地减少市场上的恐慌情绪。

新的形势下，中国要用新的思路推进金融开放。直言之，中国要打开一扇金融开放之“门”，通过“门”来实现新时期的金融开放。与此同时，中国还要给出明确的关门规则和具体做法，让市场和金融机构更准确地了解监管当局的意图，从而实现市场和监管部门的有效互动。

附录 2
专家评论

点评 4：中国为何需要深化金融改革

——宋立刚[①]

中国是否应该继续开放金融业

中国金融业改革滞后于其他领域的改革。中国的金融开放取得了一定的进展，但一直以来也受到了各种各样的限制与阻碍。

尽管中国的汇率制度已经朝着由市场决定的方向发展，但它仍然缺乏足够的灵活性，尚不是一个真正的由供求决定的浮动汇率制度。同样，中国在资本账户开放和人民币国际化方面取得了重要进展，但这一进程也出现了一些倒退。部分是由近年来有所下滑的宏观经济和全球经济不稳定所导致。中国大规模的海外投资也受到了跨境金融活动方面的一些限制。

面对这些挑战，中国是否应该继续开放金融业？答案是肯定的，原因有三。第一，金融开放是实现经济可持续增长的重要条件。金融开放有利于金融创新，而金融创新又可促进经济增长。第二，金融开放是一国防范系统性金融风险的重要手段。金融开放可以为一国引入更先进的管理理念、技术和规则。第三，金融开放是一国积极参与完善全球经济治理的重要途径。中国想要实施的所有重大议程，包括"一带一路"倡议的实施都要求中国的金融体系与国际金融体系更加接轨。

改善金融体系的措施

中国在改善金融体系方面可以采取下列政策措施。

① 作者宋立刚系澳大利亚国立大学克劳福德公共政策学院教授和中国经济项目主任。本文为作者对《2017·径山报告》的评论。

首先，中国需要加强金融改革和非金融改革之间的协调。只有国有企业等其他部门实施配套改革，利率才能真正地由市场决定。同样，金融开放的成功与否取决于海外金融机构能否获得真正的“国民待遇”。

其次，市场力量需要在决定金融市场价格信号方面发挥更多作用。当前中国经济相对稳定，2016 年年末以来人民币贬值预期基本消失，中国政府现在正面临汇率改革的一个时间窗口。

尽管中国非国有银行的市场份额在持续增加，利率管制仍然在扭曲贷款人和借款人的行为，并限制了金融机构之间的竞争。如果没有适当的市场机制允许金融机构根据资金的供求情况进行定价，则银行和其他金融机构就无法成为有效的资金中介。

第三，中国需要建立和发展宏观和微观两方面的跨境资本流动管理框架。在微观层面，资本流动管理应该不受宏观政策调整的影响，以此促进资本账户开放、便利服务贸易投资和金融监管。在宏观层面，应将重点放在维持宏观稳定上，具体措施包括建立一个资本管制框架（主要作为临时措施）、降低金融风险、完善资产评估机制，并继续使用交易税来平抑周期性波动。

第四，中国应在外资金融机构进入中国市场前给予它们“国民待遇”并放宽外资机构在国内机构持股的上限。这将为外资金融机构提供一个开放、公平的竞争环境。

第五，中国应该开放信用评级市场，明确外国投资者投资中国债券市场的税收问题，并改善其金融基础设施。这将有助于缩小中国在市场规则与实践方面与国际标准的差距。

第六，中国应充分利用国内产业升级和“一带一路”的机遇，建立和发展完善的金融服务体系。这将有助于提高中国跨境金融交易及合作的广度和深度，包括与发达国家资本市场和国际金融中心的交易与合作。

最后，为了让市场力量在金融领域有效地发挥作用，中国需要整合正规和非正规金融部门，解决金融市场分割的问题。正规和非正规贷款机构收取的利率，以及国有和私人部门借款人获得银行贷款的能力之间仍然存在着巨大差异。

这种市场分割也会在其他方面造成重大问题——例如，在贷款利率上偏袒国有部门会减少非国有企业的净值（因为它们不得不支付更高的利率），这同时也阻碍非国有企业成为信誉良好的借款人。

此外，市场分割成为发展私人资本市场的一大障碍。资本市场广度不够，强化了国有银行在融资中的主导作用和与之相关的投资模式。

这凸显出继续发展非国有银行部门以满足借款人需求的重要性。只有当价格反映出金融资源的真实稀缺性时，包括外国资本在内的资源才能流入利润最丰厚的投资机会当中，从而降低系统性金融风险。因此，实体经济的进一步发展有赖于金融业的改革。

随着美联储量化宽松政策的退出，国际金融市场即将进入未知领域。如果中国想要在这个不确定时期经受住考验，将需要运转良好的利率和汇率机制，为外国投资者提供更为公平的竞争环境，以及一个不再分割的国内金融市场。因此，进一步深化金融改革对中国来说是至关重要的。

点评 5：金融需要“升级版”改革开放

——刘晓春[①]

由黄益平教授领衔的关于金融业对外开放的《2017 · 径山报告》发布了。报告视野宏大，内容丰富，观点鲜明，理论扎实，建议更是直击要害。读来获益良多。笔者仅就个人经验，从商业银行视角谈些感想。报告中有许多非常专业而具体的政策建议，这里就不班门弄斧了。

① 作者刘晓春系浙商银行行长。本文为作者对《2017• 径山报告》的评论。

商业银行期望金融业进一步对外开放

与十多年前不同，现在谈金融业对外开放，已经不会有“狼来了”的声浪了。然而，外资银行进入，会对我国银行业的格局产生什么样的影响？

金融业是一个相当特殊的行业，尤其是银行业。一个商品，进入一个商业行业，如果有一定的优势，在市场竞争条件下，很容易占领甚至主导整个市场。而银行业的市场，是受强监管的市场，一个新进入者没有政府的背书或强权的支持很难成为市场主导者。在这个领域开放，我们要清楚进入者的目的和意图。

从国际上看，一些国际化程度比较高的银行，跑到其他国家主导所在国银行业成功的例子并不多。被外资银行所主导的国家，往往自身的银行体系非常落后和脆弱。我们也可以看到，不少银行到其他国家并购零售银行业务、信用卡业务，过段时间又卖了。所在国的企业客户、个人客户一般对外资银行还是有心理隔阂的。所以虽然外资银行企图要深耕当地市场，实际上并不那么容易，没有几十年的耕耘是不可能成功的。如果想要成功，不仅仅是外资银行自身强大，更需要本国政府的影响力在所在国足够强大。同时，由于巴塞尔协议的执行，外资银行进入一个国家发展，因为资本金的约束，也不能像50年前那样快速扩张了。再一方面，现在各国都强化了金融监管，随时可以调整对外资银行的监管政策。因此，外资银行进入一个国家，往往在三个方面着力：对本国企业在所在国发展的支持，日资银行、韩资银行在中国走的基本就是这个路径。1997年以前，欧美银行在东南亚主要是后两类业务。除商业银行业务外，还有投行业务，尤其是商业银行也积极参与的债券市场。

十多年来外资银行在中国的发展差强人意，关键的原因是：因为资本金的约束，在体量上无法与中国的银行相抗衡，也因此根本无法深度进入中国庞大的本地市场；中国特殊的银行间市场，外资银行的体量没有能力影响这个市场，外资银行在这方面的专长也无从发挥；中国客户的风险逻辑与外资银行的风险管理逻辑的错位，使外资银行在开拓业务中一方面裹足不前，一方面还是难以把控风险；监管政策和方式难以适应。

正因为以上原因，现在中国的银行业并不怕银行业进一步对外开放，反而是欢迎开放。因为开放能进一步促进我国金融体系的改革，特别是建立有效监管体系。

以开放促改革，促什么样的改革?

中国银行业三十多年来一直在转型，或者说改革。除了服务方式、产品创新，这三十多年银行主要是在体制机制上的改革，从财政的补充到专业银行、到商业银行、到股份制改造，进而到主要银行通过上市变成公众公司。可以说，就体制机制而言，中国银行业的改革空间已经不大。

引进外资银行是否会引发鲶鱼效应？可以说，在目前的情势下，无论是规模、创新能力，还是在中国市场的竞争能力，外资银行根本成不了“鲶鱼”。打开我国银行的网页和外资银行的网页进行比较，更是不在一个等级上。记得几年前还有国外讲师在培训课上拿中国某大行的网页做反面典型。以前我们说中国的银行“门难进，脸难看，事难办”，现在完全可以把这三个词丢给外资银行。说这些，不是说外资银行没有可学的东西了，而是就中国市场上的竞争力而言的。

由此带出来的问题是，我们究竟要改革什么？金融体制的改革，不仅仅是金融机构体系的改革，更主要的是金融制度体系的改革。要吸引外资银行进入，降低准入门槛不是主要的，关键是金融制度体系的清晰与相对稳定。这方面，要明确几个关系：

1. 管制、监管、调控的关系

金融是个非常特殊的行业，不仅影响一国经济，更会影响国家安全。所以，各国都有或明或暗的管制。管制的目的主要是安全，所以，管制的对象和手段要相对明确。只要不影响国家经济安全，对于一般的市场波动，不应该启用管制手段。

监管是为了金融市场的安全、规范，政策和手段应该是清晰、可预期的，也应该是相对稳定的。即使有调整，一般情况下也是有预告，有起始时间，并且不追溯存量的。通常情况下监管政策和手段，也不应该混同于调控手段。

调控手段是随着市场的变化而变化的。也就是平时所说的货币政策和相应的调控手段与工具。关键是目标明确，手段多变。

2. 监管与国家战略的关系

监管毫无疑问要体现和贯彻国家战略。国家战略有很多，各个银行、各个机构不可能同时都将资源投向所有的国家战略领域。国家相关部门和监管部门应该制定各类政策，以引导各家银行和各类机构依据自身的战略和禀赋，将资源投向相应的国家战略领域，形成各自的业务特点和竞争优势。不应该将国家战略直接转化为监管政策，“一刀切”地要求所有银行和机构同步执行。

3. 监管与被监管的关系

监管与被监管的关系就是监管与被监管的关系。应该简化监管部门的职责和目标，使监管工作更加专业化。只有这样，才能真正提高我国金融监管的水平。

我国金融对外开放的目标

不同国家金融对外开放所要达到的目标是不同的，不同发展阶段对外开放的目标也是不同的。

就我国目前而言，已经超越了简单的招商引资的阶段。在银行业的对外开放方面，不能再仅仅局限于引进多少机构、多少投资，也不应再局限于引进先进的产品、管理经验。另一方面，我国是一个庞大而多元的经济体，与那些经济结构简单、体量比较小的经济体不同。外资银行进入，没有能力，也没有欲望参与到这个广阔市场的所有领域。外资银行即使进入中国的本地公司业务和个人业务领域，在区域、客户群选择、业务量等方面都会有一定的局限性，对市场的整体影响力有限。他们进入中国市场，当然是希望通过中国市场实现更好的资源配置，获取更多盈利机会。再一方面，我国的经济已经不仅仅是世界经济的一部分了，而是与世界经济交融在一起，根本不可分割了。也就是说，不是拼图上可拆开的一片了。所以，现在讲金融对外开放，更多的是为实现我国资源更有效地配置。故此，通过对外开放，重点应该是建立不同金融领域的国际中心。也就是说，让各国机构到中国来进行资源在国际的配置。

这方面，尤其重要的是建立人民币国际市场。或者说，我们要通过对外开放来建立中国的国际金融中心，其方法是以建立人民币国际金融中心为突破口。因此，开放政策要围绕着这个目标来设计和实施。这其中尤为重要的是创新人民币产品、开放人民币产品市场。同时，建立人民币国际金融中心，不仅要着眼于中国国内，更要着眼于在目前国际上人民币清算的基础上，建设人民币国际市场，即不同的人民币国际金融中心。

“走出去”的目的要明确

正因为是超越了简单招商引资的阶段，金融的对外开放，不仅是引进来，更要走出去。以个人的体会，这方面要注意以下几个问题：

走出去，既要有顶层设计，各个机构也要有自己明确的战略和策略。要总结各个国家金融机构国际化的经验教训，避免盲目一窝蜂的行为。

除了金融市场业务，总体上要为中国企业走出去服务。政策性机构与商业性机构要各司其职。方式上要突破简单提供债务融资的形式。

人才培养，不仅是金融业务专业人才，还需要大量的法律人才。尤其要重视的是，懂得按所在国法规和惯例、方式进行管理经营人才的培养。我们走出去往往并不缺乏业务人才，缺的是懂得按当地法规、惯例、方式进行管理的人才。这方面的教训是非常多的。

点评6：推动金融开放 发展离岸金融市场

——崔历①

《2017·径山报告》系统分析了金融开放近40年的发展历程、现状和问题，并提出相关政策建议，对思考下一步的改革重点和议题非常有价值。

与贸易开放相比，金融开放进展不快，很大程度上出于政策讨论中对于跨境资本可能带来的潜在风险的担忧。支持资本项目管制的一个主要理由是维持金融稳定和增强货币政策独立性。相关观点多基于“不可能三角”（以及“径山报告”提到的，近年来的“不可能两级”理论），认为加强资本项目管制是保持国内货币政策独立性的最主要防线。

但现实发展如何？中国的情况是，虽有持续的资本管制，跨境资本的实际开放程度并不低，境内外市场的传导也在上升，已经有了更开放的经济体的特征。具体来看，

一是跨境资金较大且流向与境内外利差高度相关。资本项目管制下，中国的跨境证券投资规模较小，但除此之外其他类型的跨境投资包括贸易贷款等的总规模（相对GDP）和完全开放的经济体如澳大利亚相仿。另外，跨境资金的净流入/流出与境内外利差（经汇率调整）高度一致。例如，2015年境内外利差缩小，人民币贬值预期上升，对利差敏感的资金外流上升；而2016年年底境内外利差随着政策收紧而上升，相应资金流向逆转。因此，虽然资本管制对证券投资的限制较为明显，但对总体跨境资金的规模和流向影响有限。

① 作者崔历系建银国际首席经济学家、董事总经理。本文为作者对《2017·径山报告》的评论。

二是境内的市场利率受全球利率环境的影响上升。之前很多人认为，在资本管制下国内利率与国际利率环境相隔离，因此如果国内货币政策按兵不动，长期利率就可保持平稳。但我们的研究显示，与大多数开放经济体一样，中国的资金成本开始受全球利率环境影响。2015—2016年中美债利率曲线的平坦化带动国内长期利率下行，甚至抵消了国内一些基本面因素对长期利率的支撑（具体分析参见建银国际证券《宏观视野：输入性宽松助推信贷周期》，2016 年 9 月 6 日）。

因此，资本管制这道防线已非牢固。其中有多方面的原因，比如：企业偿借外债随资金成本和汇率而增减，是引起资本流动短期波动最主要的原因；境内市场利率取决于经济基本面和预期，而后者受全球经济走势影响，可以跨市场传递。总体来看在一个贸易高度开放的经济体，很难维持资本项目的封闭，更无法完全隔离全球金融市场对境内金融环境的影响。政策权衡上，与其持续通过跨境资本管控来隔离国际资本，不如推进更全面开放的同时，着重利用货币政策“双支柱”下的宏观审慎措施来管理境内市场主体的风险。

开放也不等于没有政策独立性。中国作为大国，宏观政策仍是有空间的。例如 2016 年年底以来中国的利率水平得以保持稳定和高位，避免重新随国际利率下行，这并非因为资本管制。事实上，今年大部分时候对跨境资金保持宽进严出。资本流动从净流出转为净流入，本身对利率有下行压力。国内利率走高源于国内加强了逆周期管理，收紧了货币和监管政策。

离岸市场可辅助在岸市场开放

在更全面的金融开放过程中，离岸市场如何定位？从跨国经验来看，尽管离岸市场通常是在在岸市场受到限制和监管的情况下产生，但即使在岸市场开放后，离岸市场通常也会继续发展，与在岸市场形成互补和共生。伦敦的欧洲美元市场，以及香港和日本的澳洲 / 新西兰债券市场是突出的例子。

究其原因，开放下离岸市场仍有其独特性，可为融资者和投资者提供在岸市场无法提供的风险与收益组合。具体讲，离岸市场可以发挥两方面功能：

一是为融资方实现融资渠道/货币的多样化和风险管理。例如，中资企业需为一带一路项目筹集大量资金用于区域和跨区域基建项目。由于资产收益在境外，离岸市场提供的多元化融资渠道，可帮助减少集中在境内融资的汇率和市场风险。离岸市场的利率汇率衍生品和对冲工具也可帮助客户规避风险。另外，离岸和在岸市场的融资渠道多样化，可提升负债成本的稳定性，对于金融等注重负债管理的行业格外重要。

二是通过独特的风险收益组合吸引境外投资者，帮助投融资机构管理风险。例如，当前境内债券市场开放，境外投资者多投资境内的国债和金融债，对信用债的兴趣不大，源于对信用债风险定价的把握相对困难。具体来看，对境外投资者而言，投资信用债面临汇率、利率和信用风险，而在境内市场几类风险往往会叠加。例如在流动性收紧的情况下，信用债的信用风险和流动性风险相关度上升，增加了在岸信用债的抛售压力。相比而言，离岸市场有分拆风险的功能：离岸市场信用债的流动性风险和信用风险相关度不高，投资者能够在投资信贷风险的同时对冲掉货币和利率风险，对国际投资者来讲风险更容易管理，对融资方则可相应降低风险溢价和融资成本。2017年以来，在岸市场信用债在境内货币收紧的情形下波动较大，而离岸市场相对平稳，融资活动更为活跃，就是一个例子。

因此，发展离岸债市，可促进信用债与国际投资者的对接。离岸企业债市场在全球相当普遍。2005—2013年约有三分之一的美国公司债券是在离岸市场发行，高息债尤为突出。据国际清算银行估算，几乎所有的非投资级债券都是在离岸市场发行。

总之，在下一步更为全面的开放中，离岸市场仍可与在岸市场形成互补，提升整体市场的深度和风险管理。而在离岸市场的进一步发展中，人民币流动性和风险管理产品将非常关键。过去两年的汇率贬值压力和政策限制导致离岸人民币存款和流动性下降。未来离岸市场能否随着贬值压力的减轻和政策的支持重新焕发活力，离岸人民币银行同业交易得以提升，降低利率波动，促进相关利率汇率产品的进一步发展，应是金融市场开放和人民币国际化进程的一个重要标杆。

点评 7：对外金融开放的重点：跨境资本流动还是金融服务业？

——张礼卿[1]

由黄益平教授主持的CF40最新研究成果《中国金融开放的下半场》（简称《2017・径山报告》）对我国金融开放的现状及相关政策进行了全面的评估，并就如何推动下一步的金融开放提出了政策建议。报告的发表具有突出的现实意义，文中展示的观察和分析非常重要，而稳健推进金融开放的总基调更是值得充分肯定。当然，在某些具体问题上，可能还存在值得进一步探讨的空间。下面，笔者结合报告内容，提出几个问题，谈些个人看法，以求教于同行专家。

现阶段我国对外金融开放的重点和优先选项应该是什么？

从概念上讲，对外金融开放包括两个方面：一是金融服务业的开放，即允许外国金融机构在国内独立或合资建立商业存在，并通过发放牌照等方式允许其提供金融服务；二是资本账户的开放，即取消跨境资本流动的限制。在属性上，两者其实有所不同，前者属于贸易自由化，后者属于金融自由化。转型经济理论和大量的国别经验研究都显示，与资本

① 作者张礼卿系中央财经大学国际金融研究中心主任。本文为作者《2017・径山报告》的评论。

账户开放相比，金融服务业开放所带来的效率提升往往更加明显，而其引起的金融风险又相对较小和可控。在亚洲金融危机期间，很多危机国家的外资金融机构并没有表现出比国内金融机构更大的恐慌，反而成了恢复金融稳定的积极力量。正因如此，在很多新兴市场国家，金融服务业的开放都比资本账户开放更早获得推进。

然而在我国，情况却显得很不一样。自 2001 年加入 WTO 以来，在资本账户开放度不断提高的同时，我国金融服务业的整体开放程度并没有提高。“雷声大，雨点小”，除保险业以外，银行和证券领域的开放甚至出现了倒退。《2017 · 径山报告》对我国金融业的开放现状提出了尖锐却中肯的批评。这一格局的形成，既有认知问题，也有利益纠缠。如果说在“入世”之初,所谓“狼来了”的担心还具有合理性的话，那么在经历了 10 多年的显性和隐性保护，工农中建等国有控股银行已经跻身世界最大金融机构的行列之后，这样的担心恐怕已经没有多少必要。而在另一方面，不少国内金融企业的服务效率确实也有待进一步提升。

笔者以为，彻底履行“入世”之初的各项开放承诺，最大限度地减少保护，进一步扩大金融服务业的对外开放，应当成为未来一个时期我国对外金融开放的重点和优先选项。允许更多的外资金融机构参与到我国的金融服务提供，将使中国的金融机构有机会直面更多的同业竞争，并在竞争中进一步提升自身的实力，从而更好地服务实体经济。在当前一些国家趋于保守的国际经济环境下，中国加大金融服务业的开放，也是对全球化进程的积极捍卫和推动。当然，为了防止金融机构因竞争扩大可能引起的过度冒险，进而扩大系统性金融风险，加强和完善金融监管也是非常必要的。

为什么对资本账户开放需要继续采取审慎战略?

与金融服务业开放程度的相对滞缓截然不同，自 21 世纪初以来，

附录 2

专家评论

我国的资本账户呈现出持续扩大开放的态势。截至 2016 年年初，在国际货币基金组织（IMF）统计的 40 个资本项目下的交易类别中，我国仅有 10% 属于完全不可兑换，90% 已经属于基本或部分可兑换。基于 IMF《汇兑安排和汇兑限制》年报相关资料计算而得的中国资本管制指数，也从 2001 年的 64 下降至 2015 年的 49。近两年，由于当局加强了管控，该指数略有回升。

与金融服务业开放主要呈现微观特征这一点不同，资本账户的开放呈现鲜明的宏观特征，对汇率、利率、资本流动乃至宏观经济和金融稳定具有直接影响。展望未来，对于进一步消除跨境资本流动的限制（特别是资本流出方面），有理由保持审慎态度。这不仅因为诸如灵活的汇率制度、深度发育的国内金融体系和完善的金融监管制度这些资本账户开放的条件尚未充分具备，而且因为国内外宏观经济形势正处于一个比较敏感的时期，即将提速的美联储货币政策正常化、特朗普政府大幅度减税方案的出台等，随时可能引发大规模的跨境资本流动。在这方面的任何草率举措，很可能再度引发资本大量流出和人民币持续贬值的危险。

多年来，笔者一直坚持“先对内搞活，后对外开放”的观点。用规范的语言讲，就是资本账户开放需要满足一定的前提条件，其中主要包括国有企业改革、贸易自由化、国内金融市场发育和深化以及汇率制度的弹性化等。这些条件的实现，对于促进国内资源的合理配置至关重要，也是资本跨境流动的各种利益得以实现的前提。值得注意的是，大约 4-5 年前，为了推进资本账户开放，一些学者提出了“以开放‘倒逼’改革”的观点。当我们回顾这几年的实际发展时，可能不得不说，这种观点更像是一种良好愿望。事实是，尽管这几年对外开放加快了，但国内改革却未见丝毫加速（一些方面甚至出现了停滞或倒退）。而过去一年多的情况表明，没有国内改革的积极推进，最终还是不得不重新回到加强管控的状态。《2017·径山报告》在主张“以开放促改革”的同时，提出“以改革助开放”同样必不可少，可谓是一种及时的、有价值的反思。

当然，强调审慎推进并不意味着现阶段必须无所作为。资本账户开放不是一个非此即彼的事件，而是一个针对 40 种跨境金融交易活动的管制变更过程。根据目前的国内外形势，近期应重点放宽外国直接投资在服务业（包括金融服务业）的投资限制，鼓励长期资本流入；同时，继续对资本流出保持必要的适当限制。另外，可适当扩大股票市场的对外开放，增大 QFII 额度，但对于银行间债券市场及其衍生品交易仍需采取相对审慎的态度。

如何正确理解人民币国际化与资本账户开放之间的关系？

从 2009 年至 2014 年，人民币国际化经历了快速发展。截至 2014 年年底，人民币在我国跨境贸易结算中的份额达到 25% 左右，在全球离岸市场的人民币存款余额达到 2 万亿，在全球储备货币体系的占比从零上升到 1% 左右。然而自 2015 年起，人民币国际化的各项指标都出现了下滑。目前，人民币在我国跨境贸易结算中的比重已回落到 12% 左右，在香港离岸市场的存款余额也比高峰时期的大约 1 万亿元减少了一半。

有观点认为，人民币国际化之所以出现退潮是因为近两年我国加强了资本流出管控，并认为只要加快资本账户开放就能加快人民币国际化。这个看法有些似是而非。虽然资本账户的开放与否对一国货币的国际化具有重要影响，但并不是唯一的影响因素。美元等货币的国际化经验显示，一国货币的国际化须同时满足三个基本条件：（1）其经济规模足够大，包括经济总量、对外贸易规模和金融市场规模等均处于全球前列；（2）其金融市场足够成熟并且具有高度流动性，即金融市场具有完备的基础设施、丰富的市场工具以及基本开放的资本账户；（3）其经济、金融和货币具有可信度，即能够保持良好的经济增长势头、稳定的金融体系和货币价值。

可以相信，人民币国际化还需经历一个相对漫长的过程，期间不排除出现反复。为了实现人民币国际化的可持续发展，与其在条件并不成熟的情况下加快推进资本账户开放，不如有序地全面创建上述各项条件，特别是保持良好的经济增长态势、加快深化国内金融市场改革、努力改善投资环境和维持汇率相对稳定。如果因为资本账户的不慎开放而导致金融体系的动荡、货币贬值甚至经济增长显著下滑，那么，人民币国际化势必面临更加严峻和持久的挑战。

点评 8：对中国金融改革与开放的进一步思考

——刘利刚[①]

《2017・径山报告》是近年来中国金融改革的一项重要研究成果。此报告全面和综合地论述了中国金融改革与资本账户开放的审慎排序的政策建议，同时也给出了一个可以实施的协调政策，为下一步中国金融改革和资本账户开放指点迷津。这些建议也许可以使中国经济避免一些不必要的风险。其实，其中一些金融开放政策建议已在十九大后采纳，可见这个研究报告在中国金融业的重要性。

本文从市场和金融监管的角度对此报告提供一些建设性评论和补充，意在抛砖引玉，一些建议也许可以继续深入深究，引申出一些将来的研究题目。

第一，《2017・径山报告》鼓励中国金融业进一步向外资开放，通过外资参与度的提高来加速中国金融市场的培育与发展。但是外资的参与和市场的发展也会带来对中国货币政策有效性的影响。一些案例或实证研究也许可以给决策者一些风险提示，外资在新兴经济体的参与会提高货币政策的传导还是抑制货币政策的有效性。一般来说，金融市场的

① 作者刘利刚系花旗银行中国首席经济学家。本文为作者对《2017・径山报告》的评论。

开放也会带来资本流动的活跃，国内的利率和汇率的波动也会上升，这也需要有效的公开市场操作和灵活的汇率制度。在某种程度上，外资在中国金融市场参与度的提高会加速中国货币政策执行框架的转型，从量价并重的模式走向以价为主的货币政策执行模式。但也应有相关方面的论述来评估这方面的风险。

第二，在金融市场更加开放而资本账户开放较为谨慎的状况下，中国需要采取何种汇率制度的安排也很重要。从理论来看，中国的汇率制度很难出现清洁浮动，有管理的浮动汇率是大势所趋。那么如何来进一步改善现有汇率机制是一个值得深究的课题。如果这种机制没有太多浮动，汇率衍生品市场很难发展。但汇率波动或预期管理不当，资本又会大幅流出，造成在岸金融市场资本风险飙升。从这个角度上来看，中国所允许的汇率波动应大幅提升，同时一些会计准则的修改要求企业对冲汇率与利率风险，这也可以鼓励利率汇率金融衍生品市场的发展。

第三，中国金融业进一步向外资开放对金融监管提出很大挑战。金融产品的创新会比以往来得快和来得猛，迫使金融监管机构在人员配置和监管提升方面要有大幅提高。这也要求中国金融监管部门在薪资和用人制度上能使一些有国际国内市场经验的人士进入监管机构，使监管水平与市场同步。同时，一些市场自律机构也应允许建立与发展，作为监管的补充。既然中国允许海外金融机构更大程度上参与中国市场，中国也应更加开放与之相配套的金融基建行业（会计、审计、律师、征信、评级等），他们的进入也会帮助监管政策的执行。

第四，其实金融市场的改革和发展也离不开实体经济的改革与发展。国企和国有金融体制的改革会影响中国金融改革和开放，同时财政制度的改革也会影响中国金融市场机制的培育与发展。在十九大之后的改革环境下来讨论和完善中国金融市场的开放与改革也变得更为重要。所以，在不同的时间段我们应该有金融改革的阶段性目标并做一些阶段性评估。更重要的是我们也应该对中国金融市场发展的愿景有自己独立的看法。是顺从西方的模式，发展更加复杂的金融市场，还是发展一个有中国特色的金融市场 —— 一个服务实体经济，高效率、高透明度、低杠杆、易监管，并相对简单有效的金融市场。其实，一个相对非常发达的经济体的金融市场——澳大利亚，是值得中国政策决策者借鉴和学习的。

部分参考文献

[1] 包胜勇，李国武 . 中国企业海外发展案例研究 [M]. 济南：山东人民出版社，2015.

[2] 波士顿咨询公司 . 中国海外并购十年报告：乘风破浪正当时——中国企业海外并购的势与谋，2015（3）.

[3] 财新周刊 . 专访殷勇："一带一路" 融资秉持市场化原则，2017（5）.

[4] 陈四清 . 建立健全外汇市场自律机制促进中国外汇市场持续健康发展 [J]. 中国货币市场，2016（10）.

[5] 程婕 . 人民币明日正式加入 SDR 成为第五种 "入篮" 货币，http://finance.ynet.com/3.1/1609/30/11795694.html.

[6] 樊纲 . 中国对外投资之新趋势与新问题，《中国投资海外：质疑、事实和分析》，2014（8）.

[7] 管涛 . 应对资本流动冲击的政策选择：两个 "不可能三角"[J]. 中国货币市场，2016（6）.

[8] 金融安全协同创新中心，西南财经大学 . 中国金融安全报告 2015[M]. 北京：中国金融出版社，2016.

[9] 李健 . 中国进出口银行遥遥领先全球同类机构：在 2015 年陆家嘴论坛上的演讲，凤凰财经，2015（6）.

[10] 李景治，罗天虹．国际战略学［M］. 北京：中国人民大学出版社，2003.

［11］李克平．“一带一路”建设中的三大挑战及应对：在2015年陆家嘴论坛上的演讲，凤凰财经，2015（6）.

［12］李力，王博，刘潇潇，郝大鹏．短期资本、货币政策和金融稳定［J］. 金融研究，2016（9）.

［13］林毅夫．我为什么不支持资本账户完全开放，在2013年7月21日CF40第82期“双周圆桌”内部研讨会上的主题演讲，http://www.cf40.org.cn/plus/view.php?aid=7798.

［14］刘肯．日本“黑字还流”计划探析［J］. 中国金融，2012（1）.

［15］刘毅，曹锐钢．金融开放与经济增长效应研究的文献综述［J］. 上海金融，2006（12）.

［16］潘功胜．中国外汇市场的政策框架及管理取向［J］. 当代金融家，2017（5）.

［17］秦亚青．全球治理失灵与秩序理念的重建［J］. 世界经济与政治，2013（04）.

［18］荣彬．我国银行业参与国际银团贷款的完善建议［J］. 经营管理者，2017（4）.

［19］商务部．商务部合作司负责人谈2016年我国对外投资合作情况，2017（1）.

［20］商务部，国家统计局，国家外汇管理局.2013年度中国对外直接投资统计公报［D］.2014.

［21］商务部，国家统计局，国家外汇管理局.2014年度中国

对外直接投资统计公报［D］.2015.

［22］商务部，国家统计局，国家外汇管理局.2015年度中国对外直接投资统计公报［D］.2016.

［23］商务部.自由贸易试验区外商投资准入特别管理措施（负面清单），2017（6）.

［24］孙国峰，李文喆.货币政策、汇率和资本流动——从“等边三角形”到“不等边三角形”［J］.中国人民银行工作论文，2017.

［25］孙立行.中国金融业对外开放的历史进程与战略取向［J］.世界经济研究，2008（8）.

［26］唐世平.塑造中国的理想安全环境［M］.北京：中国社会科学出版社，2003.

［27］田俊荣.就为香港银行办理个人人民币业务提供清算安排,中国人民银行新闻发言人答记者问［J］.人民日报,2003（11）.

［28］托马斯·皮凯蒂,巴曙松等译.21世纪资本论［M］.北京：中信出版社，2014.

［29］王缉思.全球发展趋势与中国的国际环境［J］.当代世界，2013，（1）.

［30］王思德.海外矿业投资的是是非非——106家中资海外控参股矿业上市公司状态分析［J］.中国有色金属，2015（4）.

［31］王永中，李曦晨.中国对“一带一路”沿线国家直接投资的特征分析［J］.中国社科院世经政所工作论文（No.201703），2017（5）.

［32］谢平.简化审批流程，加强金融业对外开放，在CF40

第 94 期“双周圆桌”上的点评发言，2014（3）.

［33］阎学通 . 中国崛起的国际环境评估［J］. 战略与管理，1997,（01）.

［34］易纲 . 中国金融业对外开放路径与逻辑［J］. 中国改革，2014,（10）.

［35］殷勇 . 专访：“一带一路”融资秉持市场化原则［J］. 财新周刊，2017（5）.

［36］银监会 . 中国银行业监督管理委员会 2016.

［37］余永定 . 最后的屏障——资本项目自由化和人民币国际化之辩［M］. 北京：东方出版社，2016.

［38］俞可平 . 治理与善治［M］. 北京：社会科学文献出版社，2000.

［39］张宇燕，冯维江 . 中国的和平发展道路［M］. 北京：中国社会科学出版社，2017.

［40］张宇燕，李增刚 . 国际经济政治学［M］. 上海：上海人民出版社，2008.

［41］张宇燕 . 全球治理：人类共同利益与冲突利益并存［J］. 探索与争鸣，2016（5）.

［42］张宇燕 . 以国家利益设定中国对外战略［J］. 现代国际关系，2013（10）

［43］中国金融四十人论坛，上海新金融研究院 . 中国金融改革报告 2016——人民币国际化的成本收益分析［M］. 北京：中国金融出版社，2017

［44］中国人民银行：人民币国际化报告 2016，2016 年 12

月，http://www.pbc.gov.cn/huobizhengceersi/214481/214511/214695/3223865/index.html

[45] 中国人民银行：中国加快资本账户开放的条件基本成熟，2012 年 2 月 23 日，http://www.pbc.gov.cn/diaochatongjisi/116219/116221/116241/2860754/index.html.

[46] 周小川．共商共建“一带一路”投融资合作体系[J]. 中国金融，2017（5）．

[47] 周小川专访：政策性金融再定位[J]. 财经，2015（8）．

[48] 周小川．财经专访，周小川谈人民币入篮 SDR：对外开放进程的历史．

[49] 周小川．发展高层论坛主旨演讲，2015（3）．

[50] 周小川．陆家嘴论坛主旨演讲，2017（6）．

[51] 左希迎，唐世平．理解战略行为：一个初步的分析框架[J]. 中国社会科学，2012（11）．

[52] BrockmeijerJ.，MarstonD.，OstryJ.D..Liberalizing Capital Flows and Managing Outflows，IMF，2012.

[53] BrunoV.，ShimI.，ShinH.S..ComparativeAssessment of Macro Prudential Policies，BIS Working Paper，No.502，June 2015.

[54] Chinn，Menzie D.，HiroIto.What Matters for Financial Development? Capital Controls，Institutions，and Interactions [J]. Journal of Development Economics，2006:163-192.

[55] ClaessensS.Competition in the Financial Sector: Overview of Competition Policies [J].The World Bank Research Observer，2009:83-119.

[56] ClarkeG.，CullR.，MartinesPerisM，SanchezS..Foreign Bank Entry: Experience，Implication for Developing Economies，and Agenda for Further Research，World Bank Working Paper Series，No. 2698，2001.

[57] CorkerR.，TsengW..Financial Liberalization，Money Demand，and Monetary Policy in Asian Countries，IDEAS Working Paper Series from RePEc，1991.

[58] Eric Helleiner，StefanoPagliari，Hubert Zimmermann eds. Global Finance in Crisis: The Politics of International Regulatory Change [M].New York:Routledge，2010.

[59] Gerard Dages，LindaS.Goldberg，DanielKinney.Foreign and domestic bank participation in emerging markets: lessons from Mexico and Argentina [J].Economic Policy Review，Federal Reserve Bank of New York，2000，9:17-36.

[60] GilpinR..A Postscript to the Asian Financial Crisis: The Fragile International Economic Order. Princeton University，2003.

[61] Harry R.Yarger.Strategic Theory for the 21st Century: The Little Book on Big Strategy，Strategic Studies Institute，2006.

[62] IMF Staff Position Note 10/04，2010，Washington，D.C.: International Monetary Fund.

[63] IMF.AnnualReport on Exchange Arrangements and Exchange Restrictions，2016.

[64] IMF.Regional Economic Outlook，2009.

[65] John Baylis，JamesWirtz，Eliot Cohen ，Colin S. Gray.

Strategy in the Contemporary World: An Introduction to Strategic Studies [M].London: Oxford university Press, 2002.

[66] John Gerard. Ruggie.International Regimes, Transactions, and Change:Embedded Liberalism in the Postwar Economic Order [J].International Organization, 1982, 36 (2) :379-415.

[67] KorinekA., SandriD..Capital Controls or Macroprudential Regulation?IMF Working Paper, 2015.

[68] KoseM. A., PrasadE., RogoffK., WeiS..Financial Globalization and Economic Policies, IMF, 2010.

[69] KrugmanP..BalanceSheets, the Transfer Problem, and Financial Crises [J].International Tax and Public Finance, 1999, 6:459-472.

[70] KrugmanP..IncreasingReturns, Imperfect Competition and the Positive Theory of International Trade, MIT, Cambridge, 1995.

[71] Levy-Yeyati L., Micco A..Contentration and Foreign Penetration in Latin American Banking Sectors: Impact on Competiton and Risk [J].Journal of Banking and Finance, 2007:1633-1647.

[72] MasciandaroD., NietoM., Quintyn, M..Financial Supervision in the EU: Is There Convergence in the National Architectures?IMF, 2009.

[73] Obstfeld M..Models of Currency Crises with Self-fulfilling Features [J].European Economic Review, 1996.

[74] ObstfeldM..The Logic of Currency Crises [J].Cahiers EconomiquesetMonetaires, 1994:43.

［75］OECD，Services Trade Restrictiveness Index: Commercial Banking，2016.

［76］OECD，Services Trade Restrictiveness Index: Insurance，2016.

［77］OECD，Arrangement on Officially Supported Export Credits，2011.

［78］OECD，Eligibility for Tied Aid Credits，Trade Policy Note，2015.

［79］ReyH..DilemmaNot Trilemma: The Global Financial Cycle and Monetary Policy Independence［J］.Proceedings-economic policy Symposium-Jackson Hole，2013.

［80］RuggieJ.G..The Politics of Money，Foreign Policy，1982.

［81］SaborowskiC.，SanyaS.，Weisfeld H.，YepezJ.. Effectiveness of Capital Outflow Restrictions，IMF Working Paper，2014.

［82］StiglitzJosephE..Capital Market Liberalization，Economic Growth，and Instability［D］，World Development，2000:1075-1086.

［83］TobinJ..Comments by Professor James Tobin，Wiley，1998.

［84］US-China Business Council.Statement of Priorities in the US-China Commercial Relationship，2017.

［85］VinalsJ.，MoghadamR..The Multilateral Aspects of Policies Affecting Capital Flows，IMF，2011.

后　记

2015年“五一”劳动节假期，我和浙江大学的马良华教授相约到浙江省德清县调研小微企业融资问题，浙江在普惠金融方面的创新是走在全国前列的，既有传统金融机构利用软信息，也有互联网金融机构利用大数据。经德清县政协朱伟强委员的安排，我们与当地的政府官员、金融高管和企业家进行了座谈，顺道也探访了著名的“莫干山会议”的原址。当年一群胸怀大志的年轻学者聚集在莫干山上，不分昼夜，不问资历，敞开辩论。莫干山会议的精神激励了一代又一代的年轻学者。

调研结束之后下山，我在西子湖畔的浙商银行总部拜访了刘晓春行长。在交流中，我提到浙江这块金融创新的风水宝地可以在中国的金融改革中发挥更大的作用，也探讨了一些活跃金融改革讨论的具体想法。刘行长当场表示浙商银行愿意全力支持这项工作。当时商定的初步设想是每年选择一个重要的金融政策问题，邀请一批权威专家到杭州郊区集中讨论，提出一些有创意、能落地的政策建议，希望能对中国金融改革产生有益的影响。

回到北京之后，我跟中国金融四十人论坛的王海明秘书长商量，希望能把这个项目放在中国金融四十人论坛（CF40）的平台上。因为开展这样一项重要的工作，除了资金支持，还需要一个必需的条件，即专家库，因为每年的主题会有所变化，不能固定由少数几个人完成。而四十人论坛作为国内最顶尖也最活跃的金融领域的智库平台，汇聚了国内金融领域绝大部分权威专家。海明秘书长一口应承，并提出以研究报告引领研讨会、发布会的模式，同时邀请我担任这个项目的协调人。

之后，王海明、四十人论坛秘书处的宋晓佺、浙商银行办公室副主任苏雪燕和我举行了多次的工作讨论，确定项目的组织与运行方式。要特色鲜明又要能落地、有实效其实并不容易，项目方案几经波折，一年之后才最终确定。大致的形式是由浙商银行独家支持，四十人论坛组建年度课题组展开研究，每年九月下旬在杭州郊区发布研究报告。2016 年 10 月，四十人论坛学术委员会会议讨论后，此项目正式立项。四十人论坛为此项目成立了协调小组，成员包括王海明、中国人民银行研究局局长徐忠、四十人论坛高级研究员管涛和张斌以及刘晓春和我，协调小组的任务是确定选题并且邀请课题组成员。

另外，考虑到目前社会上已经存在多个以“莫干山”冠名的会议与组织，为了避免不必要的误会，我们最后把这个项目命名为“CF40《径山报告》项目”。径山，位于杭州城西北 50 公里处，这里山峦叠障，流水潺潺，古木参天。创建于唐代的“径山寺”，以山明、水秀、茶佳闻名于世。南宋时期日本僧人来学习“径山茶宴”的做法和精神，后来逐渐发展成为日本的“茶道”。《径山报告》选择以“径山”命名，寓意“品茶论道悟开放”。

协调小组广泛地征求了各方对 2017 年《径山报告》主题的意见，中国人民银行货币政策司李波司长等几位专家建议聚焦金融开放问

后记

题，最后协调小组将主题确定为“逆全球化时代的中国金融开放”（不过后来在课题讨论过程中，一些专家提出虽然当前出现了一些贸易保护主义倾向，是否可以称为“逆全球化时代”存疑。因此，课题组最后确定的题目是“积极、稳健地推进中国金融开放”）。协调小组随后邀请国际货币基金组织前副总裁朱民、中国社会科学院世界经济与政治研究所所长张宇燕、四十人论坛高级研究员管涛和张斌、中国人民银行研究局局长徐忠、中国人民银行国际司司长朱隽和我组成课题组。开题会议后，经过多次评审会议，最终于 2017 年 9 月 23 日在杭州西湖国宾馆正式发布报告。随后于 2018 年 1 月 11 日在华盛顿彼得森国际经济研究所发布了报告的英文版。

《径山报告》项目刚刚完成了第一年的工作，现在做全面的评估恐怕还为时过早。不过在发布会之后，媒体发表了数百篇的独立报道和评论文章。报告的主要结论与政策建议也直接报送到了党和国家的决策层以及相关职能部门。在国际上也获得了诸多关注，特别是美国财政部和国际货币基金组织主动将报告翻译成英文。这份报告之所以产生了一点影响，归功于课题组成员，也得益于精准的选题，报告发布之日也正值国家有关部门紧锣密鼓地谋划推出新的金融开放政策之时，所以也受到了较多的关注。

这个项目能够顺利推进，要感谢浙商银行的大力支持，感谢四十人论坛秘书处各位同事辛勤而负责的工作，感谢各位协调小组成员与课题组成员的积极支持，当然还要感谢诸多参加开题会、中期评审会和发布会的专家们以及媒体朋友。任何一项工作的圆满完成，离不开每一个环节密切配合，这个项目也不例外。《径山报告》项目起码要做三年，目前《2018 · 径山报告》的主题已经确定，课题组也已经开始工作。我们希望通过做这样一件既有趣又有意义的工作，为中国的金融改革略尽绵薄之力。

《径山报告》项目协调小组组长　黄益平

2018 年 1 月